高等院校人力资源管理系列规划教材

工作分析与岗位评价

（第3版）

杨明海　薛　靖　李　贞　孙亚男　等　编著

電子工業出版社
Publishing House of Electronics Industry
北京·BEIJING

内 容 简 介

工作分析与岗位评价是人力资源管理的基石，是人力资源管理的首要工作。本书的主要内容包括工作分析与岗位评价导论、工作分析准备、工作岗位调查、工作分析方法及其操作过程、工作分析成果及其编制过程、工作分析成果的应用、岗位评价准备、岗位评价的方法及其操作过程、岗位评价成果的应用。本书的特色：立足于基本理论、知识和方法的掌握，通过“引导案例”增强学生探索知识和解决问题的能力，引导学生把理论问题和现实生活结合起来，提高学习效果；强化课程实验实践环节，在“实验实践”环节提出实验实践的背景和目的、准备条件、操作步骤与过程、成果和评价及支撑材料等内容，以增强教学内容的实践性和实用性。本书有习题、参考答案与电子课件，适合企业管理和人力资源管理专业本科生的专业课学习。

图书在版编目（CIP）数据

工作分析与岗位评价/杨明海等编著. —3版. —北京：电子工业出版社，2018.10
高等院校人力资源管理系列规划教材
ISBN 978-7-121-35207-2

Ⅰ. ①工… Ⅱ. ①杨… Ⅲ. ①企业管理－人力资源管理－高等学校－教材 Ⅳ. ①F272.92

中国版本图书馆 CIP 数据核字（2018）第 235104 号

策划编辑：姜淑晶
责任编辑：张 京
印　　刷：三河市良远印务有限公司
装　　订：三河市良远印务有限公司
出版发行：电子工业出版社
　　　　　北京市海淀区万寿路 173 信箱　　邮编：100036
开　　本：787×1 092　1/16　印张：17　字数：435.2 千字
版　　次：2010 年 5 月第 1 版
　　　　　2018 年 10 月第 3 版
印　　次：2022 年 8 月第 7 次印刷
定　　价：49.00 元

凡所购买电子工业出版社图书有缺损问题，请向购买书店调换。若书店售缺，请与本社发行部联系，联系及邮购电话：（010）88254888，88258888。

质量投诉请发邮件至 zlts@phei.com.cn，盗版侵权举报请发邮件至 dbqq@phei.com.cn。

本书咨询联系方式：（010）88254199，sjb@phei.com.cn。

第3版前言

一、本书的写作背景

2010年,电子工业出版社发起“高等学校人力资源管理实验与实践教学系列规划教材”的编写工作，我们承担了《工作分析与岗位评价》一书的编写。

学过“人力资源管理”课程的人都知道，工作分析与岗位评价的内容比较枯燥，但是在现实工作中，经常会发生这样的事：有的员工不知道自己该做些什么，有的工作没人去做，有些员工工作量很大，有些员工工作相互重叠，有功劳大家争，有责任没人担；同时还会发现，招聘的新员工常常不符合要求，主管难以确切地评价下属员工的工作成绩，员工抱怨企业没有提供足够的培训学习机会、工资太低、福利太少。这是因为我们的企业不知道到底需要多少员工，也没有确定每名员工的工作量，不了解如何有效地评价员工的工作，不清楚如何有效地发挥每个人的作用，也不清楚与员工岗位所对应的报酬如何确定。这些问题影响着企业的生存、成长和发展,需要企业用有效经营和管理的基本知识来解决。这种现象的出现和发生预示着企业需要进行规范的工作分析和岗位评价工作。

工作分析的实质就是明确工作的运作方式及从业人员的资格，通过研究某项工作所包括的任务、性质和责任（工作说明）及工作人员必需的价值观、知识与能力（工作规范），以区别于其他工作。当一个岗位的工作说明书确定以后，企业需要确定为这一岗位支付多少报酬。岗位评价则确立了企业内各工作岗位相互之间的依赖性，明确了企业内所有工作岗位之间逻辑性的排列关系，并由此构成薪酬结构的基础，以确保企业工资的内部公平性和合理性，实现同工同酬。工作分析与岗位评价是人力资源管理的基石，科学、周密、细致与符合组织现实和未来发展的工作分析与岗位评价是人力资源管理的首要工作，由此而形成的结果是人力资源招聘、选拔、培训、绩效管理、薪酬管理和劳动关系管理等活动开展的基础、依据和标准，也是企业持续成长和发展的基础。

2014年，本书进行第一次修订，在第1版的基础上，本书根据人力资源管理的最新理论对部分内容进行了修订，同时也依据各院校教师在教学过程中提出的问题和疑惑对全书进行了修改、补充和完善，尤其是第4章的修改幅度很大，增加了相关的表格和解释，以便于实践操作。

2018年，本书进行第二次修订，在第2版的基础上，本书根据人力资源管理的前沿理论和在教材使用过程中发现的问题对部分内容进行了修订，更新了相对陈旧的案例，补充了反映当前工作分析与岗位评价研究发展趋势的参考文献。同时，依据各院校教师在教学过程中提出的问题和疑惑对第 4 章的内容进行了较大程度的补充和完善，相关内容更加符合教学内容的系统化。

二、本书的主要内容和特色

本书共 9 章。第 1 章介绍了工作分析和岗位评价的基本知识。第 2～6 章分层次介绍了工作分析的相关内容，即如何准备工作分析、如何调查工作岗位、如何使用工作分析方法、如何编制工作说明书，以及工作分析的应用范畴。第 7～9 章主要介绍了岗位评价的相关内容，即如何准备岗位评价、如何使用岗位评价方法，以及岗位评价的应用范围。

各章内容安排如图 0-1 所示。

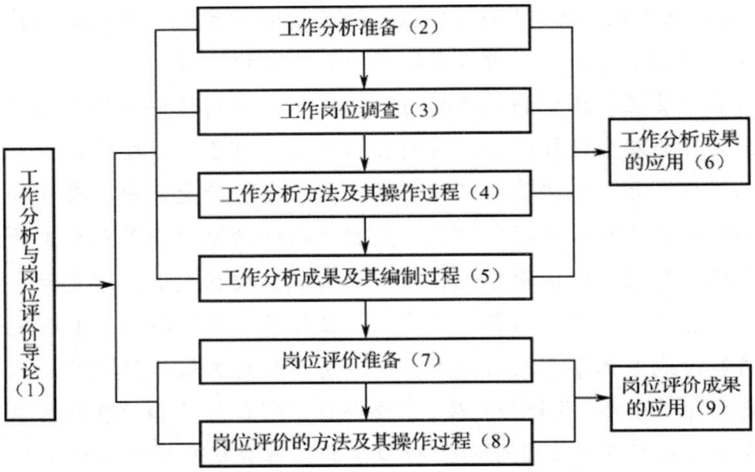

图 0-1　各章内容

作为高等院校人力资源管理系列规划教材，本书的特色表现在以下三个方面：

（1）将工作分析和岗位评价的基础知识融入企业管理的现实之中。本书每章的开始都编写了一个“引导案例”，每个引导案例都包含了与本章内容密切相关的背景、事件和需要解决或研究的问题，能够增强学生探索知识和解决问题的能力，引导学生把理论问题和现实生活结合起来，提高学习效果。正文中的“提示”“相关链接”“前沿话题”“应用案例”与“引导案例”前呼后应，起到帮助学生理解和强化理论知识的作用。

（2）立足于基本理论、知识和方法的掌握。了解和掌握工作分析和岗位评价的基本理论、知识和方法是本科教学的一个重要目的，也是本书编写的一个基本要务。本书在每章前都列出了“学习目标”和“学习导航”，在每章后列出了自测题，能够帮助学生更好地了解和掌握相关理论、知识和方法。

（3）强化课程实验实践环节。学习在于知，更在于行。学习基本知识的根本目的在于“用”，“用”的前提就是实验和实践。为此，本书在涉及工作分析和岗位评价的应用环节的各章后面都增加了“实验实践”内容，分别提出了实验实践的背景和目的、准备条件、操作步骤与过程、成果和评价及支撑材料等内容，以增强教学内容的实践性和实用性。

三、本书的体例、符号约定和阅读提示

本书每章的开篇都由“引导案例”“学习目标”和“学习导航”构成，以供授课教师和学生通过“引导案例”对本章的教学内容有一些感性的认识，明确“学习目标”，按照“学习导航”循序渐进地学习本章内容。正文中穿插“提示”“相关链接”“前沿话题”等，以加强有关概念，加深对重点或难点内容的深入理解，提示易混淆的概念，开阔知识面。章末配有“实验实践”和“自测题”，以巩固学习效果。

四、建议的学时数

本书建议的学时数是 34 个标准课时，各章学时分配见表 0-1。

表 0-1　各章学时分配表

章　　节	章 标 题	学 时 数
第 1 章	工作分析与岗位评价导论	2
第 2 章	工作分析准备	4
第 3 章	工作岗位调查	4
第 4 章	工作分析方法及其操作过程	6
第 5 章	工作分析成果及其编制过程	4
第 6 章	工作分析成果的应用	2
第 7 章	岗位评价准备	4
第 8 章	岗位评价的方法及其操作过程	4
第 9 章	岗位评价成果的应用	2
机动		2

五、读者对象

本书兼具理论性和实用性，适合作为企业管理和人力资源管理专业本科生的专业课教材，同时也适合企业中高级管理人员、从事人力资源管理咨询的专业人员、企业人力资源管理人员及其他相关人士阅读和使用。

对学生而言，本书融理论与实践为一体，能够更直观地理解工作分析与岗位评价的基础理论和实践操作知识，并能够应用书中提供的方法进行实践操作。

对教师而言，本书是一本指导课题教学与实验实践的教学指导书。

六、后续服务形式

（1）有同步配套的习题；

（2）提供习题解答；

（3）提供免费电子教案。

七、写作分工

本书第 1 章、第 6 章、第 9.1 节由山东财经大学杨明海教授编写和修订；第 2 章，第 9.2、9.3、9.4 节由深圳大学张玮老师编写和修订；第 3 章由山东财经大学于维英教授编写和修订；第 4 章由山东财经大学李贞副教授编写和修订；第 5、8 章由山东财经大学薛靖副教授编写和修订；第 7 章由山东财经大学孙亚男副教授编写和修订。杨明海教授负责全书架构的设计和统稿。

八、致谢

非常感谢使用本书的各高校授课教师，谢谢你们的认可和对本书提出的建议。

在本书第 2 版的修订中，非常感谢浙江工商大学的李攻老师和大连工业大学的谷老师对本书提出的关于分析方法的反馈建议。

在本书第 3 版的修订中，湖南大学的初上本课的熊老师咨询过教材内容，一并表示感谢！

本书借鉴和引用了国内外学者的大量研究成果，在此表示衷心的感谢！

九、作者的联系方式

作者的 E-mail 是 minghaiyang@126.com，欢迎读者反馈意见。

编著者

第 2 版前言

一、本书写作的背景及意义

发端于美国次贷问题的世界金融危机，沉重打击了全球的金融和经济，同时对中国企业也产生了重大的影响。尽管全球经济已呈现回暖态势，但国际金融危机的影响依然深重，很可能是旷日持久的经济衰退。在经济全球化、科技现代化、文化多元化、信息国际化及危机金融化的背景下，如何提高企业的发展和成长能力已经成为国家、各级政府和企业共同关心的问题。

回顾第二次世界大战后日本和德国经济迅速崛起的原因不难发现，除了得益于重视教育和重视人才的培养外，追求至善、完美的专业精神是更为重要的原因。这种专业精神表现在企业管理上就是管理的科学化、专业化、规范化和精细化。这正是中国企业所欠缺的，如源于日本的“5S”管理模式，很少有企业能够做得到。因此在现实工作中，经常会发生这样的事：有的员工不知道自己该做些什么，有的工作没人去做，有些员工工作量很大，有些员工之间工作相互重叠，有功劳大家争，有责任没人担；同时还会发现，招聘的新员工常常不符合要求，主管难以确切地评价下属员工的工作成绩，员工抱怨企业没有提供足够的培训学习机会、工资太低、福利太少。

这是因为我们的企业不知道到底需要多少员工，也没有确定每名员工的工作量，不了解如何有效地评价员工的工作，不清楚如何有效地发挥每个人的作用，也不清楚与员工岗位所对应的报酬如何确定。这些问题都是企业有效经营和管理的基本知识，影响着企业的生存、成长和发展。这种现象的出现和发生预示着企业需要进行规范的工作分析和岗位评价工作。

一个组织的建立最终会导致一批工作岗位的出现，而这些岗位的工作要由特定的人员来承担。工作分析的实质就是明确工作的运作方式及从业人员的资格，通过研究某项工作所包括的任务、性质和责任（工作说明）及工作人员必需的价值观、知识与能力（工作规范），以区别于其他工作。当一个岗位的工作说明书确定以后，企业需要确定为这一岗位支付多少报酬。岗位评价则确立了企业内各工作岗位相互之间的依赖性，明确了企业内所有工作岗位之间逻辑性的排列关系，并由此构成薪酬结构的基础，以确保企业工资的内部公平性和合理性，实现同工同酬。工作分析与岗位评价是人力资源管理的基石，科学、周密、细致与符合组织现实和未来发展的工作分析与岗位评价是人力资源管理的首要工作，也是企业持续成长和发展的基础。

二、本书的内容结构与特色

本书共9章。第1章介绍了工作分析和岗位评价的基本知识。第2～6章分层次介绍了工作分析的相关内容，即如何准备工作分析，如何调查工作岗位，如何使用工作分析方法，如何编制工作说明书，以及工作分析的应用范畴。第7～9章主要介绍了岗位评价的相关内容，即如何准备岗位评价，如何使用岗位评价的方法，以及岗位评价的应用范围。其中，第1章、第9章（1.1节）由山东经济学院杨明海教授编写，第2章、第9章（9.2～9.4节）由浙江大学理学院张玮博士编写，第3章由山东经济学院于维英教授编写，第4章由山东大学管理学院李贞博士编写，第5章、第8章由山东经济学院薛靖副教授编写，第6章由山东大学杜新宇副教授编写，第7章由山东财政学院学院孙亚男博士编写。杨明海教授负责全书架构的设计和统稿。

各章内容安排如图0-1所示。

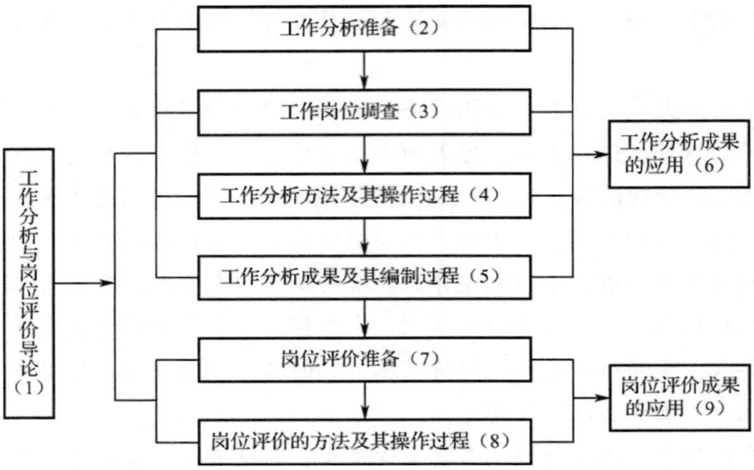

图0-1　各章内容

作为高等院校人力资源管理系列规划教材，本书的特色表现在以下三个方面：

（1）将工作分析和岗位评价的基础知识融入企业管理的现实之中。本书每章的开始都编写了一个“引导案例”，每个引导案例都包含了与本章内容密切相关的背景、事件和需要解决或研究的问题，能够增强学生探索知识和解决问题的能力，引导学生把理论问题和现实生活结合起来，提高学习效果。正文中的“提示”“相关链接”“前沿话题”和“应用案例”与“引导案例”前呼后应，起到帮助学生理解和强化理论知识的作用。

（2）立足于基本理论、知识和方法的掌握。了解和掌握工作分析和岗位评价的基本理论、知识和方法是本科教学的一个重要目的，也是本书编写的一个基本要务。本书在每章前都列出了“学习目标”和“学习导航”，在每章后列出了自测题，能够帮助学生更好地了解和掌握相关理论、知识和方法。

（3）强化课程实验实践环节。本书编写的一个重要目的就是：学习在于知，更在于行。

学习基本知识的根本目的在于“用”，“用”的前提就是实验和实践。为此，本书在涉及工作分析和岗位评价的应用环节的各章后面都增加了“实验实践”内容，分别提出了实验实践的背景和目的、准备条件、操作步骤、难点与注意事项、成果及评价和支撑材料等内容，以增强教学内容的实践性和实用性。

三、使用本书的建议

本书兼具理论性和实用性，适合作为企业管理和人力资源管理专业本科生和研究生的专业课教材，同时也适合企业中高级管理人员、从事人力资源管理咨询的专业人员、企业人力资源管理人员及其他相关人士阅读和使用。

对学生而言，本教材融理论与实践为一体，能够更直观地理解工作分析与岗位评价的基础理论和实践操作知识，并能够应用教材中提供的方法进行实践操作。

对教师而言，本教材是一本指导课题教学与实验实践的教学指导书。

本书借鉴和引用了国内外学者的大量研究成果，在此表示衷心的感谢！

编著者

第 1 版前言

一、本书写作的背景及意义

发端于美国次贷问题的世界金融危机，沉重打击了全球的金融和经济，同时对中国企业也产生了重大的影响。尽管全球经济已呈现回暖态势，但国际金融危机的影响依然深重，很可能是旷日持久的经济衰退。在经济全球化、科技现代化、文化多元化、信息国际化及危机金融化的背景下，如何提高企业的发展和成长能力已经成为国家、各级政府和企业共同关心的问题。

回顾第二次世界大战后日本和德国经济迅速崛起的原因不难发现，除了得益于重视教育和重视人才的培养外，追求至善、完美的专业精神是更为重要的原因。这种专业精神表现在企业管理上就是管理的科学化、专业化、规范化和精细化。这正是中国企业所欠缺的，如源于日本的“5S”管理模式，很少有企业能够做得到。因此在现实工作中，经常会发生这样的事：有的员工不知道自己该做些什么，有的工作没人去做，有些员工工作量很大，有的员工之间工作相互重叠，有功劳大家争，有责任没人担；同时还会发现，招聘的新员工常常不符合要求，主管难以确切地评价下属员工的工作成绩，员工抱怨企业没有提供足够的培训学习机会、工资太低、福利太少。

这是因为我们的企业不知道到底需要多少员工，也没有确定每名员工的工作量，不了解如何有效地评价员工的工作，不清楚如何有效地发挥每个人的作用，也不清楚与员工岗位所对应的报酬如何确定。这些问题都是企业有效经营和管理的基本知识，影响着企业的生存、成长和发展。这种现象的出现和发生，预示着企业需要进行规范的工作分析和岗位评价工作。

一个组织的建立最终会导致一批工作岗位的出现，而这些岗位的工作要由特定的人员来承担。工作分析的实质就是明确工作的运作方式及从业人员的资格，通过研究某项工作所包括的任务、性质和责任（工作说明）及工作人员必需的价值观、知识与能力（工作规范），以区别于其他工作。当一个岗位的工作说明书确定以后，企业需要确定为这一岗位支付多少报酬。岗位评价则确立了企业内各工作岗位相互之间的重要性，明确了企业内所有工作岗位之间逻辑性的排列关系，并由此构成薪酬结构的基础，以确保企业工资的内部公平性和合理性，实现同工同酬。工作分析与岗位评价是人力资源管理的基石，科学、周密、细致与符合组织现实和未来发展的工作分析与岗位评价是人力资源管理的首要工作，也是企业持续成长和发展的基础。

二、本书的内容结构与特色

本书共 9 章。第 1 章介绍了工作分析和岗位评价的基本知识。第 2～6 章分层次介绍了工作分析的相关内容，即如何准备工作分析，如何调查工作岗位，如何使用工作分析方法，如何编制工作说明书，以及工作分析的应用范畴。第 7～9 章主要介绍了岗位评价的相关内容，即如何准备岗位评价，如何使用岗位评价的方法，以及岗位评价的应用范围。其中，第 1、6、9 章（9.1 节）由山东经济学院工商管理学院杨明海教授编写，第 2、3、9 章（9.2、9.3 节）由浙江大学理学院张玮博士编写，第 4 章由山东大学管理学院李贞博士编写，第 5、8 章由山东经济学院人才发展与管理创新研究中心薛靖副教授编写，第 7 章由山东财政学院工商管理学院孙亚男博士编写。杨明海教授负责全书架构的设计和统稿。

作为高等院校人力资源管理系列规划教材，本书的特色表现在以下三个方面：

（1）将工作分析和岗位评价的基础知识融入企业管理的现实之中。本书每章的开始都编写了一个“引导案例”，每个引导案例都包含了与本章内容密切相关的背景、事件和需要解决或研究的问题，能够增强学生探索知识和解决问题的能力，引导学生把理论问题和现实生活结合起来，提高学习效果。正文中的“提示”“相关链接”“前沿话题”和“应用案例”与“引导案例”前呼后应，起到帮助学生理解和强化理论知识的作用。

（2）立足于基本理论、知识和方法的掌握。了解和掌握工作分析和岗位评价的基本理论、知识和方法是本科教学的一个重要目的，也是本书编写的一个基本要务。本书在每章前都列出了“学习目标”和“学习导航”，在每章后列出了自测题，能够帮助学生更好地了解和掌握相关理论、知识和方法。

（3）强化课程实验实践环节。本书编写的一个重要目的就是：学习在于知，更在于行。学习基本知识的根本目的在于“用”，“用”的前提就是试验和实践。为此，本书在涉及工作分析和岗位评价的应用环节的各章后面都增加了“实验实践”内容，分别提出了实验实践的背景和目的、准备条件、操作步骤、难点与注意事项、成果及评价和支撑材料等内容，以增强教学内容的实践性和实用性。

三、使用本书的建议

本书兼具理论性和实用性，适合作为企业管理和人力资源管理专业本科生和研究生的专业课教材，同时也适合企业中高级管理人员、从事人力资源管理咨询的专业人员、企业人力资源管理人员及其他相关人士阅读和使用。 对于学生而言，本教材融理论与实践为一体，能够更直观地理解工作分析与岗位评价的基础理论和实践操作知识，并能够应用教材中提供的方法进行实践操作。对于教师而言，本教材是一本指导课题教学与实验实践的教学指导书。

本书借鉴和引用了国内外学者的大量研究成果，在此表示衷心的感谢！

编著者

2010 年 3 月

目　录

第1章 工作分析与岗位评价导论

引导案例

小王为何要辞职

小王来到公司的人力资源部，“张经理”，小王说，“可能我无法适应目前的工作，我希望在这个月末试用期结束时离开公司。”张经理听了很惊讶。小王是两个月以前到公司销售部担任销售部经理助理的。在这段时间的工作中，人力资源部通过销售部经理及销售部其他同事了解小王试用期的工作情况，大家都反映很好，想不到小王会主动提出辞职。

三个月以前，销售部经理提出了增加经理助理职位的需求，由于销售部将加强与国外厂商的业务联系，急需熟练使用英语口语和处理英语书面文件的员工，并希望新增加的员工具有一定的计算机水平，同时可兼顾公司对外网站的管理工作。人力资源部就所需增加的工作岗位进行了分析，经过与销售部经理协商，编写了该岗位的工作说明书。其中对岗位职责的描述是：①协助经理处理国外业务的联系及英文书面文件、合同；②在需要的情况下可担任英文翻译；③整理销售部内部业务文档；④负责在网站上发布有关公司的业务信息，并进行公司网页的更新、调整。工作岗位对语言能力方面的要求决定了应聘人员最好是英语专业的毕业生或是在国外生活过的人员；而计算机网站管理又对应聘人员的计算机水平提出了较高的要求，要求能制作网页和进行数据库处理，应聘者最好是具备计算机专业学历的人员。

看到这样的任职资格要求，人力资源部感到这个岗位的招聘难度较大。当招聘信息在人才招聘渠道发布后，应聘的人员不多。小王是华南地区某商学院毕业的学生，毕业后在广告公司做过业务工作，后来到英国留学，在国外所学的专业是计算机应用，留学回国才一个月，各方面的条件完全符合招聘岗位的要求。经过两次面试后，销售部和人力资源部都觉得小王是这个岗位的最佳人选，于是通知小王来公司报到上班。

“为什么你会觉得自己不能适应这项工作呢?”张经理问小王。

小王说：“工作中业务文件处理、与客户的业务联系都没问题，内部文档也能按要求管理好，但是我不了解我们公司生产产品的技术参数和生产能力，在与客户联系的过程中，需要根据客户的需要为客户量身定制产品的技术参数并在合同中注明交货期限。销售部要求我向客户提供技术方案和我们能为客户量身定制的产品的规格、型号，有时还要决定我们什么时候能给客户供应哪些类型的产品。这些工作需要较多技术方面的知识，何况我不是销售部经理，我也无法决定。目前我承担的工作与应聘时对我提出的工作要求完全不一样。”

思考：小王辞职的原因是什么？

资料来源：https://wenku.baidu.com/view/895bec647f21af45b307e87101f69e314332fa78. html

学习目标

- 理解和掌握工作分析与岗位评价的概念和作用。
- 了解和熟悉工作分析与岗位评价的原则与一般程序。
- 熟悉工作分析与岗位评价的内在关系。
- 了解工作分析与岗位评价在人力资源管理中的作用。

学习导航

在现实工作中，经常会发生这样的事：为什么有的员工不知道自己该做什么？为什么有的工作没人去做？为什么有的员工工作量很大？为什么有的工作相互重叠，有功劳大家争，有责任没人担？为什么招聘的员工会常常不符合要求？为什么主管难以确切地评价下属员工工作成绩的好坏？为什么公司付出了巨大的薪资总额，而员工仍抱怨工资太低、福利太少？为什么员工抱怨公司没有提供足够的培训学习机会？为什么公司投入了培训却没有达到期望的效果？这是因为我们并不了解到底需要多少员工、每个员工的工作量是多少，也不知道如何有效地评价员工的工作、如何有效地发挥每个员工的作用、员工到底需要什么及与员工岗位所对应的报酬应该如何确定等。为此，我们应该做工作分析与岗位评价。工作分析与岗位评价是人力资源管理的基石，科学、周密、细致、符合组织现实和未来发展的工作分析与岗位评价是人力资源管理的首要工作。本章学习导航如图 1-1 所示。

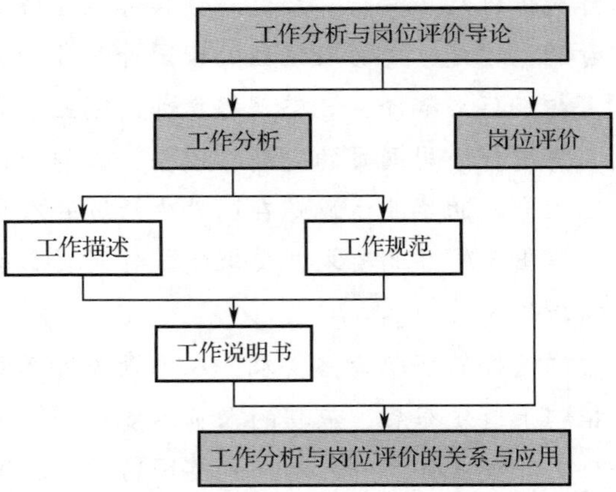

图 1-1 本章学习导航

1.1　工作分析概述

1.1.1　工作分析的概念

工作分析，也称岗位分析、职务分析或职位分析，是指完整地确认某一特定的工作整体，确定完成这一工作所必须具备的资格和条件，并依此而进行的一系列工作信息收集、分析和综合的过程，以便为管理活动提供各种有关工作方面的信息。

一个组织的建立最终会导致一批工作的出现，而这些工作需要由合适的人员来承担。工作分析就是与此相关的一道程序。通过观察和研究，通过对工作内容与工作责任的资料汇集、整理和分析，可以确定该项工作的任务、性质和相对价值，清楚地掌握该项工作的固定性质和组织内各工作之间的相互关系，从而确定工作人员在履行职责时应具备的技术、知识、能力与责任，以及哪些类型的人适合从事这一工作。

工作分析的实质是研究某项工作所包括的任务、性质和责任（工作说明）及工作人员所必需的价值观、知识与能力（工作规范），以及与其他工作的差异，即对某一岗位工作的内容及有关因素做全面、系统、有组织的描写或记载。工作分析与人力资源管理的所有实践活动都密切相关，如图 1-2 所示。

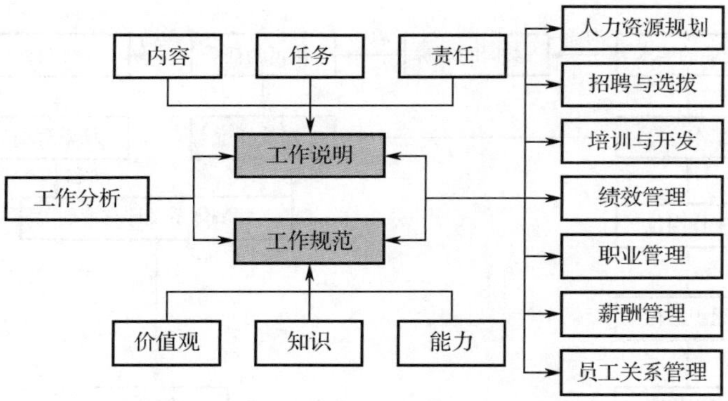

图 1-2　工作分析与人力资源管理实践之间的关系

开展工作分析活动，应该了解企业的组织结构，并对组织结构中各项工作的特征、性质、流程、要求等有清晰的认识，同时要对工作中常用的基本术语有一个规范的使用说明。

相关链接

美国劳工部对工作分析中的相关术语的定义

- 工作要素：工作中不能再继续分解的最小动作单位。
- 任务：为达到某一明确目的所从事的一系列活动。
- 职责：组织要求的在特定岗位上需要完成的任务。
- 职权：依法赋予的完成特定任务所需要的权力。

- 岗位：组织要求个体完成的一项或多项责任及为此赋予个体的权力的总和。
- 职务：工作。按规定担任的工作或为实现某一目的而从事的明确的工作行为，由一组主要职责相似的岗位所组成。
- 工作族（职系）：由两个或两个以上有相似特点的工作组成。
- 职业：由不同时间内不同组织中的相似工作组成。
- 职组：工作性质相近的若干职系综合而成。
- 职级：工作内容、难易程度、责任大小、所需资格都很相似的岗位。
- 职等：工作性质不同或主要职务不同，但其困难程度、职责大小、工作所需资格等条件充分相同的职级为同一职等。

1.1.2 工作分析的目的和作用

工作分析的目的是收集人力资源管理所需要的一切有关员工及工作状况的详细资料，为人力资源管理决策提供依据。工作分析对组织和个人都是很重要的。对组织而言，它是一种工具，通过工作分析能够确定完成组织战略目标的岗位、职务和人员特点；对个人而言，它向个人提供信息和资料，帮助个人判断自己能否获得和胜任该岗位。工作分析与企业管理之间的关系如图 1-3 所示。

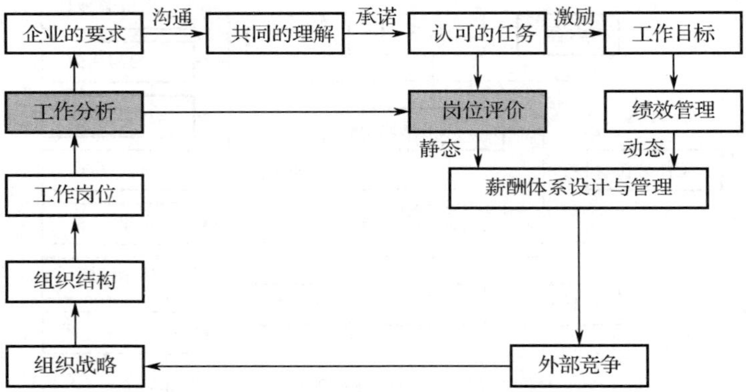

图 1-3 工作分析与企业管理之间的关系

具体地说，工作分析的作用表现在以下几个方面。

（1）促使工作的名称与含义在整个组织中表示特定而一致的意义，实现工作用语的标准化，让员工了解工作性质，明确职责和权利。

（2）确定或修正组织结构及定编定岗，对工作岗位的设置进行重新审查或确定，确定人员编制的合理度。

（3）便于企业制订个人工作计划和部门工作计划，为确定组织的人力资源需求、制定人力资源规划提供依据。

（4）协助招聘与选拔，在招聘人员时可了解岗位所需人员的资格条件，确定员工录用与上岗的最低条件，帮助新员工进入职业角色。

（5）确定工作要求，建立适当的指导与培训内容，提供有关培训与发展的资料，按其工作要求培训所需知识与技能。

（6）确定工作之间的相互关系，以利于合理的晋升、调动与指派。

（7）通过工作分析的大量信息的收集、分析，使绩效考核的结果更具有客观性和针对性。

（8）提供薪酬评价标准，按工作职责和贡献大小核定员工薪酬的高低。

（9）为改进工作方法积累必要的资料，为组织的变革提供依据。

提 示

企业何时需要工作分析

企业不需要时时进行工作分析，但确定何时需要进行工作分析非常重要。一般而言，当下列情况发生时，企业需要安排工作分析活动。

- 缺乏明确的、完善的、书面的工作说明书，员工对工作岗位的职责和要求不清楚，员工之间、部门之间经常出现推诿扯皮、职责不清或决策困难的现象。
- 刚建立一个新的组织，或刚进行组织结构和工作流程的变革或调整；或由于战略的调整、业务的发展，工作内容、工作性质发生了变化；或企业由于技术创新，劳动生产率提高，需要重新进行定岗、定员。
- 当需要招聘某个岗位上的新员工时，发现很难确定用人标准。
- 当需要对员工的绩效进行考核时，发现没有根据岗位确定考核的标准。
- 当需要建立新的薪酬体系时，无法对各个岗位的价值进行评估。

1.1.3　工作分析的原则

为提高工作分析研究的科学性、合理性，在组织实施中应遵循以下原则。

（1）系统原则。在对某一职务进行分析时，要注意该职务与其他职务的关系，从总体上把握该职务的特征及对人员的要求。

（2）动态原则。工作分析的结果不是一成不变的，要根据战略意图、环境的变化、业务的调整，经常对工作分析的结果进行调整。

（3）目的原则。要明确工作分析的目的，注意工作分析的侧重点。工作分析既不是主观臆断，也不是罗列清单。

（4）参与原则。各级管理人员与员工要广泛参与，高层管理人员要加以重视，业务部门要大力配合。

（5）经济原则。以最小的资金投入获得最大的产出，不超预算。

（6）岗位原则。完成这个岗位工作的从业人员需具备什么样的资格与条件。工作分析是针对岗位的分析，不是针对现有任职者的分析。

（7）应用原则。工作分析结果应用于企业人力资源管理实践的各个方面。

1.1.4 工作分析的一般程序

1. 工作分析准备阶段

工作分析准备阶段需要重点解决以下几个方面的问题：明确工作分析的目的和原则；界定工作分析的范围；制定工作分析的阶段目标和侧重点；制定工作分析的总体实施方案；收集与工作分析相关的背景资料；确定所要收集的信息类型；选择收集信息的方法；建立工作分析小组。

工作分析小组担负着执行工作分析计划、完成工作分析、撰写工作说明书、汇总工作说明书、编辑成册的职责。工作分析小组应该由三部分人员构成：一是工作分析专家，二是直线主管，三是任职者。

提 示

工作分析小组成员的优缺点比较

- 工作分析专家：客观、公正，保持信息的一致性，能够选择不同的分析方法；但是专家咨询费昂贵，同时由于专家缺乏对组织的了解，可能忽略某些无形的方面。
- 直线主管：对所要分析的工作的无形方面具有全面而深入的了解，收集信息的速度也比较快；但对工作分析的要求了解较少，需要对直线主管进行工作分析方面的培训，某些情况下难以保证信息的客观性。
- 任职者：对工作最为熟悉，信息收集速度快；但是收集信息的标准化程度较差，工作职责的完整性较差，有可能造成员工之间的矛盾。

2. 工作分析调查阶段

工作分析调查阶段需要重点解决以下几个方面的问题：与有关人员沟通，编制调查提纲；确定调查内容和调查方法；广泛收集有关资料、数据；对重点内容做细致的调查；要求被调查员工对各种工作特征和工作人员特征的重要性和发生频率等做出等级评定。

工作分析的方法详见第 3、4 章。

3. 工作分析形成阶段

工作分析形成阶段需要重点解决以下几个方面的问题：仔细审核收集的信息，与有关人员审查和确认信息；创造性地分析、发现有关工作和工作人员的关键成分；归纳、总结工作分析的必需材料和要素；由受过工作分析培训的人力资源主管或专业人士对材料、信息进行整理、分析及研究，编写工作描述与工作规范，形成工作说明书。

工作描述和工作规范的具体内容详见第 5 章。

4．工作分析应用反馈阶段

工作分析应用反馈阶段需要重点解决以下几个方面的问题：工作说明书的培训与使用；工作说明书使用的反馈与调整。

1.2　岗位评价概述

岗位评价，也称工作评价，是根据工作分析的结果，按照一定的标准，对岗位的性质、强度、责任、复杂性及所需的任职资格等因素的差异程度所进行的综合评估活动。岗位评价确立了企业内部各岗位的重要性，虽然它不直接决定薪酬水平，但它明确了企业内所有工作岗位之间逻辑性的排列关系，并由此构成薪酬结构的基础。

1.2.1　岗位评价的概念

岗位评价是在工作分析的基础上，按照一定的客观衡量标准，对岗位的性质、任务、责任、难易程度、所需资格条件等方面进行量化评定，从而确定企业内部各种工作岗位的相对价值，并对它们进行分类和分级，为岗位工资的确定提供依据，以确保企业工资的内部公平合理性，实现同工同酬。岗位评价的核心和结果是给岗位规定级别。

岗位评价首先要确定岗位评价的需求，如人员流动率高、停工、争吵等都可能源于不合理的岗位工资。其次，要与员工合作，告知员工岗位评价的目的和用途，避免员工担心评价会削减他们的实际工资而不配合工作。最后，由于岗位评价工作的复杂性，企业内部人员可能缺乏相应的知识、工具和经验，可以聘请外部咨询机构来组织实施岗位评价。

岗位评价是以公正、理性的态度对企业各类岗位的相对价值进行衡量的过程，针对的是工作岗位，而不是在职人员，它不考虑在职人员的优势和弱势；评估各个岗位时，只是以能够完全发挥该岗位的职能来测评其对公司的价值，而不是过高地要求或从宽就低。

1.2.2　岗位评价的作用

岗位评价有以下作用。

（1）岗位评价对性质相同或相近的岗位制定了统一的测量、评判和估价标准，从而使企业便于比较岗位之间相对价值的高低，并具体说明其在企业中所处的地位和作用。

（2）岗位评价对各个岗位工作任务的难易程度、责任权限大小、所需要的资格条件等因素进行科学定量测评，以量值表现岗位特征，为企业岗位归级列等奠定基础。

（3）岗位评价为建立公平、合理的薪酬制度提供了科学的依据。

（4）岗位评价为企业对未来组织结构和劳动力市场变化做出反应提供了策略性框架，同工同酬只有通过正式的岗位评价才能得到体现。

1.2.3 岗位评价的原则

岗位评价的原则如下。

（1）岗位评价要紧密联系实际，注重专业性、合理性和实用性。

（2）岗位评价尽量避免模糊概念，注重可评性。

（3）岗位评价要以本企业为出发点，注重通用性。

（4）岗位评价的各个指标要等级配套，注重可比性。

（5）评价依据的用语要委婉，不能挫伤员工的积极性和自尊心，注重灵活性。

1.2.4 岗位评价的一般程序

1. 信息收集

收集有关岗位的各种信息，既包括岗位过去的信息，也包括现今的各种信息；既应当有各种文字性资料，也应当有现场调研的第一手资料。如果有必要，需要与每位任职者、主管和部门领导直接访谈，全方位了解岗位信息及各岗位之间的相互工作关系，为后续岗位分类和岗位合并或分拆提供依据。

相关链接

岗位评价应掌握的信息

- 岗位名称、编码。
- 岗位所在的厂、车间、科室、工段、作业组及工作地，以及这些组织所具有的职能和所执行的任务。
- 担任本岗位人员的职务，担任相同岗位的人数。
- 本岗位过去若干年内的使用人数、出勤率、加班加点情况，离岗退休、辞职、升迁、调动的情况，以及产生的原因。
- 本岗位承担的工作任务，任务的主要项目和内容，使用的设备与工具，加工的产品。
- 本岗位受谁领导，为谁服务，又领导谁，上下左右层级的关系。
- 执行本岗位工作的必要条件。

—本岗位的责任。本岗位在企业经营方向上，在科研、设计、生产、检验、管理上，在设备、材料、工具、技术安全上，以及与他人的工作配合上，承担什么责任？

—胜任本岗位工作的必备知识。在基础理论方面、专业技术工艺方面、企业经营管理方面、实际操作方面，应具备的知识和程度。

—胜任本岗位工作的实际经验。需要有怎样的工作实践经验？有多长时间的经验？

—胜任本岗位工作的决策能力。本岗位需要在哪些问题上做出决策？决策的困难程度如何？

—担任本岗位工作需要具备的操作、使用设备、工具仪表、仪器的能力。设备、器具的复杂程度如何？精密度如何？对视力要求如何？这些设备、工具、仪表、仪器的价值如何？在使用中，正常损坏、发生差错的可能性有多大？其后果如何？

—其他必备的条件，如科研人员的创造力、高层领导的组织能力、销售人员推销产品的能力等。

- 本岗位的劳动时间和能量代谢率，以及相关的生理测定指标。
- 本岗位定员定额的执行情况。现行劳动定额水平如何？在正常条件下员工完成生产任务的数量、质量如何？原材料、动力、工时的利用消耗情况如何？员工的经济利益与工作责任的关系如何？
- 本岗位的劳动环境和工作环境如何？是否在良好的环境下工作？是否有粉尘、噪声、热辐射、有毒有害气体？在恶劣的环境下需要工作多长时间？
- 执行本岗位工作的危险性。本岗位事故的发生率如何？产生的原因和后果是什么？对人会造成什么样的危害？
- 本岗位的负荷程度。执行本岗位的工作任务时，会给劳动者带来多大的负荷量（精神上、肉体上）？是否需要以异常的姿势进行作业？在视觉、听觉上要求注意力集中的程度如何？高负荷工作的持续时间有多长？
- 本岗位需要进行哪些专业训练？科目、时间如何？
- 本岗位对其他岗位的监督责任如何？监督中有什么具体困难，程度如何？
- 本岗位对员工的体格、体力的特殊要求是什么？如色盲是否可承担。

2．岗位分类

根据收集的各种岗位信息，按工作性质将企业的全部岗位划分为若干大类，如管理岗、技术岗、业务岗、营销岗、财务岗等。岗位类别层次的多少，应视企业规模的大小、产品或工艺的复杂程度等具体情况而定。如果需要，还可将各个大类进行细分，如管理岗可分为高层管理岗、中层管理岗和主管岗等。

3．成立岗位评价委员会

岗位评价是一个比较、分析、判断、以岗位为中心的过程，其评价主体是岗位评价委员会。因此，应建立由岗位评价专家组成的岗位评价委员会，制订具体岗位评价工作计划，确定详细实施方案和细则，培训相关人员，使之系统掌握岗位评价的基本理论和方法，能够独立地完成对各个层级岗位的综合评价。

岗位评价委员会的成员一般为 5～12 人，由外部专家及各部门所派成员组成。人力资源管理专家或专职人员更能反映真实情况，应该吸纳为成员，但一般不具有表决权。内部人员通常都为主管级以上人员，因为主管较了解全盘作业。管理人员一般不作为管理人员岗位评价委员会成员，各部门所派成员人数必须相当，参与成员必须具备广泛的商务知识，熟悉有关薪资管理的理论及方法，明确各工作之间的关系，以及对组织的贡献。岗位评价委员会一旦确立，每名成员都会得到一本岗位评价手册，进行专业培训。

4．确定岗位评价指标

以收集的岗位信息资料为基础，确定 10 个或 15 个关键基准岗位，找出与岗位有直接联系、密切相关的各种主要因素，选择岗位评价因素，如技术、责任、努力程度和工作条件（美国公平工资法）、知识技能水平、解决问题的能力和担负的职务责任（海氏三要素评价法）等，列出细目清单，并对有关要素进行说明。

通过岗位评价委员会的集体讨论，构建岗位评价指标体系，作为其他岗位的评价基准。

岗位评价委员会必须履行职责，按实际情况评价每个岗位的价值。

5．实施岗位评价

在全面实施岗位评价之前，先以几个重点单位作为试点，以发现问题、总结经验、及时纠正。

全面实施岗位评价计划，包括岗位测定、资料整理和汇总、数据处理和分析等具体工作过程，撰写企业各个岗位的评价报告书，提供给企业有关部门。

岗位评价工作结束后，要对全面工作进行总结，以便汲取岗位评价工作的经验，为以后岗位分类分级评价等工作的开展奠定基础。

1.3　工作分析与岗位评价的关系与应用

将工作分析与岗位评价作为一个整体活动来看，它是采用科学方法收集并分析工作信息，再按工作的性质、繁简、难易和工作者所需资格条件，分别予以分类与评定的过程。在这一过程中，工作信息收集是基础，工作分析是中介，工作评价是目的。

工作分析与岗位评价是人力资源管理活动的基础工作。工作分析明确工作的运作方式及从业人员的资格，大至组织决策，小到人员培训，都离不开工作分析所提供的信息；岗位评价则确立了企业内各工作岗位的重要性，明确了企业内所有工作岗位之间的逻辑性和排列关系，并由此构成薪酬结构的基础。在西方，人们把工作分析与岗位评价合称为工作研究，它产生于 19 世纪末的美国，由泰勒和吉尔布雷斯夫妇首创。20 世纪 60 年代以后，在欧美的工商企业中，工作分析与岗位评价制度得到了广泛应用。

工作分析与岗位评价的关系与应用如图 1-4 所示。

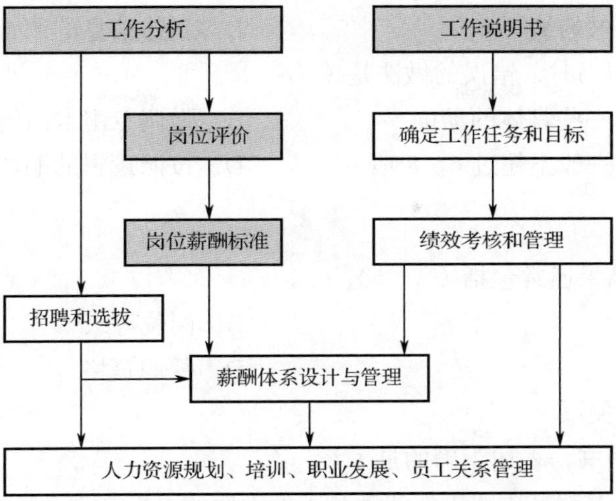

图 1-4　工作分析与岗位评价的关系与应用

自测题

一、判断题

1．工作分析与岗位评价是人力资源管理活动的基础工作。（　　）

2．工作分析的表现形式是工作描述与工作规范，即工作说明书。（　　）

3．工作说明书要尽可能详尽地描述所有职责。（　　）

4．岗位评价确立了企业内部各岗位的重要性，直接决定员工的薪酬水平。（　　）

5．在工作说明书的编写中，可以用完成某项职责所用的时间比重来说明其重要性。（　　）

二、单选题

1．避免员工因为工作内容定义不清而产生抱怨和争议的方法是（　　）。

A．工作设计　B．工作分析　C．工作评价　D．工作分类

2．下面选项中，不需要工作分析就能确定的工作说明书的内容是（　　）。

A．技能　B．学历　C．知识　D．责任

3．关于岗位评价，说法错误的是（　　）。

A．岗位评价结果与任职者无关

B．岗位评价结果和薪酬挂钩

C．应让员工积极地参与到岗位评价工作中

D．岗位评价的目的在于判定一个岗位的相对价值

4．工作分析的结果形成阶段不包括（　　）。

A．工作说明书的调整　B．任何资格条件的说明

C．工作说明书的编写　　D．工作信息的调查

5．编写工作说明书时，错误的做法是（　　）。

A．尽量选用一些具体的动词　　B．强调专用术语的运用

C．职责描述一般不超过 6～8 项　　D．按照逻辑的顺序来编写工作职责

三、多选题

1．工作分析的结果通常包括（　　）。

A．工作目的　　B．岗位等级

C．工作条件　　D．任职资格

E．工作隶属关系

2．关于工作说明书，表述正确的是（　　）。

A．工作说明书就是描述工作活动和工作程序的书面文件

B．工作说明书是企业人员招聘的依据

C．一般来说，工作说明书编写过程中都要套用固定的模式

D．工作说明书是根据工作分析所获得的资料，经过归纳和整理撰写出来的

E．工作说明书是对某类职务的工作描写及任职资格条件所做的书面记录

3．工作分析的目的在于（　　）。

A．为招聘提供依据

B．提高员工对工作的满意度

C．确定各岗位的胜任特征模型

D．为确定薪酬体系提供依据

E．为确定绩效考核标准提供信息

4．关于岗位评价，说法正确的是（　　）。

A．岗位评价即岗位分析

B．岗位评价的结果应该公开

C．评价的是岗位而不是任职者

D．应让员工积极地参与到岗位评价工作中

E．岗位评价的目的在于判定一个岗位的相对价值

5．下列工作分析的调查项目中，对确定岗位任职资格要求有密切关系的是（　　）。

A．绩效目标　　B．工作责任

C．工作目的　　D．工作复杂性

E．工作活动内容

四、简答题

1．简述工作分析涉及的工作。它们分别规定了哪些内容？

2．简述工作分析的意义和基本过程。

3. 简述工作分析实施的时机。

4. 简述岗位评价的目的与过程。

5. 简述工作分析与岗位评价的关系。

五、案例分析题

工作分析能否这样进行

新来的员工小张到公司的第二天就被人力资源部经理安排做公司的岗位工作分析。任务分配得很突然，对于刚刚从北京某高校人力资源管理专业毕业的小张来说，真的有难度。"我根本就不怎么了解公司情况，而且工作分析说起来简单，要做好恐怕不容易。"小张发愁了。

1. 公司背景介绍

××宽带数字技术有限公司（简称××公司）成立于 1993 年，是一家该行业小有名气的从事机顶盒研究和开发的高新企业。公司员工虽然不到 200 人，但是组织结构安排得井井有条，从机顶盒的产品规划、研发、生产直至最后走上数字电视的大市场，公司都配备了一套良好的班子。2013 年，在机顶盒行业并不十分景气的情况下，××公司凭着独特的经营方式和强有力的人力资源后盾创下了年销售量 6 万台的佳绩，在行业内遥遥领先。2014 年，为了迎接更好的机遇和更大的挑战，以管理顾问为首的公司领导班子决定进行深度改革，首先从组织架构着手，把市场部提到了新的高度，重整了原来的系统软件部、应用软件部、硬件部等，同时也引进了一批更专业的人才（小张就是基于此引进的）。用总经理的话说：专业的人才，做专业的事。但是，由于组织架构的变动，有些岗位名称变了，有些部门名称变了，有些员工的部门隶属关系变了，等等。因此，有些员工开始迷茫：我现在该做什么？因此，公司人力资源部经理就提出让小张做岗位工作分析，明确每个岗位的职责。

2. 公司原有工作分析介绍

公司的 ISO 体系文件中，在《管理责任程序》后的附件二"部门职责说明"之后列出了现有的 "工作说明书"。可是当小张细看之后，发现这和现在公司的岗位安排有较大的距离，而且"工作说明书"并不规范，没有遵循工作分析要包括的"5W1H"（Who/Whom/What/When/Where/How）的说法，也没有岗位定编定员等内容。

小张虽然不知道这份工作分析是怎么做出来的（据说这是经过深思熟虑、反复推敲后成文的），但是她觉得这里面至少存在以下几个问题。

（1）格式过于简单。虽然工作说明书可以纯粹用文字的形式来表达，但大标题、小标题还是需要明确的。原有工作说明书的格式过于简单，造成视觉效果不佳。

（2）内容不完整。虽然未必把前面所提的"5W1H"面面俱到，但是作为工作说明书，至少要在"基本资料"一栏中写清楚岗位名称、直接上级、所属部门，在"工作描述"一栏中写清"工作概要"，逐项列出"岗位职责"；在"职位关系"一栏中写明受谁监督、监督谁，可晋升、转换至此的职位，工作中可能与哪些职位发生关系；在"任职资格"一栏中分别列出就职该岗位所需的学历要求、工作经验要求、能力要求、性别、年龄、体能要求等。工作说明书还可以包含“工作环境”的说明，如工作场所、环境的危险性、工作时间特征、均衡性、舒适性等。

原有的“工作说明书”只是简单地列了几条该岗位平时可能发生的工作内容，大部分都属于“岗位职责”的内容。虽然“岗位职责”是工作说明书中的重要内容，但并不是唯一内容。

（3）内容描述不准确。对于“人力资源部经理”来说，起码应涉及人力资源管理的几个重要部分，如人力资源规划、员工招聘、培训与发展、绩效考核、薪资福利等，虽然每个方面都可以安排专员负责，但是，现在××公司的情况是：在小张没来之前，人力资源部就只有经理一人（以前有过一个助理，已离职），所以人力资源部经理的工作说明书就应该更详细一点。对于“负责管理人事档案”这一条，小张有点疑虑：××公司是民营企业，没有档案管理权，应该根本就不存在“管理人事档案”这一说法。事实上，××公司的员工档案都是挂靠在南方人才市场的，委托南方人才市场来管理。这样说来，这一条是不是写错了呢？

至于“培训考核岗位”，培训考核流程具体是怎样的？小张暂时找不到答案。

3. 新的工作分析这样形成

为了完成来到××公司后的第一项工作任务，小张不再依赖原有文件，她开始竭尽所能地收集资料。首先弄清新的组织架构图中出现的每个名词的含义，搞清公司的人员安排，即所谓的定岗定编。然后利用互联网，查询与每个职位有关的信息，对照自己公司的情况进行取舍。当然，“工作说明书”被无数次搜索过。为此，购书中心留下了她的脚印，美国《职衔大辞典》（*The Dictionary of Occupational Titles*）也第一次进入了小张的视野。虽然大学期间，“工作分析”被列入重点专业课之一，可是现在能记起来的寥寥无几，况且理论与实践的差距太大了。

经过各种途径的资料收集，也多次向人力资源总监和管理顾问请教，小张的工作说明书有了雏形。由于各种原因，在准备工作分析的过程中，小张并没有去请教各部门经理，也没有做过任何调查问卷，可以说小张的工作说明书是完全凭她自己的理解做的，因此内容的准确性值得考虑，在工作分析的过程中也存在一些疑问。

问题：

1．工作分析究竟该怎样进行？能否在不经调查的情况下进行吗？

2．工作分析到底由谁来做？人力资源部的新手操办得了吗？

3．在工作分析进行、执行的过程中，组织管理者充当什么角色？是任务的布置者，还是旁观者？

4．在工作分析过程中，部门经理、岗位任职者该做些什么，还是什么都不做，等着“工作说明书”来规范自己？

5．工作说明书做好后，该怎样推广执行？仅仅靠人力资源部发布通知，告诉员工按照工作说明书的内容工作吗？

6. 在工作说明书执行过程中，如果员工有异议，或者根本就不同意对他所在岗位的规定，那么人力资源部该怎么做？

7. 工作说明书执行后，是否需要更新维护，还是以后不再变动？如果需要更新维护，由谁来做，是人力资源部吗？

第 2 章

工作分析准备

引导案例

工作分析之前要做的准备

2018 年 4 月 1 日下午 13:00，在大家午休时，李成明和 HR 经理王强被叫到了公司会议室——管理顾问临时召见。这是李成明来公司的第二天，一切才慢慢开始变得有点亲切，包括 HR 经理——年过六旬、社会阅历颇丰、人格魅力很强的王强和将要给他们开会的管理顾问——刚刚留美归国的 MBA。

管理顾问：小李，很高兴你的加盟，为了让你有机会展示自己的才能，我和王强决定由你来系统地做一下公司每个岗位的工作分析。有什么困难可以提出，我们会尽量提供帮助。

李成明发现公司原来的工作分析是 8 年前做的，随着公司主营业务的转型和信息技术的发展，新的工作不断产生，而旧的工作设计也需要做些改动，于是他意识到进行新的工作分析将面临很大的困难。

思考：

1. 为了确保工作的顺利进行，李成明在实施工作分析之前，需要向管理顾问和 HR 经理阐述在工作过程中可能面临的困难以及如何解决这些困难，以获得管理顾问和 HR 经理的支持。

2. 对于李成明而言，他需要在整个工作中担负的责任是什么？

学习目标

- 重点掌握组织诊断的方法、定编定员的方法。
- 一般掌握组织诊断与组织结构设计的概念、定编定员的原则、工作分析的目标。
- 一般了解工作分析的信息收集者应具有的素质、工作分析的信息类型。

学习导航

岗位作为企业的基本单元，不可能离开企业而独立存在。在进行岗位分析之前，首先必须对企业组织系统进行全面、系统的诊断，找出企业组织中存在的问题，进行再设计，并结合实际情况进行必要的改革。只有建立在科学化组织设计基础上的工作岗位分析，才可能有适合企业组织结构的定编定员和工作分析。本章学习导航如图 2-1 所示。

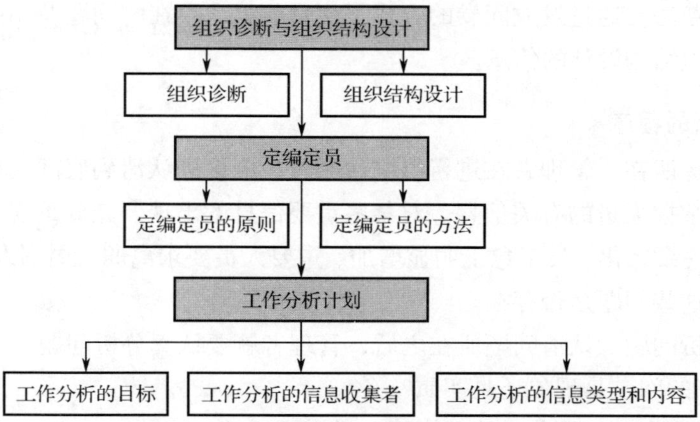

图 2-1 本章学习导航

2.1 组织诊断与组织结构设计

2.1.1 组织诊断

组织诊断是指在对组织的文化、结构及环境等综合考核与评估的基础上，确定是否需要变革的活动。在组织诊断中，咨询顾问、研究人员或管理人员运用概念化的模型和实用的研究方法评估一个组织当前的状况，找到解决问题的方法，迎接挑战，提高绩效。

1. 组织诊断的内容

组织诊断的内容主要包括：组织结构的科学性、组织设计的合理性、组织主要成员的状况、组织人力资源配备的状况、组织的效率、员工的积极性及能力的发挥等；组织战略和经营策略；组织结构和形态；组织价值观和组织文化；组织管理流程和作业流程；组织效率和效能；部门设置和岗位设置；工作设计问题；组织知名度、组织能力、组织伦理、社会责任、商业信誉、品牌价值；组织内部冲突状况；人力资源诊断，包括薪酬福利状况、绩效管理状况、培训与发展状况、职业生涯管理状况、人力资源政策、制度问题、员工关系和员工素质。

2. 组织诊断的方法

（1）观察诊断法。通过观察组织的活动、工作环境、工作绩效、组织管理流程、作业流程，以及人们的沟通联络状况等获得组织的有关信息。

（2）阅读诊断法。通过阅读组织的有关资料、报告，特别是阅读组织现有的结构图、岗位说明书等，了解组织结构、岗位设置等有关情况，了解组织的现状，获得有关组织结构与存在问题的信息。

（3）会晤诊断法。通过与组织各层次人员的直接会晤交谈，了解组织成员对组织的机构设置、岗位设置、权力与责任状况的感觉与存在问题等，获得有关组织结构设计的信息。

（4）问卷诊断法。通过发放问卷的方式了解目前组织存在的问题及相应的对策、建议等，获得有关组织结构设计的信息。

3. 组织诊断的程序

（1）认清问题所在。管理者在进行组织诊断时，应该先认清到底问题出在哪里，这需要及时、准确地掌握大量的有关信息。对某些重要信息的出现要充分重视，如组织信息沟通不顺畅、人际关系恶化、员工怠工明显增加、重要人员要求离职、周围人员牢骚日增等，管理者必须认清这些问题是否存在。

（2）诊断分析问题。认清问题所在之后，管理者就要认真分析问题。

① 表现出来的问题是现象还是实质？

② 如果是实质问题，哪些是迫在眉睫、最需要解决的问题？

③ 需要做哪些变革？

④ 变革中可能有哪些优势和劣势？

⑤ 什么时候变革效果最好？

⑥ 变革的目的与目标是什么？

⑦ 充分认识目前的限制条件。

⑧ 分析适用的策略、程序与方法。

相关链接

"组织"一词，按希腊文原意是和谐、协调的意思。但在管理学上，组织是指劳动者运用劳动资料作用于劳动对象的过程中，通过劳动分工协作所确定的相互关系。

组织的任务主要体现在以下几方面。

- 根据分工协作的原则，正确配备劳动力，合理确定工作量，节约使用劳动力，从而不断提高劳动生产率。
- 组织能形成人类的协作，协作能产生新的生产力。
- 正确处理劳动力与劳动工具、劳动对象之间的关系，保证员工有良好的工作环境和劳动条件，做好组织工作，改进操作方法，保证员工在工作中的身心健康。
- 人们在组织中相互沟通、认同，从而形成共同的价值观、信念和行为准则，形成群体文化。

- 运用工效学、劳动心理学等科学原理，不断完善和改进劳动组织，达到用人少、效率高的目的，并注意改善劳动关系，促进劳动者的全面发展。
- 满足组织成员的需要。

2.1.2　组织结构设计

综合国内外学术界的基本观点，我们认为组织结构设计是对组织的结构和活动进行创新、变革和再设计。前文所述的组织诊断，就是为组织结构设计提供资料与前提条件。

1. 组织结构设计的目的与任务

组织结构设计的目的是通过构建柔性灵活的组织结构，动态地反映外在环境变化的要求，并且能够在组织演化成长的过程中有效积聚新的组织资源，并协调好组织中部门与部门之间、人员与人员之间的关系，使员工明确自己在组织中应有的权利和应担负的责任，有效地进行组织活动，最终保证组织目标的实现。

组织结构设计的任务是设计清晰的组织结构，规划和设计组织中各部门的职能与职权，确定组织中职能职权、参谋职权、直线职权的活动范围并编制职务说明书。

相关链接

所谓组织结构，是指组织的基本架构，是对完成组织目标的人员、工作、技术和信息所做的制度性安排。

组织结构可以用复杂性、规范性和集权性三种特性来描述。

- 复杂性是指每个组织内部在专业化分工程度、组织层级、管理幅度及人员之间、部门之间关系上存在着的巨大差别。分工越细、层级越多、管理幅度越大，组织的复杂性就越高，组织的部门越多、越分散，人员与事务之间的协调也就越困难。
- 规范性是指组织需要靠规章制度及程序化、标准化的工作，规范地引导员工的行为。规范的内容既包括以文字形式表述的规章制度、工作程序、各项指令，也包括以非文字形式表达的组织文化、管理伦理及行为准则等。组织中的规章条例越多，组织结构也就越正式化。
- 集权性是指组织在决策时正式权力在管理层级中分布与集中的程度。当组织的权力高度集中在上层，问题要由下至上反映，并最终要由最高层决策时，组织的集权化程度就较高；反之，一些组织授予下层人员更多决策权力时，组织的集权化程度就较低，这种授权方式又被称为分权。

2. 组织结构设计的前期工作

（1）职能与职务的分析和设计。组织首先需要将总的任务目标进行层层分解，分析并确定完成组织任务究竟需要哪些基本的职能与职务，然后设计和确定组织内从事具体管理工作所需的各类职能部门及各项管理职务的类别和数量，分析每位职务人员应具备的资格条件、应享有的权利范围和应负的职责。

（2）部门设计。根据每位职务人员所从事的工作性质及职务间的区别和联系，按照组织职能相似、活动相似或关系紧密的原则，将各个职务人员聚集在“部门”这一基本管理单位内。由于组织活动的特点、环境和条件不同，划分部门所依据的标准也是不一样的。对同一组织来说，在不同时期不同的战略目标指导下，划分部门的标准可以根据需要进行动态调整。

（3）层级设计。在职能与职务设计及部门划分的基础上，必须根据组织内外能够获取的现有人力资源情况，对初步设计的职能和职务进行调整和平衡，同时要根据每项工作的性质和内容确定管理层级并规定相应的职责、权限，通过规范化的制度安排，使各职能部门和各项职务形成严密、有序的活动网络。

（4）权力责任设计与信息沟通联络网络的建立。组织设计必须设计规定每个层级、部门、岗位、人员的任务、权利、责任，并且要为其建立正规化的信息沟通渠道与联络网络，这是组织结构的软件部分。

3．组织结构设计的原则

在组织结构设计的过程中，还应该遵循一些最基本的原则。这些原则都是长期管理实践中的经验积累，应该为组织设计者所重视。

（1）专业化分工原则。专业化分工是组织设计的基本原则。企业是众多的劳动者在一起进行分工劳动的集合体。企业生产活动过程的复杂性决定了任何人都不可能同时拥有现代工业生产所需的所有知识和技能，每个人都只能在有限的领域中掌握有限的知识和技能，从而相对有效率地从事有限的活动。专业化分工要把企业活动的特点和参与企业活动的员工的特点结合起来，把每名员工都安排在适当的领域中积累知识、发展技能，从而不断地提高工作效率。

（2）统一指挥原则。统一指挥原则要求每位下属应该有一个上级并且仅有一个上级，要求在上、下级之间形成一条清晰的指挥链。如果下属有多个上级，就会因为上级可能下达彼此不同甚至相互冲突的命令而使下属无所适从。虽然有时在例外场合必须打破统一指挥原则，但是为了避免多头领导和多头指挥，组织的各项活动应该有明确的区分，并且应该明确上、下级的职权、职责及沟通联系的具体方式。

（3）控制幅度原则。控制幅度原则是指一个上级直接领导与指挥下属的人数应该有一定的限度，并且应该是有效的。法国的管理学者格拉丘纳斯（V. A. Graicunas）曾提出一套数学公式，说明了当上级的控制幅度超过 7 人时，其与下级之间的关系会越来越复杂，以至于最后无法驾驭。当管理幅度成算术级数增加时，上级需要协调的人际关系数会以几何级数增加。这就意味着，管理幅度不能够无限增加，毕竟每个人的知识水平、能力水平都是有限的。影响管理幅度的因素有多种，至今尚未形成一个可被普遍接受的有效管理幅度标准。值得注意的是，随着计算机技术的发展和信息时代的到来，运用信息技术处理信息的速度大大加快，每名管理者对知识和信息的掌握及实际运用的能力都有普遍提高，这使得管理幅度有可能大量增加，管理者协调能力也有可能大幅提高。

（4）权责对等原则。组织中的每个部门和部门中的每个人员都有责任按照工作目标的要求保质、保量地完成工作任务，同时组织也必须委之以自主完成任务所必需的权力。职权与职责要对等。如果有责无权，或者权力范围过于狭小，责任方就有可能会因缺乏主动性、积极性而导致无法履行责任，甚至无法完成任务。如果有权无责，或者权力不明确，权力人就有可能不负责任地滥用权力，甚至助长官僚主义的习气，这势必会影响到整个组织系统的健康运行。

（5）权变经济原则。所谓组织的权变性，是指组织的各个部门、各个人员都是可以根据组织内外环境的变化进行灵活调整和变动的。组织的结构应当保持一定的柔性以减小组织变革所造成的冲击和振荡。组织的经济性是指组织的管理层次与幅度、人员结构及部门工作流程必须设计合理，以达到管理的高效率。组织的权变性与经济性是相辅相成的，一个权变性的组织必须符合经济性的原则，而一个经济的组织又必须使组织保持权变性。只有这样，才能保证组织机构既精简又高效，避免形式主义和官僚主义作风。

4．组织结构设计的基本过程

尽管每个组织的目标不同，组织结构形式也不同，但设计过程是相同的。一般来说，组织结构设计包括三个步骤：一是明确完成组织目标所需进行的活动；二是将这些活动按某种模式进行归类；三是建立能使各部分活动相互协调的体系。

其中，具体的组织结构设计主要是指第二步的工作。

（1）岗位设计——工作的专门化。组织结构设计的第一步是将实现组织目标必须进行的活动划分成最小的有机关联的部分，以形成相应的工作岗位。

（2）部门——工作的归类。一旦将组织的任务分解成具体的可执行的工作，第二步就是将这些工作按某种逻辑合并成一些组织单元，如任务组、部门、科室等，这就是部门化过程。将整个组织通过部门化划分为若干个管理单元的目的是据此明确责任和权力，并有利于不同的部门根据其工作性质的不同采取不同的政策和加强每个部门内部的沟通与交流。

一个组织的各项工作可按各种原则进行归类，常见的方法有职能部门化、产品部门化、地区部门化、顾客部门化和综合部门化等。

1）职能部门化。按工作的相同或类似性进行归类，如企业把从事相同工作的人进行归类，形成生产线、销售线、财务线、人力资源线等。由于职能部门化与工作专门化有密切的联系，因此许多组织都采用职能部门化的方式。

2）产品部门化。由于不同的产品在生产、技术、市场、销售等方面可能很不相同，就出现了根据不同的产品种类来划分部门的需要。在这种情况下，各产品部门的负责人对某一产品或产品系列，在各方面都拥有一定的职权。

3）地区部门化。按地理区域设立部门，这种形式不像职能部门化和产品部门化那样普遍，但许多全国性或国际性的大组织常采用此种方式。

4）顾客部门化。根据顾客的需要和顾客群设立相应的部门。

5）综合部门化。在同一个组织中，既有按职能划分的部门，也有按其他方法划分的部门，以适应各种不同的需要。

（3）确定组织层级。部门化解决了各项工作如何进行归类以实现统一领导的问题，接下来需要解决的是组织层次问题，即确定组织中每个部门的岗位等级数。组织层次的多少与某一特定的管理人员可直接管辖的下属人员数有直接关系。在部门中操作人员数一定的情况下，一名管理人员能直接管理的下属人员数越多，那么该部门内的组织层次也就越少，所需要的行政管理人员也越少；反之，一名管理人员能直接管辖的员工数越少，所需的管理人员就越多，相应地，组织层次也越多。

由此可见，管理幅度的大小在很大程度上制约了组织层次的多少。在管理幅度确定的情况下，可以根据操作人员数的多少和各级管理者管理幅度的大小，计算出所需的管理人员数和相应的组织层次。

根据以上几个步骤，即可明确岗位、部门、组织层次等，形成相应的组织结构，并绘出组织结构图，如图 2-2 所示。

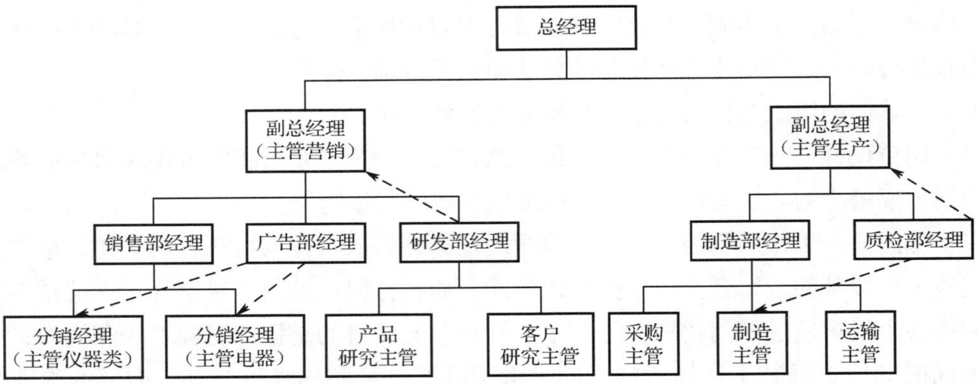

图 2-2　组织结构图

资料来源：周三多. 管理学（第 5 版）. 北京：高等教育出版社，2018.

2.2　定编定员

所谓定编定员，就是采取具有一定程序和科学的方法，合理地确定组织机构的设置并对各类人员进行合理的配备。定编定员是企业劳动组织工作的重要内容，是企业基础管理工作不可缺少的组成部分。定编定员不仅要从数量上解决好人力资源的配置，还要从质量上规定使用人员的标准，从素质结构上实现人力资源的合理配备。

2.2.1　定编定员的原则

1. 科学、合理的原则

定编定员首先要坚持科学、合理的原则。所谓科学，就是要符合劳动管理的一般规律，做到“精简但有效”，即满负荷的工作精神，在保证生产和工作需要的前提下，与国家制定的部颁标准、行业标准或条件大体相同的企业所确立的标准相比较，能体现出组织机构精干、用人相对较少、劳动生产率相对较高的特点。

合理原则是从企业实际出发，结合本企业的技术装备水平、管理水平和员工素质，在提高劳动生产率和挖掘员工潜力的前提下确定定员数。

2. 岗位、人员比例关系协调的原则

为了正常进行企业的生产经营活动，在安排各类人员的比例时，必须注意处理好以下几个关系。

（1）正确处理企业直接生产人员与非直接生产人员的比例关系。

（2）正确处理基本生产人员和辅助生产人员内部各工种之间的比例关系。在生产人员和辅助生产人员内部，由于劳动分工不同，又可分为许多不同的工种。这些工种需相互协作，才能使生产经营活动协调地进行。进行定编定员时，对这些工种应进行合理的安排，以避免不同工种之间任务不均或窝工浪费现象的发生。

（3）合理安排管理人员与全体员工的比例关系。管理人员占员工总数的比例与企业的规模、生产类型、专业化程度、自动化程度、产品性质、员工的素质、企业文化及其他一些因素有关。企业在保证做好各项管理工作、减少管理工作失误的前提下，应力求降低管理人员的比重，消除机构臃肿和人浮于事的现象。

（4）合理安排服务人员与全体员工的关系。

（5）正确处理全体员工中男、女员工的比例关系。

> **提 示**
>
> 直接生产人员是物质财富的直接创造者，他们处在生产第一线，对劳动生产率的提高起着决定性影响。非直接生产人员为直接生产人员服务，对保证企业生产经营活动的正常进行也是必不可少的，相对而言，非直接生产人员不直接创造财富。

3. 走专业化道路的原则

定编定员工作是一项专业性、技术性都比较强的工作，它涉及生产技术和经营管理的方方面面。对于从事这项工作的人，不仅应具备较高的理论水平，同时应具备丰富的生产管理经验。只有这样，才能保证结果的科学性和合理性。

4. 适时修订的原则

在一定时期内，企业的生产技术和组织条件具有相对稳定性，所以，企业的定编定员

也具有相应的稳定性。但是，随着生产任务的变动、技术的发展、劳动组织的完善、劳动者技术水平的提高，定编定员应做相应的调整，以适应变化的情况。

2.2.2 定编定员的方法

制定企业岗位定员的标准、核定各类人员用人数量的基本依据一般是，制定时间内规定的总工作量和各类人员的工作（劳动）效率。其计算公式为

$$\text{某类岗位用人数量}=\frac{\text{某类岗位制度时间内计划工作任务总量}}{\text{某类人员工作（劳动）效率}} \tag{2-1}$$

在企业中，由于企业内各类人员的工作性质不同，总的工作量和劳动效率表现形式不同，以及其他影响定员的因素不同，因而确定定员的具体方法也不同。常用的方法主要有以下几种。

1. 按劳动效率定员

按劳动效率定员是指根据生产任务和个人的劳动效率及出勤率等因素来计算人数的方法，实际上就是根据工作量和劳动定额来计算人员数量的方法。因此，凡是实行劳动定额的人员，特别是以手工操作为主的工种的定员，都适合用这种方法来计算。其计算公式为

$$\text{定员人数}=\frac{\text{计划期生产任务总量}}{\text{工人劳动效率}\times\text{出勤率}} \tag{2-2}$$

工人劳动效率可以用劳动定额乘定额完成率来计算。由于劳动定额的基本形式有工时定额和产量定额，因此，式（2-2）中计划期生产任务总量和工人劳动效率可相应地用工时或产量来表示。

例如，计划期内某车间每轮班生产某产品的产量任务为 1 000 件，每名工人的班产量定额为 5 件，定额完成率预计平均为 125%，出勤率为 90%，试计算该工种每班的定员人数。

根据已知条件可直接代入公式计算定员人数：

$$\text{定员人数}=1000\div(5\times1.25\times0.9)\approx178\text{（人）}$$

上例中，如果采用工时定额计算，工时定额与产量定额的关系式为

$$\text{产量定额}=\frac{\text{工作时间}}{\text{工时定额}} \tag{2-3}$$

则单位产品的工时定额=8÷5=1.6（工时/件）

定员计算公式变为

$$\text{定员人数}=\frac{\text{生产任务量(件)}\times\text{工时定额}}{\text{工作时间}\times\text{定额完成率}\times\text{出勤率}}=\frac{1\,000\times1.6}{8\times1.25\times0.9}\approx178\text{（人）}$$

计算表明，无论采用产量定额还是工时定额，两者计算的结果是相同的。

采用上述公式计算时，生产任务和工人劳动效率的时间单位要保持一致。

2．按设备定员

按设备定员是指根据工作量确定机器设备的数量，再根据设备数量、设备利用率、开动班次及工人看管定额和出勤率来确定定员人数的方法。这种定员方法属于按效率定员的一种特殊表现形式。按设备定员主要适用于以机械操作为主、使用同类型设备、采用多机床看管的工种。应根据劳动定额和设备利用率来核算单台设备的生产能力，再根据生产任务来计算开动台数和班次。其计算公式为

$$\text{定员人数}=\frac{\text{需要开动设备台数}\times\text{每台设备开动班次}}{\text{工人看管定额}\times\text{出勤率}} \tag{2-4}$$

例如，某车间为完成生产任务需开动自动车床 40 台，每台开动班次为两班，看管定额为每人看管 2 台，出勤率为 95%，求该工种的定员人数：

$$\text{定员人数}=\frac{40\times2}{2\times0.95}\approx42\text{（人）}$$

即该工种的定员人数为 42 人。

式（2-4）中，需要开动设备台数和每台设备开动班次要根据设备生产能力和生产任务来计算，并不一定是实有的设备台数。因为有可能生产任务不足，设备不必全部开动，有的是备用设备，也不必配备人员。不同的设备需要开动台数有不同的计算方法，一般要根据劳动定额和设备利用率来核算单台设备的生产能力，再根据生产任务来计算设备开动台数和班次。

3．按岗位定员

按岗位定员是指根据工作岗位的多少、各岗位的工作量大小、工作班次等因素来确定定员人数的方法。按岗位定员主要适用于看管大型联动设备的人员、自动流水线生产的岗位定员；也适用于有一定岗位，但没有设备，又不能实行劳动定额的人员，如检修工、质检工、电工、水泵和空压机的运行工、警卫人员、茶炉工、清洁工、收发员、门卫等。前者为设备岗位定员，后者为工作岗位定员。在计算时，还要考虑生产班次、倒班及替班方法，对于采用连续生产、实行轮休制的单位，还要根据轮班的形式考虑轮休人数。

按岗位定员具体有以下两种方法。

（1）设备岗位定员。这种方法适用于在设备和装置开动时间内，必须由单人看管（操作）或多岗位多人共同看管（操作）的场合。

具体定员时，应考虑以下几个方面的内容。

1）看管（操作）的岗位量。

2）岗位的负荷量。一般的岗位如果负荷量不足 4 小时的要考虑兼岗、兼职、兼做。高温、高压、高空等作业环境差、负荷量大、强度高的岗位，工人连续工作时间不得超过 2 小时，这时总负荷量应视具体情况给予宽放。

3）岗位危险或安全的程度，员工需走动的距离，是否可以交叉作业，设备、仪器仪表的复杂程度，需要听力、视力、触觉、感觉及精神集中程度。

4）生产班次、倒班及替班的方法。对于多班制的企业单位，需要根据开动的班次计算多班制生产的定员人数。

对于采用轮班连续生产的单位，还要根据轮班形式计算倒休人员。例如实行三班倒的班组，每 5 名员工，需要多配备一名员工。

对于生产流水线每班内需要安排替补的岗位，应考虑替补次数和间隙休息时间，每小时轮替一次，每岗定两人，采用两人轮换；一人工作，一人做一些较轻的准备性或辅助工作。对于多人一机共同进行操作的岗位，其定员人数的计算公式为

$$\text{定员人数}=\frac{\text{共同操作的各岗位生产工作时间的总和}}{\text{工作班时间-个人需要与休息宽放时间}} \tag{2-5}$$

式中，“生产工作时间”是指作业时间、布置工地时间和准备、结束工作时间之和。

上述公式计算岗位定员是一种初步核算，为合并岗位、实行兼职作业提供依据。在实际工作中，还要根据计算结果与设备的实际情况重新进行劳动分工，以便最后确定岗位数目。对于单人操作设备的工作，如天车工、皮带输送工等，主要根据设备条件、岗位区域、工作量及实行兼职作业和交叉作业的可能性等因素来确定定员。

（2）工作岗位定员。这种定员方法和单人操作的设备岗位定员的方法相似，主要根据工作任务、岗位区域、工作量并考虑实行兼职作业的可能性等因素来确定定员人数。

4．按比例定员

按比例定员是指按照企业员工总数或某类人员总数的比例，确定某种人员定员人数的方法。

在企业中，由于劳动分工与协作的要求，某类人员与其他类人员之间总是存在着一定数量的比例关系，并且随着后者人员的增减而变化。企业对这些人员进行定员时，可严格根据国家、主管部门、行业标准确定的比例采用如下计算公式：

$$\text{某类人员的定员数=员工总数或某类人员总数}\times\text{定员标准（百分比）} \tag{2-6}$$

按比例定员方法主要适用于企业内各种辅助性生产或服务性部门的定员，也适用于生产车间中无法精确考核劳动量的某些辅助性生产工人的定员。

5．按组织机构、职责范围和业务分工定员

这种方法主要适用于企业管理人员和工程技术人员的定员。

一般先定组织机构和各职能科室，明确了各项业务及职责范围以后，根据各项业务工作量的大小、复杂程度，结合管理人员和工程技术人员的工作能力、技术水平来确定定员。

上述五种定员核定的基本方法，在确定定员标准时，应视具体情况灵活运用。例如，机械制造、纺织企业应以效率和设备定员为主，冶金、化工、轻工企业应以岗位定员为主。有的大中型企业，工种多、人员构成复杂，也可以采用上述方法。实际上，除可以直接规定劳动定额的工种外，尚有数百种工作岗位需要区分不同的情况，针对不同的变动因素，采用不同的方法来确定定员。

2.3　工作分析计划

2.3.1　工作分析的目标

根据现代科学管理理论，工作分析是指科学地规划组织体系中的各个岗位在从业的过程中应该履行哪些职责、具备哪些知识、需要何种技能的管理过程系统。进行工作分析的目标就是解决六个重要的问题。

（1）在员工要完成的工作任务当中，哪些属于体力劳动的范畴？哪些属于脑力劳动的范畴？（What）

（2）工作任务应该要求在什么时候完成？（When）

（3）工作任务应该要求在什么地方完成？（Where）

（4）员工该如何完成该项工作？（How）

（5）为什么这项工作就要求这样做？（Why）

（6）从事这项工作的员工应该具备哪些资质条件？（What qualifications）

2.3.2　工作分析的信息收集者

对于一家企业而言，工作分析需要投入很大的人力、物力和财力，特别是规模比较大、岗位比较复杂的企业。而工作分析又是非常关键的，工作分析信息的正确与否直接关系到人力资源管理各个环节能否顺利进行，如工作说明书的编写能否顺利、岗位划分是否合理、员工的薪酬是否公平等。

另外，工作分析是主观性较强的工作，因此，要求工作分析信息收集者应该具有以下各方面的良好素质。

（1）应具备一定的人力资源管理专业理论素质。工作分析信息收集者的第一个任务就是指导他人或自己收集、整理、归类、分析、统计各种与职务相关的信息。因此，信息收集者必须具备一定的人力资源专业理论知识，懂得哪些应该取舍，并且必须以客观的态度去对待收集来的信息。这部分任务可以聘请外部专家或咨询公司来完成。

（2）应具备一定的业务知识，熟悉业务操作流程。工作分析信息收集面对的是具体的岗位，单纯地具有理论知识是不够的，还必须具有丰富的岗位工作经验，熟悉业务操作流程。这将对工作分析起到事半功倍的作用。因此，这部分任务可以从各岗位抽调业务骨干协助工作。

（3）应具备良好的人际沟通能力。工作分析信息收集方法有多种，但是大部分的方法都是通过访谈和观察了解等方法与岗位员工交流而得到信息。因此，工作分析信息收集者必须具有良好的人际沟通能力，可以比较顺利地与不同类型的员工打交道而获得信息。这对于能否获得信息是很关键的。

（4）应具备良好的逻辑分析和概括能力。工作分析信息收集者收集的关于岗位工作的信息是非常庞杂和零散的，必须从大量的事实堆砌中抽取核心内容，从现象中概括出本质的东西。因此，要求工作分析信息收集者具备良好的逻辑分析和概括能力，从而能够去伪存真、去粗取精。

（5）应具备良好的文字表达能力。工作分析信息收集者收集的信息最后要经过汇总和整理，并且用通俗易懂、言简意赅的文字编写成工作说明书，供企业备案存档。因此，要求工作分析信息收集者必须具有良好的文字表达能力。

（6）应具备良好的心理素质。大量的实践证明，工作分析信息收集者在实际工作中并非想象得那么容易，现实中有部分岗位人员不能很好地配合访谈，如果前期的沟通工作没有做好，访谈工作可能更加困难。如果再碰上个别素质低的人，可能比较难听的话也会出现。因此，要求工作分析的信息收集者要具备良好的心理素质，遇到问题能够妥善解决，而不能激化矛盾。

总之，基于工作分析的信息搜集者的素质要求，搜集工作分析信息的人一般有三种类型：工作分析专家、岗位主管和任职者。三类人员根据各自的优点和缺点在岗位的信息搜集过程中具有互补作用：工作分析专家训练有素，搜集岗位信息能够做到客观公正，保持信息的一致性，但对具体岗位了解不足；岗位主管工作经验丰富，搜集岗位信息能够做到全面而深入，同时搜集信息的速度也比较快，但缺乏专业性；任职者的优势则在于他们对工作岗位最熟悉，信息搜集的速度也很快，不足之处是搜集的信息标准化程度较低、工作职责的完整性欠缺等。在实际工作中，将三者互补则对信息搜集工作极为有利。

2.3.3 工作分析的信息类型和内容

工作分析的信息类型和内容，如表 2-1 所示。

表 2-1　工作分析的信息类型和内容

一、工作活动 1．工作任务的描述 ● 工作任务是如何完成的？ ● 为什么要执行这项任务？ ● 什么时候执行这项任务？ 2．与其他工作和设备的关系 3．进行工作的程序 4．承担这项工作所需要的行为 5．动作与工作的要求
二、工作中使用的机器、工具、设备和辅助设施 1．使用的机器、工具、设备和辅助设施的清单

续表

2．应用上述各项加工处理的材料

3．应用上述各项生产的产品

4．应用上述各项完成的服务

三、工作条件

1．人身工作环境

- 工作接触：高温、粉尘、噪声和有毒等环境。
- 工作是在室内还是户外；室内采光、通风等情况。

2．组织的各项有关情况

3．社会背景

4．工作进度安排

5．激励（物质的和非物质的）

四、工作衡量标准

1．劳动行为规范

2．工艺操作规范

3．安全操作规范

4．劳动定额标准

5．工作质量要求

五、对员工的任职要求

1．与工作有关的特征要求

2．特定的技能

3．特定的教育和训练背景

4．与工作相关的工作经验

5．身体特征

6．工作态度

自测题

一、判断题

1．组织诊断最重要的是找到解决问题的办法。（　　）

2．按劳动效率定员的方法最适合连续化作业的岗位。（　　）

3．定编定员要符合劳动管理的一般规律。（　　）

二、单选题

1．下列方法中，属于组织诊断方法的是（　　）。

A．访谈法　　B．观察诊断法　　C．会议法　　D．座谈法

2．按岗位定员的依据是（　　）。

A．岗位责任　　B．岗位工作量　　C．岗位技能　　D．岗位等级

3．组织设计的原则是（　　）。

A．专家意见　　B．权责对等　　C．上级指令　　D．群众意见

4．如实行三班倒的班组，每 5 名员工，需要多配备（　　）。

A．1 名员工　　B．1.5 名员工　　C．0 名员工　　D．2 名员工

5．按工作岗位定员的方法适合（　　）。

A．车工　　B．操作工　　C．检修工　　D．办公室人员

三、多选题

1．劳动环境一般包括的因素有（　　）。

A．温度　　B．湿度　　C．时间　　D．辐射

2．工作分析的信息类型有（　　）。

A．工作环境　　B．工作类型　　C．体力劳动强度　　D．知识技能

3．影响按设备定员的因素有（　　）。

A．设备数量　　B．设备利用率　　C．开动班次　　D．看管定额

4．组织结构具有的特性包括（　　）。

A．复杂性　　B．规范性　　C．集权性　　D．组织性

5．工作分析的信息收集者就是对收集的信息进行（　　）。

A．整理　　B．分析　　C．归类　　D．统计

四、简答题

1．在组织中，为什么要进行组织诊断？

2．组织诊断是按什么程序进行的？

3．组织设计的前期应做哪些工作？

4．在定编定员中，岗位、人员比例关系应如何协调？

5．定编定员的各种方法分别适合哪种情况？

五、计算题

某公司有一套制氮量每小时 100 立方米的空气分离设备，现有 3 个岗位共同操作。通过岗位写实，甲岗位生产工作时间为 4.5 工时，乙岗位为 5 工时，丙岗位为 4 工时，根据该工种的劳动条件和劳动强度等因素，规定个人需要与休息宽放时间为 1 工时，试计算岗位定员人数。

第 3 章

工作岗位调查

引导案例

某公司财务部的岗位调查

某公司财务部有五人：一位经理，两位会计，两位出纳。在两位出纳中，一位是银行出纳，另一位是现金出纳，他们的工作有时有交叉。60 多人的公司有五位财务人员，公司管理者认为财务人员有点多，但是没有根据，不知裁减谁合适。公司采用岗位写实的办法进行调查。记录他们每天都在做什么，工作是否饱满，或者说工作有没有重叠。财务部的五个人每人用本子把他们每天的工作全部记录下来。例如，几点到几点做什么，这样记录了两周。

通过记录发现，出纳的工作确实很紧张，其中一位出纳因为提款一天去了四次银行。问他为什么一天去四次，能不能去一次就把款提了？他说不行，因为公司规定一次提款现金量不能超过 1 万元。另外，公司需要的现金量大，经常出现这种情况。由于公司工作计划性差，造成出纳工作重复。找出问题后，如果能够改进，出纳人员可以从两人减为一人。

思考：如何通过科学的岗位调查方法查找企业管理中存在的问题？

学习目标

- 重点掌握工作岗位调查的方式与形式、调查表的设计。
- 一般掌握劳动强度的分级、劳动环境指标。
- 一般了解工作岗位调查应注意的问题。

学习导航

工作岗位调查是工作岗位研究的重要组成部分，只有做好这项工作，工作分析和岗位评价才能顺利进行。工作岗位调查主要包括工作岗位调查的方式、形式、内容和注意事项。本章学习导航如图 3-1 所示。

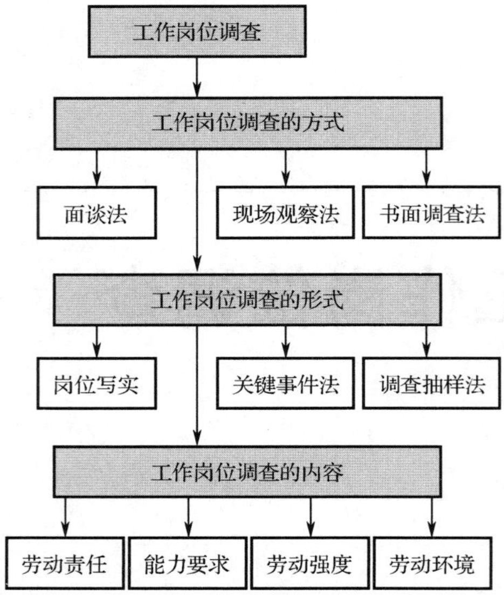

图 3-1　本章学习导航

3.1　工作岗位调查的概念、目的与意义

3.1.1　工作岗位调查的概念

岗位调查是以企业单位各类劳动者的工作岗位为对象，采用多种科学的调查方法，收集与岗位有关的信息的过程。

岗位，是根据组织目标需要设置的具有一个人工作量的单元，是职权和相应责任的统一体。

岗位具有如下主要特点。

（1）岗位是以事（工作）为中心而设置的，不因人而转移，也就是说，先有岗位，后有相应的工作人员。

（2）岗位不随人走。同一岗位在不同时间可以由不同的人出任。

（3）岗位的数量是有限的。它体现为一个组织的编制，其数量取决于组织的工作任务大小、复杂程度及经费状况等因素。

（4）由于岗位具有专业性和层次性，因此，一般来说，各单位的绝大多数岗位都可以按照一定的标准和方法进行分类分级。

3.1.2　工作岗位调查的目的

工作岗位调查的目的如下。

（1）收集各种有关的数据、资料，以便系统、全面、深入地对岗位进行描述。

（2）为改进工作岗位的设计提供信息。

（3）为制定各种人力资源文件（如岗位规范、工作说明书等）、进行岗位分析提供资料。

（4）为岗位评价与岗位分类提供必要的依据。

岗位调查不同于一般的了解情况，它要通过调查取得说明工作岗位的第一手资料，同时要注意采用科学的调查方式、方法，认真地做好调查研究，以保证调查资料的真实性、可靠性和完整性。

3.1.3　工作岗位调查的意义

岗位调查是工作岗位研究的重要组成部分，只有做好岗位调查，才能准确、全面、系统地占有岗位研究所需掌握的丰富的原始资料，顺利地进行岗位分析、岗位设计和岗位评价等其他环节，正确地认识岗位的性质和特征，达到岗位研究的目的。总之，经过岗位调查获得的信息资料可以用来制定工作说明书等人力资源文件，为人力资源的战略规划、招聘配置、绩效考评、培训开发、薪酬福利、劳动关系等管理提供规范和标准。

3.2　工作岗位调查的方式

3.2.1　面谈法

为了获得岗位的有关信息，可采用面谈的方式，即调查人员直接与从事岗位工作的员工面谈，调查了解其所在岗位的有关情况。

通过面谈不仅可以掌握现场观察或书面调查所不能获得的情报和资料，而且可以证明现有资料的真实性和可靠性，弥补其不足。进行面谈以前，调查人员应拟定调查提纲，列出所有需要调查的事项。面谈时，应按照问题的顺序提问，并做详细的记录，对调查对象难以回答或故意回避的问题，可暂时中止。面谈选择的对象应尽量广泛一些，不仅要向担任本岗位的人员进行调查，还要向与本岗位有联系的其他人员进行调查。这样可以掌握经常性和非经常性工作的详尽情况。此外，在面谈中还应该注意以下几点。

（1）尊重调查对象，接待要热情，态度要诚恳，用语要恰当。

（2）面谈的场地环境、器具设备要适合调查的目的，营造良好的气氛，使调查对象感到轻松，能够无拘无束地回答问题。

（3）面谈中，应允许调查对象长篇大论地谈问题，直到他自己认为无话可说为止。调查人员可视具体情况记录调查对象的发言要点。

（4）调查人员对重大的原则问题，应避免发表个人观点和看法，要“引而不发”。

（5）提问要采取启发式，避免命令式。

3.2.2　现场观察法

现场观察法是指由分析人员实地观察员工的工作过程，记录、分析有关数据。通常借用人的感觉器官、观察仪器或计算机辅助系统描述实际工作活动，用文字、图表和流程图等形式表现出来。目前常用的观察方法有流程图法、运动研究法和工作样本分析法。实施观察法应注意的问题主要包括以下几点。

（1）样本应具有代表性。在实施观察法时，分析人员首先要决定研究的目的，然后决定拟观察的观察对象组，要注意观察的样本应具有代表性。

（2）注意观察细微处。观察者进入观察现场，不能只看到大的方面，还要注意防止遗漏那些关键的、细微的工作要求。

（3）拟定观察提纲。一般在观察前，分析人员应根据本次观察的目的和要求拟定一个观察提纲，然后以此为向导对职务活动逐一进行观察。

（4）与观察对象建立友好的关系。分析人员进入现场观察，必然要与岗位工作人员接触，为不妨碍观察对象的工作并取得其工作上的配合，观察者一定要与观察对象保持友好的关系，并做好现场记录。此外，观察者还应及时处理所发生的危机，分析资料，写一份陈述研究结果的报告。

3.2.3 书面调查法

书面调查法就是利用调查表进行岗位调查。调查表由专业人员在调查之前设计编制。调查对象接到调查表后，应按照调查项目逐一认真填写。书面调查结果的可靠性和准确性受到两个因素的影响：一是调查表本身设计得是否科学、合理；二是调查对象的文化水平，以及填写调查表时的诚意、兴趣和态度。因此，一般来说，书面调查应与其他调查方式结合使用，才能保证岗位调查资料的完整性和全面性。

总之，在现实工作中采用何种调查方式进行岗位调查应视具体情况而定。在岗位数目较少的企业中，可以采用面谈法或现场观察法收集各种资料。如果企业的规模较大，岗位设置繁杂，除对重要的岗位采取面谈法或现场观察法外，一般岗位可采用书面调查法，由人力资源部门编制调查表，分发给员工填写。为了弥补书面调查法的不足，对个别不清楚的调查项目，应采用面谈法或现场观察法等加以复查、订正和补充。

3.3 工作岗位调查的形式

3.3.1 岗位写实

1. 岗位写实的类型

岗位写实，又称工作日写实，根据观察对象和目的的不同可分为五种，即个人岗位写实、工组岗位写实、多机床看管岗位写实、自我岗位写实和特殊岗位写实。

（1）个人岗位写实：以某一作业者为对象，由观察人员实施的岗位写实。个人岗位写实是岗位写实的一种基本形式。个人岗位写实的目的侧重于调查工时利用、确定定额时间、总结先进工作方法和经验等。

（2）工组岗位写实：以工组为对象，由观察人员实施的岗位写实。可细分为以下两类。

1）同工种工组岗位写实。被观察的工组为相同工种的作业者（如车工、造型工）。此种写实可以获得反映同类作业者在工时利用及生产效率等方面的优劣和差距资料，发现先进工作方法及引起低效或时间浪费的原因。

2）异工种工组岗位写实：被观察的工组由不同工种工人构成（如兼有基本工人和辅助工人的工组、兼有多种技术工种的工组）。此种写实可以获得反映组内作业者的负荷、配合等情况的资料，为改善劳动组织、确定合理定员等提供依据。

（3）多机床看管岗位写实：以多机床看管工人为对象，由观察人员实施的岗位写实。此种写实主要用于研究多机床看管工人作业内容、操作方法、巡回路线等的合理性，以及机器设备运转，工作场地的布置、供应、服务等情况，以发现并解决多台看管存在的问题，为充分发挥工人和设备的效能提供依据。

（4）自我岗位写实：以作业者本人为对象，由作业者自己实施的岗位写实。此种写实有特定的写实记录表格，由作业者做原始记录，专业人员做分析改进。主要用于研究由组织原因造成的工时损失的规模和原因，目的是为改进企业管理、减少停工时间和非生产时间提供依据。

（5）特殊岗位写实：以研究特定现象为目的，以个人或工组为对象，由观察人员实施的岗位写实。特点是只观察记录、分析研究工作班内与研究目的有关的事项及其消耗时间。既可对个人，也可对工组时间；既可对个人，也可对工组进行特殊岗位写实。例如，调查繁重体力劳动工人的休息与生理需要时间，调查材料、能源缺乏引起的停工时间损失，调查长期完不成生产定额者的工作状态等，都可通过特殊岗位写实获得所需的情况和资料。

岗位写实的具体内容有以下五个方面。

（1）写实对象及其所在岗位的基本情况。

（2）岗位内从事的各种活动的名称、内容和动作时间。

（3）各种活动的位置。

（4）各种有害因素状况和接触时间。

（5）写实对象或所在岗位写实时间内完成的工作量。

2. 岗位写实的步骤

岗位写实应按写实计划的安排进行。一般采用一对一、人盯人的方式进行写实。写实人员应比写实对象多安排 1～2 人，负责联络，并作为必要的替补人员。第一次参加写实时，应进行测试，以掌握写实方法。

实施岗位写实的步骤及要求如下。

（1）准备。

1）熟悉写实计划，明确写实岗位、对象和时间，掌握该岗位有害因素的种类及其接触范围。

2）准备好写实用具，如记录表格、记录夹、笔、计时器（手表），必要时应对准时间。

3）提前 10～15 分钟到达写实现场，熟悉写实对象和现场情况。

4）对写实对象讲明写实的目的和要求，使其能较好地配合写实。询问写实对象的个人情况，填写写实记录表表头的各项内容。

5）选择合适的写实观察位置。要求写实位置便于观察，不妨碍生产作业，不分散写实对象的注意力，不会发生安全事故。

（2）写实测定。

1）从岗位规定的上班时刻起，观察写实对象的各种活动，并按写实记录表的项目顺序记录，直到规定下班时刻为止。

2）在观察和记录过程中，写实人员应集中精力，认真观察，如实记录；不得擅自离岗；保证写实的真实性。

3）当写实对象离开写实场所时，写实人员应跟随观察。如果跟随有困难，待其返回后应立即询问，不可凭主观猜测记录。

4）写实时应于观察的当时把结果记录于写实记录表中。不可事后补记，也不宜事后转抄。

5）写实时间按 24 小时制记录，精确到 1 分钟。

6）生产发生事故或写实对象因非工作原因离岗，停产或停工 60 分钟以上，写实资料无效。

（3）结束。

1）写实对象完成岗位的全部工作，或时间已到岗位结束时刻，方可结束写实。对制度工时外的加班加点时间不写实。

2）若写实对象已完成全部工作离开现场，时间尚未到结束时刻，写实人员应记录离开时间，并延续记录至结束时刻。

3）完成写实记录后，应立即检查写实记录表，纠正漏记和错记记录。

4）一个写实对象对应一个岗位的写实记录，作为一份写实资料装订上交。

5）对上交的写实资料，应有专人负责审查，保证写实资料的质量。

3.3.2 关键事件法

关键事件法是由美国学者弗拉纳根（Flanagan）和贝勒斯（Baras）在 1954 年共同创立的，它由上级主管者记录员工平时工作中的关键事件：一种是做得特别好的，另一种是做得不好的。在预定的时间，通常是半年或一年之后，利用积累的记录，由主管者与被测评者讨论相关事件，为测评提供依据。

收集关键事件的对象可以是该岗位上的工作人员，也可以是对该岗位非常了解的其他人，如上级主管、与该岗位有广泛直接接触的其他岗位的工作人员或与该岗位工作人员密切联系的客户等。最好能多方面地进行收集，务求全面客观。通常每个岗位要收集 200～300 个关键事件，即使收集不到这么多，也要保证对该岗位工作描述的全面性。

描述关键事件时要遵循以下准则。

（1）对事件的描述越全面越深入越好，既要描述工作行为，也要说明该行为的构成原因及其造成的后果。

（2）描述的事件应当全面，既要包括好的有效的工作行为，也要涉及不良的无效的工作行为。

（3）对事件的描述要客观准确，不管描述好的事件或不好的事件，都应该避免加入管理者的主观感受，尽量不用带强烈褒贬色彩的文字。

（4）事件应该与有效或无效的工作表现相关，一些无关紧要的生活琐事或对特定工作人员的个人特征描述等都不属于关键事件的范围。

（5）描述事件时应该多使用意义明确的行为动词。

3.3.3　调查抽样法

调查抽样法是统计抽样法在岗位调查中的具体运用，是根据概率论和数理统计学的原理，对工作岗位随机进行抽样调查，利用抽样调查得到的数据资料对总体状况做出推断的一种方法。

1. 调查抽样法的作用

调查抽样法的作用体现在以下几个方面。

（1）用于调查员工工作时间的利用情况，掌握各类工时消耗的比重。

（2）用于制定和修订劳动定额，检查劳动定额是否先进合理、是否符合企业的实际需要。

（3）用于研究机械设备的运转情况，调查设备的利用率和故障率。

（4）用于改进工作程序和操作方法。

2. 调查抽样法的特点

调查抽样法有以下几个特点。

（1）使用范围广，可用于工厂企业、医院、商店、饭店、旅馆、机关团体等单位的工作研究。

（2）节省时间，节约费用。与测时、现场写实比较，调查抽样法可缩短调查时间，节约费用。

（3）取得的数据真实可靠，能消除被观测人员在生理、心理上的影响。抽样调查时，只要遵循随机性的原则，且保证有足够的抽样观测的次数，抽查的结果就具有一定的可靠性和精确度。

（4）测定人员不必整天连续地在工作现场进行观察，从而大大减少了工作量，避免了因长时间的观测而使测定人员产生厌烦情绪。

3．调查抽样法的步骤

调查抽样法的步骤如下。

（1）明确调查目的。进行调查抽样先要明确调查的目的，有了调查目的，才能确定调查对象和范围，才能确定工作抽样所应达到的可靠度和精确度。一般来说，调查抽样的可靠度取 95%，精确度取±5%～±10%，即可满足需要。

（2）作业活动分类。对观测对象的活动做适当的分类，以便正确地进行观测记录和事后的汇总整理、统计分析。调查员工工作情况时，一般按其工时消耗的性质分类；调查设备开动状况时，一般按设备停机的原因分类。

（3）确定观测次数。观测次数就是调查抽样的样本数。抽取的样本少，所得到的结果的准确性、可靠性就越小，对总体的代表性也就越差；反之，对总体的代表性就越好。

（4）确定观测时刻。观测时刻选择得是否适当，关系到观测结果的可靠度和精确度。观测时刻的确定必须遵循随机的原则。可借助随机数字表、随机时刻表等工具确定观测时刻，可采用单纯随机时间间隔、等时时间间隔、分层抽样和区域抽样等方式。

观测时刻的总时限，应根据观测目的和观测对象的工作周期来规定。

3.4 工作岗位调查的内容

工作岗位调查的内容包括岗位劳动责任调查、岗位能力要求调查、岗位劳动强度调查及岗位劳动环境调查等。

3.4.1 岗位劳动责任调查

岗位劳动责任是指岗位在生产过程中的责任，主要反映岗位劳动者的智力水平和心理状态。劳动责任一般包括：质量责任，如质检员；产量责任，如生产调度；看管责任，如仓库管理员；安全责任，如安全委员会；消耗责任，如成本的控制及原材料的消耗等；管理责任，如车间主任或生产型企业的部门经理等。在做岗位调查的过程中要把这些问题调查清楚，以利于后面的岗位评价。

3.4.2 岗位能力要求调查

各岗位根据其在流水线的位置不同，其设备的复杂程度、操作的复杂性、产品的质量要求及处理突发事件的应急能力等都是差别很大的。如果是在管理岗位，则岗位要求的决策能力、人际沟通能力等也各不相同。因此在做岗位调查时，一定要把岗位要求的专业知识、学历水平、工作经验等调查清楚。

3.4.3 岗位劳动强度调查

劳动强度是指劳动者所从事的劳动的繁重、紧张或密集程度，也可以说是劳动力消耗的密集程度。它是用来计量单位时间内劳动消耗的指标。单位时间内劳动力（体力和智力）消耗得多，表明劳动强度大；单位时间内劳动消耗得少，表明劳动强度小。

影响劳动强度的因素一般包括体力劳动强度（用体力劳动强度指数来衡量）、工时利用率、劳动姿势、劳动紧张程度及工作班制等。

研究劳动强度的目的是确定一个合理的劳动强度，以制定合理的劳动定额，保护劳动者的安全健康和调动劳动者的积极性，提高劳动生产率。

1．体力劳动强度指数的计算公式

体力劳动强度指数的计算公式为

$$I=10TMSW \tag{3-1}$$

式中，I 为体力劳动强度指数；T 为劳动时间率（%）；M 为 8 小时工作日平均能量代谢率 [kJ/(min·m^2)]；S 为性别系数（男性=1，女性=1.3）；W 为体力劳动方式系数（搬=1，扛=0.40，推/拉=0.05）；10 为计算常数。

在式（3-1）中，M 和 T 的测定和计算方法如下。

（1）M 的计算方法。根据工时记录，将各种劳动与休息加以归类（近似的活动归为一类），按表 3-1 的内容及式（3-2）求出各单项劳动与休息时的能量代谢率，分别乘相应的累计时间，最后得出一个工作日各种劳动休息时的能量消耗值，再把各项能量消耗值加总，除以工作日总时间，即得出工作日平均能量代谢率[kJ/(min·m^2)]。

$$\begin{aligned} M= &（单项劳动能量代谢率\times 单项劳动占用的时间+\cdots+ \\ &休息时的能量代谢率\times 休息占用的时间）\div 工作日总时间 \end{aligned} \tag{3-2}$$

单项劳动能量代谢率测定表见表 3-1。

表 3-1　单项劳动能量代谢率测定

工种__________________动作项目__________________ 姓名__________________年龄_________岁__________工龄______________年 身高__________________cm　体重__________kg　体表面积______________m^2
采气量 气量计的初始读数____________________ 气量计的最终读数____________________ 采气量（气量计的最终读数减去气量计的初始读数）__________L
通气时的气温___________℃；气压__________Pa
标准状态下干燥气体换算系数（查标准状态下干燥气体体积换算表）：__________
标准状态下气体体积（采气量乘标准状态下干燥气体换算系数）：__________________L
每分钟气体体积：$\dfrac{标准状态下气体体积}{采气时间}$=__________L/min
换算单位体表面积气体体积：$\dfrac{每分钟气体体积}{体表面积}$=_____L/(min·m^2)

续表

能量代谢率：______________kJ/(min · m^2)	
调查人签名：	日期：

（2）T 的计算方法。每天选择接受测定的工人 2～3 名，按表 3-2 的格式记录自上工开始至下工为止整个工作日从事各种劳动与休息（包括工作中间暂停）的时间。每个测定对象应连续记录 3 天（如遇生产不正常或发生事故则不做正式记录，应另选正常生产日，重新测定记录），取平均值，求出劳动时间率（T）。

$$T=\frac{\text{工作日内净劳动时间}}{\text{工作日总工时}}\times 100\%$$

$$=\frac{\sum\text{各单项劳动占用的时间}}{\text{工作日总工时}}\times 100\% \tag{3-3}$$

表 3-2　工时记录表

动作名称	开始时间（时、分）	耗费工时（分）	主要内容（如物体重量、动作频率、行走距离、劳动体位等）
调查人签名：		日期：	

（3）体力劳动强度分级标准如表 3-3 所示。

表 3-3　体力劳动强度分级标准

级　别	劳动强度指数	各指数级平均耗能值及平均劳动时间率		
		能量消耗值（kcal/人）	净劳动时间（min）	劳动时间率（%）
Ⅰ	≤15	850	293	61
Ⅱ	15～20	1328	322	67
Ⅲ	20～25	1746	350	73
Ⅳ	≥25	2700	370	77

劳动强度指数小于或等于 15，体力劳动强度为Ⅰ级，相当于轻劳动；劳动强度指数大于 15 小于 20，体力劳动强度为Ⅱ级，相当于中等强度劳动；劳动强度指数大于等于 20 小于 25，体力劳动强度为Ⅲ级，相当于重强度劳动；劳动强度指数大于等于 25，体力劳动强度为Ⅳ级，相当于很重强度劳动。

应用案例

某水泥厂生产作业体力劳动强度分级测定

1. 企业背景

该厂是一家有 30 多年历史的水泥厂，现有职工 881 人，年产普通硅酸盐水泥 30 万吨，每天工作 8 小时。生产工艺流程：生料破碎→生料配料→成球→煅烧→熟料配料→球磨→过筛→包装。各工序生产工艺为：生料破碎采用颚式破碎机。6 名当班工人负责给 2 台破碎机喂料。工人用铁铲或双手搬送石料，重 5～30kg，距离 0.5m；或用小车运送石料，每车重 80kg，距离 10～20m。原料下料是用铁铲把煤、黄泥和矿渣等混合料送下提升机，当班 8 名工人负责两条提升机的下料工作。煅烧是将生料经高温煅烧成熟料的工种，每座窑当班 4 名工人，操作 6kg 的钢钎通窑，不定时清理窑面。最后一道工序是水泥包装，使用固定式半自动包装机，18 名当班工人完成 200～250t 水泥的包装入库，分挂袋放粉、装车、运送和卸车等工种。

劳动保护用品配备情况：配有口罩、工作服、手套等劳保用品。

2. 调查对象与目的

（1）调查对象。本次调查以生料破碎、原料下料、煅烧和包装等主要工种为对象。

（2）调查目的。通过本次岗位调查，对主要工种进行体力分级，以便更加合理地进行人力资源管理。

3. 调查的内容

（1）平均劳动时间率测试。从体力劳动人数较多的工种中各选择 2 名工人为测试对象，记录自上班开始至下班为止，整个岗位从事各种劳动与休息的时间，连续 3 天。如果生产不正常或发生事故则不做记录。最后根据记录归类整理，同类作业内容工时累计。

（2）能量代谢率测试。①用 FTQLT-1 型肺通气量计测定各类劳动和休息状态下的气体呼出值，根据当天的气压、气温，换算成标准状态下的每分钟呼出气体体积。②测量受试者的身高、体重，按公式求其体表面积。

（3）按“体力劳动强度分级”的方法和公式，计算平均能量代谢率和体力劳动强度指数，再根据指数确定各工种的体力劳动强度级别。

4. 测定结果

各操作单项能量代谢率分析如表 3-4 所示。

表 3-4　各操作单项能量代谢率分析

工种	单项操作项目	持续时间（min）	能量代谢率[kJ/(min·m^2)]
包装	挂袋	21	9.28
	装车	12	13.70
	运送	9	15.84
	运送回程	4	5.09
	卸车	10	14.14

续表

工种	单项操作项目	持续时间（min）	能量代谢率[kJ/(min·m²)]
破碎	铲石料	18	9.13
	石料装车	8	11.07
	运送石料	3	12.42
	卸石料	4	8.82
	运送回程	2	5.23
煅烧	通窑	12	9.84
	清理	20	6.76
下料	下料	19	8.24
	下料（女工）	18	5.12

从表 3-4 可以看出，14 个项目中持续时间最长的是挂袋，最短的是破碎运送回程（空车），平均 11.43 分钟；能量代谢率最高的是包装运送，最低的是包装运送回程（空车），平均 9.62 kJ/（min · m^2）。

体力劳动强度分级如表 3-5 所示。

表 3-5 体力劳动强度分级

工种	平均劳动时间率（%）	平均能量代谢率[kJ/(min·m²)]	劳动强度指数	劳动强度级别
破碎	66.7	8.75	16.6	Ⅱ
下料	59.5	8.24	15.5	Ⅱ
下料（女）	57.3	5.12	10.2	Ⅰ
煅烧	60.4	9.07	16.3	Ⅱ
挂袋	75.0	9.28	17.7	Ⅱ
装卸	72.9	11.48	21.3	Ⅲ

从表 3-5 可以看出，6 个被调查工种中，劳动强度级别最高的是包装装卸，最低的是下料女工，其余均为Ⅱ级（占 66.1%）。

5. 测定结果讨论

本次调查结果表明，自动化程度不高的水泥生产作业，大多数工种仍需要能量消耗较大的体力劳动，其强度比耐火材料生产（劳动强度指数 16.1）稍高，但比砖瓦生产（劳动强度指数 22.7）稍低，属于中等强度体力劳动。通过对各作业单项的记录分析，显示出水泥生产作业体力劳动的特点：能量代谢率较高，但持续时间较短。在记录的 14 个项目中，能量代谢率超过 10kJ/（min·m^2）的有 5 个，其平均持续时间为 8.4 分钟。

通过调查，了解了水泥生产作业体力劳动强度分级情况。水泥生产作业的大多数工种属中等强度体力劳动，也有部分工种仍靠手工操作，属能量消耗大的重体力劳动。因而，实现机械化、自动化（如用叉车代替人力车运送）是减轻体力劳动强度的根本方法。体力劳动强度取决于净劳动时间的长短和能量代谢率的大小，但还受到劳动操作方式、劳动定额等因素的影响，因而会出现相同的作业岗位，但不同的企业，由于操作方式或劳动组织管理不同而劳动强度差异很大。要全面地反映水泥生产作业体力劳动强度分级情况，还要做更深入的调查，包括不同经济类型的水泥企业的调查。

资料来源：根据"某水泥厂生产作业劳动强度分级调查"整理．http://med.qe.cn/HTML/ 138707.html.

2．劳动姿势的测定和分级

劳动姿势是在劳动中劳动者的身体采取的位置或形态。劳动姿势对劳动者的劳动强度和疲劳程度都有一定的影响。

（1）劳动姿势的种类。在实际劳动中，劳动者采取的劳动姿势主要有坐姿、立姿、前俯（弯腰）、后仰、卧姿和蹲姿等。

1）坐姿。坐姿是以臀部为体重的支撑部位，手足可以自由活动的姿势。坐姿可以持续较长时间，不易疲劳，并可手足并用，但用力受限，不易改变体位。例如，计算机前的工作。

2）立姿。立姿是以足为体重的支撑部位，上体前屈角小于 30°的姿势。立姿的活动范围广，变换体位容易，但肌肉需要消耗较多的能量以支持体重，保持姿势，较坐姿更为费力，更易疲劳，如车工。

3）前俯（弯腰）。前俯或弯腰是采取立姿，但上体的前屈角大于 30°的姿势。这种姿势较立姿更为费力，更易疲劳。

4）后仰。后仰也是立姿的变化姿势，是身体采取立姿，但上体后屈的姿势。后仰也较立姿更为费力，更易疲劳。例如，维修工经常要在罐内工作。

5）卧姿。卧姿是以身体的躯干部分为体重的支撑部位，身体与支撑平行姿势。卧姿作业一般用于特殊作业或工作范围狭小局限的作业，也较费力。

6）蹲姿。蹲姿是以足为体重的支撑部位，下肢膝关节弯曲的姿势。蹲姿在劳动中也较常用，但较坐姿和立姿费力，易于疲劳，如电焊工。

以上各种姿势，不是绝对的某种姿势，而是在整个工作日中的主要姿势。除坐姿、立姿外，其他姿势都较费力，易于疲劳，成为难适应的姿势。

（2）静态姿势和动态姿势。根据姿势是否发生变化，劳动姿势可分为静态姿势和动态姿势。静态姿势是指采取的劳动姿势固定不变或很少有变化。动态姿势是指采取的劳动姿势不断或经常变化。静态姿势能量消耗不高，但较动态姿势易于疲劳，难以持久。

（3）劳动姿势的测定和分级。在生产劳动实践中，劳动姿势比较复杂。有的岗位在劳动过程中变化很大。要对劳动姿势进行精确的测定，难度很大，甚至无法做到。但大多数岗位的劳动姿势总是以某种姿势为主，可以通过现场观察或对写实测定的动作内容进行记录分析，确定其主要劳动姿势和有无难适应姿势，以及姿势的变化，然后按分级标准分出劳动姿势的级别，最后做出评价。

3. 劳动紧张程度的测定和分级

劳动紧张程度包括心理和生理两方面的紧张程度。对劳动紧张程度的直接评价是很困难的，也难以在生产实际中运用。岗位劳动评价对劳动紧张程度采用间接评价的方法。生理紧张程度与劳动持续时间、劳动姿势和处于紧张状态的生理器官多少有关。劳动持续时间和劳动姿势已在其他评价指标中涉及。因此，劳动紧张程度这一评价因素，仅对处于紧张状态的生理器官的多少进行评价。

提 示

生理器官处于紧张状态，是指为了满足生产劳动的需要，劳动者的生理器官处于繁忙活动或时刻准备做出反应或活动的状态。劳动中劳动者运用的生理器官主要是眼、耳、手、足。因此，对紧张程度的评价，是通过现场观察或对写实测定的动作内容进行统计分析，根据在劳动中劳动者这四种生理器官是否经常处于紧张状态，以及处于紧张状态生理器官的多少，按平均标准定出级别。

4. 工作班制

工作班制对劳动者的劳动效率和疲劳程度也有一定的影响。对工作班制的评价比较简单。通过了解生产组织安排情况，根据被评价岗位的实际工作班制，即可按标准分出级别。

3.4.4 岗位劳动环境调查

劳动环境是指劳动者从事生产劳动场所的外部环境，它主要包括生产场所的温度、湿度和气流、气压状况，生产场所的通风采光状况、粉尘、噪声状况，生产场所的有毒有害物质的浓度、电离辐射、非电离辐射，生产场所的危险性等。本节将介绍几种重要的劳动环境指标的测定与分级。

1. 粉尘的测定和分级

粉尘是指能较长时间漂浮在劳动环境空气中的固体微粒。粉尘是污染劳动环境、危害劳动者健康的重要因素，对劳动者的工作能力和工作效率也有相当大的影响。粉尘的危害程度主要与粉尘中游离二氧化硅的含量、空气中粉尘的浓度及劳动时间内吸入量的多少有关。所以，国家标准《生产性粉尘作业危害程度分级》（GB 5817—2009）把粉尘中游离 SiO_2 的含量、接触粉尘时间肺总通气量、粉尘浓度的超标倍数作为危害程度分级的三项指标。但这项分级标准不适用于有毒粉尘，有毒粉尘一般应作为有毒物进行分级和评价。

粉尘危害程度的测定和分级是对生产岗位在生产劳动中接触粉尘的危害程度的评价。粉尘危害程度测定的内容是，测定粉尘中游离 SiO_2 的含量、粉尘的种类、粉尘的浓度、工作日接触粉尘时间肺总通气量。

粉尘危害程度测定分级的工作主要有以下几个步骤。

（1）调查粉尘作业岗位的生产工艺、流程、设备、原材料及产品，掌握岗位作业内容、工序位置，确定粉尘的产生源、接触粉尘的范围、粉尘的测定点。

（2）掌握受测岗位劳动者的基本情况和生理状况，如姓名、性别、年龄、工龄、身高、体重。

（3）通过时间测定，测定各类动作的接触粉尘时间。

（4）用肺通气量计测定各类接触粉尘动作的肺通气量。测定方法与体力劳动强度分级测定肺通气量的方法相同。计算接触粉尘时间肺总通气量。

（5）测定粉尘游离 SiO_2 的含量。在受测岗位劳动者经常工作地点或具有代表性的工作地点，采集生产设备上呼吸带高度平面上的沉降尘，或使用粉尘采样器采集浮游尘样品。连续采集 3 天，混匀后取平行样品，用焦磷酸法分析取平行样品的平均值作为该岗位粉尘的游离 SiO_2 的含量值。若粉尘种类和性质相同的同一作业场所有多个岗位，可在各岗位作业位置取多个样品混匀后测定，其测定值作为各个岗位粉尘游离 SiO_2 的含量。

（6）确定粉尘的种类和最高容许浓度（MAC）。不同种类的粉尘对人体的危害程度不同，因而有不同的 MAC 值。粉尘的种类主要根据粉尘的性质和粉尘中游离 SiO_2 的含量确定。粉尘的性质取决定粉尘作业中使用的原材料或产品的性质，应根据岗位的实际情况决定。根据粉尘的性质和游离 SiO_2 的含量，可从表 3-6 中查出粉尘的种类及其相对应的 MAC 值。粉尘的种类和 MAC 值用于粉尘测定数据的计算处理。

表 3-6　车间空气中粉尘最高容许浓度

类别	粉尘性质及游离 SiO_2	MAC 值（mg/m^3）
1	游离 SiO_2 含量大于或等于 80%的粉尘	1
2	萤石尘或游离 SiO_2 含量小于 80%且大于或等于 50%的粉尘	1.5
3	游离 SiO_2 含量小于 50%且大于或等于 10%的粉尘、石棉尘或石棉含量大于或等于 10%的粉尘	2
4	烟草尘、茶叶尘、游离 SiO_2 含量小于 10%的棉尘	3
5	游离 SiO_2 含量大于或等于 10%的滑石粉尘、云母粉尘、铝合金尘、铝尘、氧化铝尘	4
6	矿渣棉尘、玻璃棉尘、游离 SiO_2 含量大于或等于 10%的蛭石尘	5
7	游离 SiO_2 含量小于 10%的水泥粉尘、电焊尘	6
8	炭黑粉尘、游离 SiO_2 含量小于 10%的木尘	8
9	游离 SiO_2 含量小于 10%的其他粉尘	9

（7）测定粉尘的浓度，计算粉尘浓度的超标倍数。测定粉尘浓度使用滤膜法，即用合格的粉尘采样仪，抽取一定量的含尘空气，通过已知重量滤膜，将粉尘阻留在滤膜上，根据采样前后滤膜重量和气体体积即可计算出粉尘浓度。粉尘浓度测定的要求是，对每个粉尘测定点应测 3 个工作日，采样次数不少于 5 次。对于粉尘浓度变化大或流动性作业测定点，可使用长周期或个体采样仪测定。每个测定点应连续测 3 个工作日。对每次测的粉尘浓度值，根据 MAC 值计算超标倍数。用时间加权法计算工作日平均超标倍数。

（8）根据粉尘游离 SiO_2 含量、接触时间肺总通气量、粉尘浓度的超标倍数，计算分级指标，按标准分出级别。

粉尘危害程度和分级的工作流程如图 3-2 所示。

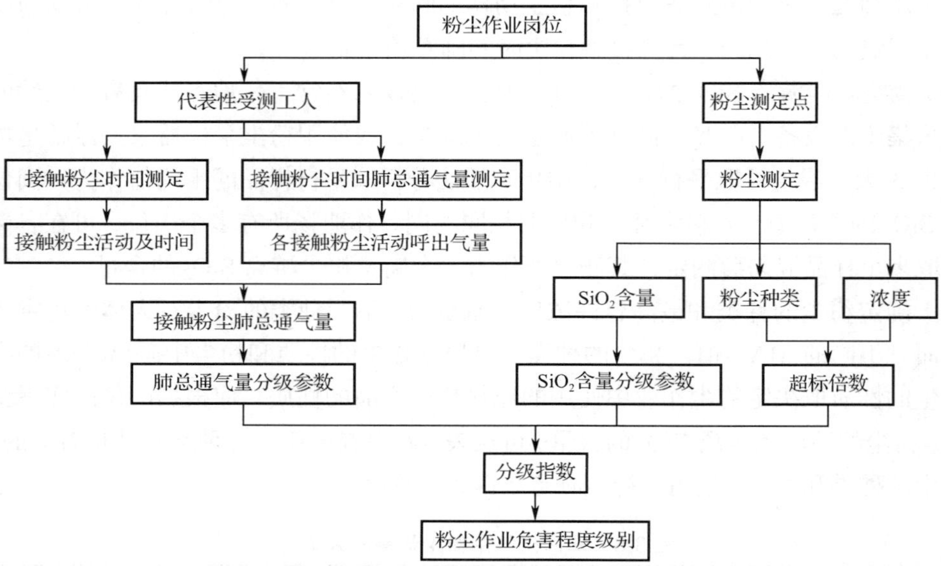

图 3-2　粉尘危害程度和分级的工作流程

2. 高温危害程度的测定与分级

高温是工业生产中常见的有害因素，在冶金企业中尤为普遍。在国家标准《高温作业分级》（GB/T 4002—1997）中规定：高温作业是指在生产劳动过程中，工作地点平均 WBGT（Wet Bulb Globe Temperature）指数大于或等于 25℃的作业。WBGT 指数又称湿球黑球温度，是综合评价人体接触作业环境热负荷的一个基本参量，单位为℃。通常用仪器测量。

高温对劳动者的危害主要是，当高温作业产生的热负量超过了人体的适应能力时，就会使劳动者工作能力降低，引起工作效率下降；同时对人体的体温调节、水盐代谢及循环系统、消化系统、神经系统、泌尿系统的功能产生不良影响，引起生理功能紊乱；严重的可引起高温作业的职业病——中暑。

高温作业的危害因素主要是劳动环境的高气温、高气湿和强的热辐射。高温作业测定和分级是对高温危害程度的评价，不但要对高温作业、高温高湿作业进行测定和分级，而且要对热辐射进行测定和分级。国家标准《高温作业分级》(GB/T 4002—2008)中以温差、湿度和劳动时间作业为分级指标，通过对这三个指标的测定分出级别。通过测定高温的接触时间和辐射强度对接触热辐射作业分出级别。

(1)高温作业测定和分级的工作内容。

1)确定本地区的夏季室外通风设计计算温度。

2)测定工作地点与室外气温的温差。

3)对高温作业岗位测定空气湿度。

4)测定工作地点的热辐射强度。

5)通过写实测定工作日劳动时间率和高温接触时间。

提 示

夏季室外通风设计计算温度是十多年气象台正式记录的每年最热月中每日 13:00—14:00 的气温的平均值。不同地区有不同的夏季室外通风设计计算温度值。夏季室外通风设计计算温度是测定温差的条件。只有当室外最高气温(13:00—14:00)能达到或超过本地区的夏季通风设计计算温度时，才能测定温差，或者说温差才有效。

(2)温差的测定。测定温差的条件如下。

1)工作场所有生产性热源(在生产过程中能够发出热量的生产设备、原材料、产品等)，包括受其他岗位的影响。

2)测定当天的室外最高气温(13:00—14:00)应达到当地夏季室外通风设计计算温度。

3)测定时停止工作地点的局部通风降温措施，主要是指局部机械通风，如风扇等，不包括空调室或冷风机。

4)应同时测定室外气温和工作地点的气温。

温差的计算方法按国家标准《高温作业分级》(GB/T 4002—2008)进行测定。

(3)湿度的测定。对于高温高湿作业，在测定温差的同时还应测定工作地点的湿度。测定湿度的测定位置、测定次数和测定仪器应与测定温差一致。

(4)热辐射强度的测定。热辐射强度的测定一般使用单向辐射热计。热辐射的测定位置和次数与测定温差相同。但每次测定时，辐射热计的探头应置于作业工人头、胸、大腿三个不同高度水平读取，取其平均值作为一次测定值。

3. 噪声危害程度的测定和分级

噪声是人们不需要的、不愿意听到的声音。工业噪声是指作业环境中由于劳动和生产性因素产生的噪声。职工在产生工业噪声的工作地点从事生产和劳动的作业称为噪声作业。

这里所介绍的噪声是指工业噪声。测定的是噪声作业岗位噪声对人体的危害，依据标准为国家标准《噪声作业分级》(LD80—1995)。

噪声作业的危害程度与噪声的性质、强度和噪声接触时间等因素有关。

（1）噪声强度及其测定。噪声强度是指噪声作业接触的噪声强度。噪声的强度以等效连续 A 声级衡量。等效连续 A 声级是在一个工作日规定的全部时间内接触的噪声 A 声级的平均值。

随噪声种类的不同，噪声强度的测定使用的测定仪器和测定的方法也不同。

1）稳定噪声的测定。稳定噪声的强度可用 ND_2 等类型的声级计测定。对于整个工作日都接触连续稳定噪声的，测得的瞬时 A 声级即是多效的连续声级。对于工作日中部分时间接触稳定噪声的，则应根据测得的 A 声级和接触时间计算等效连续 A 声级。测定稳定噪声的 A 声级时，每个测定点应测定 3 个工作日，测定次数不少于 6 次。

2）非稳定噪声的测定。对非稳定噪声强度的测定，最好使用可测定等效连续 A 声级的测定仪器。每个测定点连续测定 3 个工作日。若使用瞬时噪声强度声级计测定非稳定噪声，则应测定一个工作日内不同强度噪声 A 声级及其接触时间，计算其等效 A 声级。每个测定点应连续测定 3 个工作日。

3）脉冲噪声的测定。脉冲噪声应使用 ND_6 型脉冲噪声声级计测定。脉冲声级计的测量开关应置于"A"挡。对每个测定点应连续测定 3 个工作日，至少测定 6 次，每次测定 5～10 个脉冲，以其平均值作为一次测定值，在每次测定值上加上 10dB 作为测定数据，并根据接触脉冲噪声的时间计算近似的等效连续 A 声级。

（2）噪声接触时间的测定。噪声接触时间是指在规定时间内接触生产性噪声的时间。一般通过写实记录测定。

（3）噪声作业分级。《噪声作业分级》（LD80—1995）将噪声作业危害分为五个等级：0 级为安全作业；Ⅰ级为轻度危害；Ⅱ级为中度危害；Ⅲ级为高度危害；Ⅳ级为极度危害。

分级方法一般分为指数法和查表法。

1）指数法。指数法是根据噪声作业实测的工作日等效连续 A 声级和接触噪声时间对应的卫生标准计算噪声危害指数，进行综合评价。计算公式为

$$I=(L_w-L_s)\div 6 \tag{3-4}$$

式中，I 为噪声危害指数；L_w 为噪声作业实测工作日等效连续 A 声级，dB（A）；L_s 为接触时间对应的卫生标准，dB（A）；6 为分级常数。

利用公式计算出指数，查表可得噪声危害等级。分级级别指数如表 3-7 所示。

表 3-7　分级级别指数

噪声危害指数	指数范围	级别
安全作业 0	$I\leqslant 0$	0 级
轻度危害 1	$0<I\leqslant 1$	Ⅰ级
轻度危害 2	$1<I\leqslant 2$	Ⅱ级
轻度危害 3	$2<I\leqslant 3$	Ⅲ级
轻度危害 4	$3<I$	Ⅳ级

2）查表法。为了便于实际操作，简化了噪声危害指数的计算过程，制定了噪声作业分级级别表，按表 3-8 进行分级。

表 3-8　噪声危害对应

声级范围（dB） 级别 接噪时间（h）	≤85	～88	～91	～94	～97	～100	～103	～106	～109	112-	≥133
0～1											
1～2					Ⅰ级		Ⅱ级		Ⅲ级		Ⅳ级
2～3											
3～4											

注：（1）新建、扩建、改建企业按表进行。

（2）现在企业暂时达不到卫生标准时，0 级可扩大至Ⅰ级区，其余按表分级。

（3）接触噪声超过 115dB 的作业，无论时间长短，均为Ⅳ级。

资料来源：http://www.cworksafety.com，中国安全生产网，2009-06-04.

相关链接

噪声测定表格样本

企业名称　　　　　　　　车间名称　　　　　　　　编号

项目 工种名称	工作 地点	作业 人数	两项指标		分级 级别
			工作日等效连续 A 声级（dB）	接噪时间（h）	

测定人员　　　　　　　　分级人员　　　　　　　　审核

测定时间　　　　　　　　主管

4．毒物危害程度的测定和分级

有毒作业分级是对在存在生产性毒物的工作地点从事生产和劳动的职工，根据接触毒物危害程度级别、有毒作业劳动时间、空气中毒物浓度超标倍数三项指标，计算出有毒作业危害分级指数，划分出安全作业、轻度危害作业、中度危害作业、高度危害作业和极度危害作业的不同作业危害程度。对有毒作业进行分级后，就可以采取相应的安全管理和技术措施保护劳动者的生产安全。生产岗位劳动者接触的毒物危害程度的评价依据是国家标准《有毒作业分级》（GB/T 12331—1990）。

提 示

生产性毒物又称职业性接触毒物，是指工人在生产中接触以原料、成品、半成品、中间体、反应副产物和杂质等形式存在，并在操作时可经呼吸道、皮肤或经口进入人体而对健康产生危害的物质。

有毒作业是指职工在存在生产性毒物的工作地点从事生产和劳动的作业。

（1）有毒作业分级的原则。《有毒作业分级》标准是以毒物危害程度级别、有毒作业劳动时间、毒物浓度超标倍数三项指标对有毒作业的危害进行分级的。

1）毒物危害程度级别的确定，如表3-9所示。

表3-9　职业性接触毒物危害程度分级依据

指　标		分　级			
		Ⅰ级（极度危害）	Ⅱ级（高度危害）	Ⅲ级（中度危害）	Ⅳ级（轻度危害）
急性毒性	吸入 $LC_{50}(mg/m^3)$	<200	200-	2 000-	>20 000
急性毒性	经皮 $LD_{50}(mg/kg)$	<100	100-	500-	>2 500
	经口 $LD_{50}(mg/kg)$	<25	25-	500-	>5 000
急性中毒发病状况		生产中易发生中毒，后果严重	生产中可发生中毒，愈后良好	偶尔发生中毒	迄今未见急性中毒，但有急性影响
慢性中毒患病状况		患病率高（≥5%）	患病率较高（<5%）或症状发生率高（≥20%）	偶有中毒病例发生或症状发生率较高（≥10%）	无慢性中毒而有慢性影响
慢性中毒后果		脱离接触后，继续进展或不能治愈	脱离接触后，可基本治愈	脱离接触后，可恢复，不致严重后果	脱离接触后，自行恢复，无不良后果
致癌性		人体致癌物	可疑人体致癌物	实验动物致癌物	无致癌性
最高容许浓度 (mg/m^3)		<0.1	0.1-	1.0-	>10

2）职业性接触毒物危害程度分级及其行业举例。依据本分级标准，对我国接触的56种常见毒物的危害程度进行了分级，如表3-10所示。

表 3-10　职业性接触毒物危害程度分级及其行业举例

级　　别	毒 物 名 称	行 业 举 例
Ⅰ级（极度危害）	汞及其化合物	汞冶炼、汞齐法生产氯碱
	苯	含苯黏合剂的生产和使用（制皮鞋）
	砷及其无机化合物*	砷矿开采和冶炼、含砷金属矿（铜、锡）开采和冶炼
	氯乙烯	聚氯乙烯树脂生产
	铬酸盐、重铬酸盐	铬酸盐和重铬酸盐生产
	黄磷	黄磷生产
	铍及其化合物	铍冶炼、铍化合物的制造
	对硫磷	生产及储存
	羰基镍	羰基镍制造
	八氟异丁烯	二氟一氯甲烷裂解及其残液处理
	氯甲醚	双氯甲醚生产、一氯甲醚生产、离子交换树脂制造
	锰及其无机化合物	锰矿开采和冶炼、锰铁和锰钢冶炼、高锰焊条制造
	氰化物	氰化钠制造、有机玻璃制造
Ⅱ级（高度危害）	三硝基甲苯	三硝基甲苯制造和军火加工
	铅及其化合物	铅的冶炼、蓄电池制造
	二硫化碳	二硫化碳制造、黏胶纤维制造
	氯	液氯烧碱生产、食盐电解
	丙烯腈	丙烯腈制造、聚丙烯腈制造
	四氯化碳	四氯化碳制造
	硫化氢	硫化染料的制造
	甲醛	酚醛和尿醛树脂生产
	苯胺	苯胺生产
	氟化氢	电解铝、氢氟酸制造
	五氯酚及其钠盐	五氯酚、五氯酚钠生产
	镉及其化合物	镉冶炼、镉化合物的生产
	敌百虫	敌百虫生产、储运
	氯丙烯	环氧氯丙烷制造、丙烯磺酸钠生产
	钒及其化合物	钒铁矿开采和冶炼
	溴甲烷	溴甲烷制造
	硫酸二甲酯	硫酸二甲酯的制造、储运
	金属镍	镍矿的开采和冶炼
	甲苯二异氰酸酯	聚氨酯塑料生产

续表

级　　别	毒 物 名 称	行 业 举 例
Ⅱ级（高度危害）	环氧氯丙烷	环氧氯丙烷生产
	砷化氢	含砷有色金属矿的冶炼
	敌敌畏	敌敌畏生产、储运
	光气	光气制造
	氯丁二烯	氯丁二烯制造、聚合
	一氧化碳	煤气制造、高炉炼铁、炼焦
	硝基苯	硝基苯生产
Ⅲ级（中度危害）	苯乙烯	苯乙烯制造、玻璃钢制造
	甲醇	甲醇生产
	硝酸	硝酸制造、储运
	硫酸	硫酸制造、储运
	盐酸	盐酸制造、储运
	甲苯	甲苯制造
	二甲苯	喷漆
	三氯乙烯	三氯乙烯制造、金属清洗
	二甲基甲酰胺	二甲基甲酰胺制造、顺丁橡胶的合成
	六氟丙烯	六氟丙烯制造
	苯酚	酚醛树脂生产、苯酚生产
	氮氧化物	硝酸制造
Ⅳ级（轻度危害）	溶剂汽油	橡胶制品（轮胎、胶鞋等）生产
	丙酮	丙酮生产
	氢氧化钠	烧碱生产、造纸
	四氟乙烯	聚全氟乙丙烯生产
	氨	氨制造、氮肥生产

注：*非致癌的无机砷化合物除外。

说明：接触多种毒物时，以产生危害程度最大的毒物的级别为准。

（2）有毒作业劳动时间的测定。有毒作业劳动时间，是在一个工作日内职工在工作地点实际接触生产性毒物的作业时间。有毒作业时间一般通过写实获得。

（3）毒物浓度超标倍数的测定。毒物浓度超标倍数是工作地点空气中毒物的浓度超过该种生产性毒物最高容许浓度的倍数。

（4）有毒作业分级指数的计算。其计算公式为

$$C=DLB \qquad (3\text{-}5)$$

式中，C 为分级指数；D 为毒物危害程度级别权系数；L 为有毒作业劳动时间；B 为毒物浓度超标倍数。

毒物危害程度级别权系数如表 3-11 所示。有毒作业劳动时间权系数如表 3-12 所示。

表 3-11　毒物危害程度级别权系数

毒物危害级别（毒性）	D
Ⅰ级（极度危害）	8
Ⅱ级（高度危害）	4
Ⅲ级（中度危害）	2
Ⅳ级（轻度危害）	1

表 3-12　有毒作业劳动时间权系数

有毒作业劳动时间	L
≤2	1
2～5	2
≥5	3

浓度超标倍数 B 的计算公式为

$$B=M_C \div M_S - 1 \tag{3-6}$$

式中，M_C 为测定的毒物浓度均值（mg/m^3）；M_S 为国家规定的毒物车间空气中的最高容许浓度（mg/m^3）。

计算出 C 值后查表即可得出危害程度级别。危险等级分级如表 3-13 所示。

表 3-13　危险等级分级

指 数 范 围	级　别
$C\leqslant 0$	0 级（安全作业）
$0<C\leqslant 6$	Ⅰ级（轻度危害作业）
$6<C\leqslant 24$	Ⅱ级（中度危害作业）
$24<C\leqslant 96$	Ⅲ级（高度危害作业）
$C>96$	Ⅳ级（极度危害作业）

5. 一般作业危险性的测定与分级

对于生产一线岗位，特别是具有危险性的岗位，在岗位调查中一定要把岗位的危险性调查清楚，以便于在做人员的安排时选择反应比较敏捷、遇到突发事件能够冷静处理的人员，以防止事故的发生。

作业危险性评价方法有多种，现在企业中应用比较普遍的是作业条件危险性评价法（格雷厄姆-金尼法）。

作业条件危险性评价是由美国格雷厄姆（K. J. Graham）和金尼（G. F. Kinney）提出的。评价方法考虑了事故发生的可能性、人员暴露于危险环境的频繁程度和一旦发生事故可能造成的后果的影响，认为作业条件危险性评价符合以下关系：

$$D=LEC \tag{3-7}$$

式中，D 为作业条件危险性分值；L 为事故发生的可能性；E 为人员暴露于危险环境的频繁程度；C 为一旦发生事故可能造成的后果。

D 值越大，作业条件的危险性也越大。

作业条件危险性评价是一种定性、定量的评价方法，它具有简单易行的特点，但容易受分析评价人员主观因素的影响，适用于各类生产条件。

（1）评价程序。

1）评价通常参考类比作业条件的情况，由熟悉类比作业条件的安全工程人员组成专家组，对评价对象进行全面的分析、研究。

2）专家组在对评价对象进行充分的分析、研究的基础上，按照规定标准对评价对象的 L、E 和 C 打分。为减少个人主观因素影响，取三组分值的平均值作为 L、E 和 C 的计算分值，用计算的危险性分值 D 查取赋分标准，确定评价对象的评价作业条件危险性等级。

（2）赋分标准。分别对事故发生的可能性（L）、人员暴露于危险环境中的频繁程度（E）、发生事故可能造成的后果（C）赋予分值，如表 3-14～表 3-16 所示。查得三个因素的分值后利用式（3-7）计算出危险分值（D），查表 3-17，即可得知该岗位的危险程度。

表 3-14　事故发生的可能性（L）

分　数　值	事故发生的可能性	分　数　值	事故发生的可能性
10	完全可以预料	0.5	很不可能，可以设想
6	相当可能	0.2	极不可能
3	可能，但不经常	0.1	实际不可能
1	可能性小，完全意外		

表 3-15　人员暴露于危险环境中的频繁程度（E）

分　数　值	人员暴露于危险环境中的频繁程度	分　数　值	人员暴露于危险环境中的频繁程度
10	连续暴露	2	每月一次暴露
6	每天工作时间内暴露	1	每年几次暴露
3	每周一次或偶然暴露	0.5	非常罕见的暴露

表 3-16 发生事故可能造成的后果（*C*）

分数值	发生事故可能造成的后果	分数值	发生事故可能造成的后果
100	大灾难，许多人死亡，或造成重大的财产损失	7	严重，重伤，或造成较小的财产损失
40	灾难，数人死亡，或造成很大的财产损失	3	重大，致残，或造成很小的财产损失
15	非常严重，一人死亡，或造成一定的财产损失	1	引人注目，不利于基本的安全卫生要求

表 3-17 根据风险值 *D* 进行风险等级划分

分数值	风险级别	危险程度
大于 320	Ⅰ级	极其危险，不能继续作业（制定管理方案及应急预案）
160～320	Ⅱ级	高度危险，要立即整改（制定管理方案及应急预案）
70～159	Ⅲ级	显著危险，需要整改（编制管理方案）
20～69	Ⅳ级	一般危险，需要注意
小于 20	Ⅴ级	稍有危险，可以接受

利用一般作业危险性评价方法时应注意以下两个问题。

1）用该方法的优点在于，计算出风险等级后，一方面企业可以据此按风险级别排序，确定控制行动的优先顺序，设计整改方案；另一方面可以安排合适的人选在此岗位工作。

2）确定后果严重程度和发生的频率依靠的是以往事故的记录和个人的经验。事故记录可以是本单位的，也可以是同类企业的；个人经验应来自现场工作经历较多的人。

应用案例

冲床的危险性评价

据媒体报道，东莞某私营企业每天需要冲床加工工件。由于这种冲床出厂时没有安全保护装置，使用单位也没有采取安全措施，在操作过程中经常发生冲掉手指事故，在社会上引起了极坏的影响。试用作业条件危险性评价方法评价冲床操作的危险性。

为了评价无安全保护装置操作条件下的危险性，应确定危险分值。根据题意可知：L=6，E=6，C=5，则

$$LEC=6\times6\times5=180$$

可见，这种操作属于高度危险作业，应立即采取措施。

3.5 工作岗位调查中应注意的问题

工作岗位调查是获得第一手资料的重要渠道，调查能否顺利、采集信息的信度与效度

是否可靠等直接关系到岗位评价、岗位分级等环节能否成功，因此，做岗位调查应注意以下几个问题。

1．做好调查前的准备工作

调查前要设计岗位调查方案，重点是编写调查手册和培训调查员。

（1）编写调查手册。在实地调查中，调查手册是调查员的工作指南。它的作用是指导调查员按照统一、标准的方式来完成调查过程。调查手册通常包括：①岗位的基本信息，如岗位名称、所属部门、岗位职责及岗位的职责要求等；②调查员的职业守则；③实施的流程和技术规范，包括如何正确地进行访问、如何控制访问环境、如何核查问卷、如何记录访问过程等；④问卷说明，包括问卷中主要概念的定义、容易引起歧义的问题的解释、疑难回答的解决办法、正确或错误的询问示例等；⑤示卡与附录，示卡是调查中需要向被访人单独出示的图片或某些特殊问题，附录则包括职业（行业）代码表、农历与公历对照表、属相纪年对照表等。

除调查手册外，还应该为督导员制作督导手册。督导手册强调如何管理和分配调查员，监控调查进程、确保调查质量、控制经费预算等，而且为其提供现场解决问题的方法。

（2）培训调查员。准备好一份清晰、准确、详尽的调查手册，调查员的培训工作也会方便很多。调查员培训主要有三个步骤，一是依据调查问卷和调查手册讲解问卷，让调查员熟悉问卷的结构、概念、问题和解释口径，传授一些调查技巧；二是指导调查员进行模拟演练，通常由调查员访问督导员扮演的被调查者，或者调查员之间互访，通过模拟演练，调查员可以进一步熟悉问卷，理解调查手册的正确用法；三是进行试调查，让调查员亲临现场访问一两位真实的被调查者，以熟悉调查的操作过程。一般而言，培训期要2～3天。

2．调查过程的质量控制和管理

（1）调查质量的控制。调查质量的控制首先是对调查员进行监控，调查员作为调查实际操作者，是影响调查信息质量最直接的一环。不同调查员调查质量差异较大。

调查早期，调查员尚未熟悉调查问卷和操作过程，容易出错，因此早期现场监控最为重要。通常督导员要通过陪访、回访、审卷、再培训等手段发现并迅速解决调查员出现的问题。如果条件许可，可以在每天调查工作结束后与调查员进行交流、总结。问卷调查是一项重复性劳动，如果不能及早解决调查员遇到的问题，访问误差会持续整个调查进程，最终导致调查失败。

调查中后期的质量控制主要集中在对问卷质量和样本分布进行控制。就问卷质量的控制而言，督导员通常会要求调查员在一份问卷填答完毕之后，立刻自查问卷是否有漏答、误填和前后不一致的答案。如果条件许可，应该要求每天上交所有完成问卷与空白问卷，这样做一方面可以防止调查员作假，如抄袭已完成的调查问卷；另一方面有利于及时了解和控制调查进度与问卷质量。在回收一定数量的问卷后，要安排复核人员用电话访问或面谈的方式对被访人进行回访，了解调查员是否规范地执行抽样、访问程序。对不合格的调查员要及时更换，对不合格的问卷要重新补做。在调查结束后，调查负责人还要组织全面复核，以评估调查实施的质量。

就样本分布的控制而言，督导员要逐日记录问卷的回收情况，对已有的调查问卷进行粗略手工统计，与宏观数据或者以前相应调查的汇总数据进行比对，确保收集的数据能够符合研究目的的要求。

（2）调查运作和进程管理。调查运作和进程管理与调查质量控制相辅相成。调查运作和进程管理事实上是调查负责人（督导员）与调查员之间的互动过程。调查负责人与调查员形成良好的合作关系很重要。督导员要合理地安排调查员的工作量，控制调查进度。一般每位调查员在一项调查中完成 20 份问卷为宜，最高不要超过 30 份。如果调查人数过多，将影响到调查质量。

3. 调查实施过程中的其他问题

（1）调查小组设置。在岗位调查中，调查小组的设置作用明显。一是要设立调查核心组，负责调查方法的设计和准备，培训设计和宣传；二是要设立调查小组，能够确保调查的相关信息能够在调查员之间交流，以提高调查效率。

（2）宣传工作。岗位调查涉及各个层面的人员，需要岗位人员密切配合。因此，调查之前一定要做好宣传工作，使员工消除不必要的顾虑。

（3）保密工作。在做岗位调查时，可能涉及对被调查者私人信息和隐私保密问题。因此，保密工作是调查研究的基本原则，事先告知保密原则有助于被调查者如实地回答问题。

实验实践 1 岗位调查表的设计要求、使用要求及一般格式

实验实践背景与目的

本实验实践的主要内容是，岗位调查表的设计要求、使用要求及一般格式。本实验的目的是加深理解理论的同时提高实验者的实战能力。实验结果作为岗位调查的工具。

实验实践准备条件

计算机、打印机、复印机、纸和笔。

实验实践步骤与过程

书面调查表的设计要求如下。

（1）调查表所编列的调查项目和提出的问题应当为调查研究的目标和任务服务，并且与被调查者个人密切相关。

（2）调查表中所列出的问题还应符合以下条件。①在一个问题中不要包含两个或两个以上的问题。②提问的措辞要认真推敲，避免使用含混不清的、自己编造的、人们生疏的名词术语，应尽量使用大众化的语言。③所提出的问题除了词语要清楚无误外，还要简洁明了，避免使被调查者产生误会。④调查者所提出的问题要防止诱导，以免造成被调查者回答问题投其所好。

（3）调查表中回答问题的方式主要有两种：封闭式和开放式。封闭式，即在问题的后

面，调查者给出两个或两个以上的答案，供被调查者选择；开放式，即在问题的后面，调查者不给出任何答案，由被调查者自行回答。

（4）调查表中提问问题的次序安排，应遵守以下原则。①先易后难，易于回答的问题放在前面，而难于回答的问题、采用开放式答题的放在后边。②按逻辑顺序排列问题，如按时间先后的顺序，从外部到内部，从上级到下级等顺序排列。③采用不同长度和形式的提问，有助于引起被调查者的兴趣。④针对具体调查对象和调查内容，可考虑采用“漏斗形技术”提问。先问范围广泛的、一般的、开放性的问题，后问与岗位相关性强的问题。

填写调查表的一般要求如下。

（1）按时间先后顺序，先月初后月末，将本岗位的全部工作任务，无论主要的还是次要的，经常性的还是临时性的，均应一一列出。

（2）在此基础上对每一事项详细加以说明。详细不等于文字多，只要对工作繁简、难易程度、责任大小等做出简单而具体的说明即可。

（3）责任义务要标明清楚，尽量避免使用含混不清的词句。

（4）指出完成各项工作责任的大小。

（5）指出完成各项工作事项所需要的时间，或完成各事项的时间占总工作时间的百分比。

（6）指出最困难、最重要的工作，并说明原因。

（7）指出是否有监督、指挥、领导的责任。如具有这类责任应说明：①监督、指挥谁（单位或岗位）；②监督、指挥、领导的性质；③下属人数；④对哪些问题可以做出决策；⑤哪些问题需要提出建议或意见；⑥监督、指挥自己的是谁。

（8）指出本岗位与其他岗位的关系（工作关系、人际关系及文件资料的收发传阅关系）。

工作岗位调查表的一般格式，如表 3-18 所示。

填写说明

（1）本调查表适用于公司所有岗位员工个人填写。

（2）一个岗位填写一份。

（3）本调查表主要用于调查现有工作岗位的基本情况。

（4）本调查表由现有岗位工作人员填写完毕后，由本岗位的直接主管确认情况是否属实，并签字。

表 3-18　工作岗位调查表

姓名		岗位名称				直接上级	
性别		学历		岗位工龄		直接下级	
年龄		专业		公司工龄		身体状况	
工作的时间要求	1. 正常的工作时间为每日自（　　）时开始至（　　）时结束 2. 每日午休时间为（　　）小时，（　　）%以上情况可以保证						

续表

<table>
<tr><td>工作的时间要求</td><td colspan="6">3．每周平均加班时间为（　　）小时
4．实际上下班时间是否随业务情况经常变化？（总是、有时是、偶尔是、否）
5．每周外出时间占正常工作时间的（　　）%
6．外地出差情况每月平均（　　）次，每次平均需要（　　）天
7．本地外出情况平均每周（　　）次，每次平均需要（　　）天</td></tr>
<tr><td rowspan="2">工作目标</td><td colspan="3">主要目标</td><td colspan="3">其他目标</td></tr>
<tr><td colspan="3">1．
2．
3．
4．</td><td colspan="3">1．
2．
3．
4．</td></tr>
<tr><td rowspan="2">工作概要</td><td colspan="6">用简练的语言描述一下你所从事的工作：</td></tr>
<tr><td colspan="6"></td></tr>
<tr><td>工作的主要责任</td><td colspan="6">按照一定的顺序说明具体的工作内容：
承担的责任：
其责任程度：</td></tr>
<tr><td rowspan="2">工作活动程序</td><td>名称</td><td colspan="3">程序</td><td colspan="2">依据</td></tr>
<tr><td></td><td colspan="3"></td><td colspan="2"></td></tr>
<tr><td rowspan="2">工作所需要的工具与仪器</td><td rowspan="2">1．
2．
3．
4．</td><td>大量使用</td><td>频繁使用</td><td>适度使用</td><td>偶尔使用</td><td>极少/不使用</td></tr>
<tr><td></td><td></td><td></td><td></td><td></td></tr>
<tr><td rowspan="2">本岗位的工作与他人如何联系</td><td rowspan="2">其他部门的员工
公司政策制定当局
社会公众
客户
同行业工会
政府机关
其他</td><td>持续不断</td><td>频繁</td><td>偶尔</td><td>从不</td><td>方法（电话/信函/访问）</td></tr>
<tr><td></td><td></td><td></td><td></td><td></td></tr>
</table>

续表

<table>
<tr><td rowspan="2">本工作的输入与输出</td><td colspan="3">完成本工作必须具备以下条件</td><td colspan="3">本工作完成以后产生以下结果</td></tr>
<tr><td colspan="3"></td><td colspan="3"></td></tr>
<tr><td rowspan="3">工作活动内容</td><td rowspan="2">名称</td><td rowspan="2">结果</td><td rowspan="2">占全部工作时间的百分比</td><td colspan="3">权限</td></tr>
<tr><td>承办</td><td>需报审</td><td>全权负责</td></tr>
<tr><td></td><td></td><td></td><td></td><td></td><td></td></tr>
<tr><td rowspan="6">失误的影响</td><td colspan="2">1.
2.
3.</td><td>经济损失</td><td colspan="3" rowspan="4">1 轻　2 较轻　3 一般　4 较重　5 重</td></tr>
<tr><td colspan="2">1.
2.
3.</td><td>公司形象损害</td></tr>
<tr><td colspan="2">1.
2.
3.</td><td>经营管理损害</td></tr>
<tr><td colspan="2">1.
2.</td><td>其他损害
（请注明）</td></tr>
<tr><td colspan="3">若你的工作出现失误，会发生下列哪种情况？</td><td colspan="3">说明</td></tr>
<tr><td colspan="3">1. 不影响其他人工作的正常进行
2. 只影响本部门内少数人
3. 影响整个部门
4. 影响其他几个部门
5. 影响整个公司</td><td colspan="3">如出现多种情况，请按影响程度由高到低依次填写在下面括号中：
（　　　　　　　　）</td></tr>
<tr><td>内部接触</td><td colspan="3">1. 在工作中不与其他人接触（　　）
2. 只与本部门内几个同事接触（　　）
3. 需要与其他部门的人员接触（　　）
4. 需要与其他部门的部分领导接触（　　）
5. 需要与所有部门的领导接触（　　）</td><td colspan="3">将频繁程度等级填入左边括号中
偶尔　经常　非常频繁
1　2　3</td></tr>
<tr><td>外部接触</td><td colspan="3">1. 不与本公司以外的人员接触（　　）
2. 与其他公司的人员接触（　　）
3. 与其他公司的人员和政府机构接触（　　）
4. 与其他公司、政府机构、外商接触（　　）</td><td colspan="3">将频繁程度等级填入左边括号中
偶尔　经常　非常频繁
1　2　3</td></tr>
</table>

续表

<table>
<tr><td>监督</td><td colspan="6">1．直接监督的人员数量（　　）
2．间接监督的人员数量（　　）
3．被监督的管理人员数量（　　）
4．直接监督人员的层次：一般员工、基层领导、中层领导、高层领导</td></tr>
<tr><td>责任</td><td colspan="6">1．只对自己负责
2．对员工有监督指导的责任
3．对员工有分配工作、监督指导的责任
4．对员工有分配工作、监督指导和考核的责任</td></tr>
<tr><td rowspan="9">本工作的劳动环境</td><td></td><td>非常多（大）</td><td>较多（大）</td><td>多（大）</td><td>少（小）</td><td>很少（小）</td></tr>
<tr><td>粉尘</td><td></td><td></td><td></td><td></td><td></td></tr>
<tr><td>噪声</td><td></td><td></td><td></td><td></td><td></td></tr>
<tr><td>湿度</td><td></td><td></td><td></td><td></td><td></td></tr>
<tr><td>温度</td><td></td><td></td><td></td><td></td><td></td></tr>
<tr><td>毒物</td><td></td><td></td><td></td><td></td><td></td></tr>
<tr><td>危险</td><td></td><td></td><td></td><td></td><td></td></tr>
<tr><td>事故</td><td></td><td></td><td></td><td></td><td></td></tr>
<tr><td>空间</td><td></td><td></td><td></td><td></td><td></td></tr>
<tr><td rowspan="4">本工作的社会环境</td><td colspan="2">此工作的下属人员</td><td colspan="4"></td></tr>
<tr><td colspan="2">此工作的工作群体</td><td colspan="4"></td></tr>
<tr><td colspan="2">上级主管部门与人员</td><td colspan="4"></td></tr>
<tr><td colspan="2">为使工作有趣，应为员工增添哪些社会活动</td><td colspan="4"></td></tr>
<tr><td rowspan="2">工作强度</td><td colspan="2">劳动姿势</td><td colspan="4">以坐姿为主
以静态站为主
以走动为主
坐姿结合走动
主要以慢动作或采用蹲、弯腰、前俯等难适应姿势</td></tr>
<tr><td colspan="2">体力劳动要求</td><td colspan="4">程度要求：劳动强度指数为几级
特殊要求：气力、握力、耐力、控制力等</td></tr>
<tr><td>工作压力</td><td colspan="6">1．在每天的工作中是否经常要迅速做出决定？
没有　　很少　　偶尔　　许多　　非常频繁
2．你手头的工作是否经常被打断？
没有　　很少　　偶尔　　许多　　非常频繁</td></tr>
</table>

续表

<table>
<tr><td rowspan="20">工作压力</td><td colspan="6">3．你的工作是否经常需要注意细节？</td></tr>
<tr><td colspan="6">没有　　很少　　偶尔　　许多　　非常频繁</td></tr>
<tr><td colspan="6">4．你所处理的各项业务彼此是否相关？</td></tr>
<tr><td colspan="6">完全不相关　　大部分不相关　　一半不相关　　大部分相关　　完全相关</td></tr>
<tr><td colspan="6">5．你在工作中是否要求高度的精力集中，如果是，约占工作总时间的比重是多少？</td></tr>
<tr><td colspan="6">20%　　40%　　60%　　80%　　100%</td></tr>
<tr><td colspan="6">6．你在工作中是否需要运用不同方面的专业知识和技能？</td></tr>
<tr><td colspan="6">否　　很少　　有一些　　很多　　非常多</td></tr>
<tr><td colspan="6">7．你在工作中是否存在一些令人不愉快、不舒服的感觉？（非人为的）</td></tr>
<tr><td colspan="6">没有　　有一点　　能明显感到　　多　　非常多</td></tr>
<tr><td colspan="6">8．你在工作中是否需要灵活地处理问题？</td></tr>
<tr><td colspan="6">不需要　　很少　　有时　　较多　　非常多</td></tr>
<tr><td colspan="6">9．你的工作是否需要创造性？</td></tr>
<tr><td colspan="6">不需要　　很少　　有时　　较需要　　很需要</td></tr>
<tr><td colspan="6">10．你在履行工作职责时是否有与员工发生冲突的可能？</td></tr>
<tr><td colspan="6">否　　很可能</td></tr>
<tr><td rowspan="16">本工作的任职资格要求</td><td colspan="6">1．本岗位的学历要求：</td></tr>
<tr><td colspan="6">初中、高中、中专、专科、本科、硕士、博士</td></tr>
<tr><td colspan="6">2．为顺利履行工作职责，应进行哪些方面的培训？需要多少时间？</td></tr>
<tr><td colspan="2">培训科目</td><td colspan="2">培训内容</td><td colspan="2">最低培训时间（月）</td></tr>
<tr><td colspan="2"></td><td colspan="2"></td><td colspan="2"></td></tr>
<tr><td colspan="6">3．一个刚开始从事的工作，你要多长时间才能基本胜任工作？</td></tr>
<tr><td colspan="6"></td></tr>
<tr><td colspan="6">4．本工作岗位任职者的晋升与培训机会</td></tr>
<tr><td colspan="3">可得到的晋升机会</td><td colspan="3">可得到的培训机会</td></tr>
<tr><td colspan="3"></td><td colspan="3"></td></tr>
<tr><td colspan="6">5．为了顺利履行你所从事的工作，应具备哪些方面的其他工作经历？为多少年？</td></tr>
<tr><td colspan="3">工作经历要求</td><td colspan="3">最低时间要求</td></tr>
<tr><td colspan="3"></td><td colspan="3"></td></tr>
</table>

续表

<table>
<tr><td rowspan="9">本工作的任职资格要求</td><td colspan="3">6．在工作中你觉得最困难的事情是什么？你通常是怎样处理的？</td></tr>
<tr><td colspan="2">困难的事情</td><td>处理方法</td></tr>
<tr><td colspan="2"></td><td></td></tr>
<tr><td colspan="3">7．你所从事的工作体力强度如何？
1　　2　　3　　4　　5
轻　　较轻　　一般　　较重　　重</td></tr>
<tr><td>8．其他能力要求</td><td>等级</td><td>需要程度</td></tr>
<tr><td>（1）语言表达能力
（2）公文写作能力
（3）领导能力
（4）创新能力
（5）协调能力
（6）倾听敏感性
（7）信息管理能力
（8）分析问题能力
（9）决策能力
（10）实施能力
（11）其他</td><td></td><td>1　　2　　3　　4　　5
低　　较低　　一般　　较高　　高</td></tr>
<tr><td colspan="3">请你仔细填写从事工作所需的各种知识和要求程度</td></tr>
<tr><td>知识内容</td><td>等级</td><td>需要程度</td></tr>
<tr><td>如计算机知识（例）</td><td>4</td><td>1　　2　　3　　4　　5
低　　较低　　一般　　较高　　高</td></tr>
<tr><td rowspan="3">考核</td><td colspan="3">对于你所从事的工作，你认为应从哪些角度进行考核？基准是什么？</td></tr>
<tr><td colspan="2">考核角度</td><td>考核基准</td></tr>
<tr><td colspan="2"></td><td></td></tr>
<tr><td rowspan="3">建议</td><td colspan="3">你认为所从事的工作有哪些不合理的地方？应如何改善？</td></tr>
<tr><td colspan="2">不合理处</td><td>改进建议</td></tr>
<tr><td colspan="2"></td><td></td></tr>
<tr><td rowspan="3">备注</td><td colspan="3">你还有哪些需要说明的问题？</td></tr>
<tr><td colspan="3">直接上级确认符合事实后签字。　　　　签字：</td></tr>
<tr><td colspan="3">（如不符合，请在下面空格中说明并更正）</td></tr>
</table>

实验实践成果及评价

预期成果：岗位调查表。

评价标准：调查表设计规范性、调查表的可操作性、调查表内容的完整性。

实验实践支撑材料

岗位调查的资料信息。

实验实践2　岗位劳动强度、劳动环境调查与测定

实验实践背景与目的

本实验的主要内容是对岗位的各种有害因素和不良的劳动环境条件进行调查并测定。主要目的是通过本实践的岗位体验，使实践者对岗位的环境深入了解并加深对理论的理解，测定劳动者接触有害因素的时间和有害因素的强度（浓度），根据有害因素的种类，按照相应的国家标准、部颁标准和岗位劳动评价标准定量分级，做出评价，为岗位分析提供依据。

实验实践准备条件

计算机、打印机、复印机、噪声测定仪、粉尘和毒物采样器、高温和辐射测定仪、肺通气量计和时间记录表等。

实验实践步骤与过程

（1）劳动环境测定的工作步骤。对劳动环境中的不同有害因素要使用不同的测定方法，但测定的工作步骤基本相同，也有相同的要求。

1）调查受测岗位的基本情况：生产工艺流程、原料和产品、有害因素接触情况、作业位置和工序。

2）确定有害因素的接触范围、测定点、测定的技术方法和仪器。

3）制订有害因素监测计划。

4）制定有害因素接触时间和接触时间率。在劳动时间测定的同时测定。

5）测定有害因素浓度（强度）。一般要求与时间测定同步进行。在3个工作日内测定，每个测定点至少测定5次。

6）对测定数据进行计算处理，按标准分级，做出评价。

（2）确定有害因素测定点的要求。有害因素测定点是对有害因素的强度或浓度进行实测的具体位置和时间（工序）。正确确定有害因素的测定点，才能科学、真实地反映被评价岗位劳动者接触有害因素的实际情况，为有害因素的分级评价提供可靠的依据。

有害因素测定点是在被评价岗位有害因素的接触范围内，根据岗位的性质、工序、位置和接触情况确定的。其要求如下。

1）对作业位置单一固定，并且在整个作业过程中有害因素的强度或浓度较稳定的岗位，可在作业位置设一个测定点。

2）对有多个较固定的作业位置，但在整个作业过程中所有作业位置的有害因素的浓度或强度相同或差别很小的岗位，可在有代表性的作业位置设一个测定点。

3）对作业位置单一固定，但各作业工序（动作）接触的有害因素的浓度或强度不同的岗位，应对不同的工序设多个测定点。

4）对多个作业位置、多个作业工序，且各作业位置或工序的有害因素的浓度或强度不同的岗位，则应根据作业位置和工序接触有害因素的不同设多个测定点。

5）对流动性作业岗位，应根据实际情况，选择具有代表性的位置或工序设测定点，或使用可由劳动者携带的个体采样、测定仪器进行测定。

6）测定点放置测定仪器的具体位置，一般应尽量接近劳动者的作业位置，并处于下风侧或浓度（强度）有代表性的位置。粉尘和毒物采样器的采样头应处于呼吸带高度，高温和辐射测定的探头应处于胸部高度，噪场测定的传声器应处于耳部高度。

（3）有害因素监测计划的制订。有害因素监测计划是对劳动环境中有害因素的浓度和强度测定的安排，是实施测定的依据。制订有害因素监测计划前，必须确定受测岗位应测定的有害因素的种类、每类有害因素的接触范围和有害因素的测定点。

有害因素测定计划的主要内容是各有害因素的测定点的编号、位置、工序，以便到现场确定具体的测定点，必要时应标明测定仪器。有害因素测定计划一般与采气计划共同制定。

劳动环境各项指标现场测定的工作要求基本相同，主要如下。

（1）根据测定计划，掌握有害因素测定点的位置、工序，决定使用的仪器和测定方法。

（2）检查仪器设备。准备好测定需要的各种物品，必要时对仪器进行检定和校准。

（3）到生产现场确定测定仪器的具体放置位置，按测定计划的要求对每个测定点进行测定。

（4）决定每个测定点的测定次数。根据有害因素和仪器种类决定采样或测定时间。

（5）测定中注意观察仪器的工作状态，测定完后对测定样品或读数进行检查或审查。如果仪器工作不正常或有弄虚作假的情况，应重测。

（6）对需实验室分析或测定的有害因素样品，应在采样后及时分析或测定。

（7）现场测定时，应及时做好记录，准确填写各项测定记录表。

（8）现场测定结束后，应维护保养仪器，做好下次测定的准备工作。

实验实践成果及评价

预期成果：岗位粉尘、噪声、有毒有害物质及高温高湿的具体数字；岗位劳动强度级别。

评价标准：数据的信度与效度。数据的效度是指数据的代表性、岗位的认可性。

实验实践支撑材料

《生产性粉尘作业危害程度分级》（GB 5817—2009）、《噪声作业分级》（LD80—1995）、《有毒作业分级》（GB/T 12331—1990）。

自测题

一、判断题

1. 岗位调查以各企业各劳动者为对象。（　　）
2. 岗位调查的数据为岗位评价提供必要的依据。（　　）
3. 调查质量的控制首先是对调查员监控。（　　）
4. 工作岗位调查是获得第一手资料的重要渠道。（　　）
5. 收集关键事件的对象一定是该岗位上的工作人员。（　　）

二、单选题

1. 一级体力劳动强度指数是（　　）。

A. ≤15　　B. ≤16　　C. ≤17　　D. ≤18

2. 个人岗位写实的对象是（　　）。

A. 某一作业者　　B. 领导者　　C. 写实者　　D. 当班工人

3. 在岗位写实中，写实时按（　　）小时制记录。

A. 4　　B. 8　　C. 12　　D. 24

4. 工作岗位调查中，岗位的基本信息有（　　）。

A. 车间人数　　B. 岗位名称　　C. 车间产量　　D. 产品品种

5. 制定合理的劳动定额可以直接达到（　　）的目的。

A. 降低成本　　B. 提高劳动生产率　　C. 提高产品质量　　D. 增加效益

三、多选题

1. 岗位写实包括的内容有（　　）。

A. 写实对象　　B. 动作时间　　C. 接触毒物　　D. 上下级关系

2. 工作抽样法的特点是（　　）。

A. 使用广泛　　B. 节省时间　　C. 真实可靠　　D. 专业性强

3. 工作岗位调查的方法有（　　）。

A. 书面调查　　B. 面谈　　C. 现场观察　　D. 资料查阅

4. 岗位调查的主要内容包括（　　）。

A. 劳动责任　　B. 岗位、能力要求　　C. 劳动强度　　D. 劳动环境

5. 影响劳动强度的因素包括（　　）。

A. 劳动姿势　　B. 劳动紧张程度　　C. 工作班制　　D. 高空作业

四、简答题

1. 工作岗位调查前应做好哪些准备工作?
2. 调查抽样法具有哪些特点?

3．岗位劳动强度调查的内容有哪些？

4．如何进行多机床看管岗位写实？

5．现场观察法的具体内容是什么？

五、案例分析题

某化工企业有一个废弃多年的浓硫酸罐，罐内残留 20%的浓硫酸，罐体为铁质。现要将废弃多年的浓硫酸罐重新改造利用。改造的程序是，三个焊工在安全员处开了动火证后，到现场先用工业水冲洗罐内残留的浓硫酸，之后其中两人爬到罐顶用切割机进行切割，另外一人在地面做辅助工作。

问题：

1．请问这一操作程序有无危险存在。

2．如果有危险，请评价这一操作的危险性有多大？

3．可能发生什么后果？

4．该岗位操作应选择何种员工？为什么？

第 4 章

工作分析方法及其操作过程

引导案例

A 公司是我国沿海某省的一家生产体育地板的公司。几年前，该公司抓住我国体育地板市场尚处于起步阶段的契机，大力生产体育地板并投入市场，一举占据较大的市场份额，公司规模日益扩大。随着员工人数的大量增加，众多人力资源问题凸显出来。

人员招聘时，通常由各部门提出人员需求和任职条件作为选录的标准，然后交由人力资源部负责组织招聘和面试。但是用人部门给出的招聘标准往往笼统模糊，招聘主管难以准确理解，使得招来的人大多不符合要求，许多岗位不能做到人岗匹配。

在激励机制方面，公司缺乏科学的绩效考核和薪酬制度，考核中主观性和随意性严重，员工的报酬不能体现其价值与能力。

员工晋升时，只能根据总经理和部门经理的意见做出决定，缺乏科学的晋升评价标准，上下级间的私人感情成为决定性因素，有才干的人往往不能获得晋升，很多优秀员工因看不到未来前途而另谋高就。

面对这种严峻的形势，公司高层决定进行变革。经过参加各种培训班和阅读书籍，他们发现造成这种局面的关键在于公司缺乏科学的工作分析。

思考：在公司内部进行大规模工作分析的同时，应具体采用哪些方法和技术?

学习目标

- 重点掌握职务分析问卷法、管理人员职务描述问卷法、职能工作分析方法、工作要素法、临界特质分析系统、任务清单分析系统的含义、内容和操作过程。
- 一般掌握各种方法的应用。
- 了解各种方法产生的过程及优缺点等。

学习导航

工作分析方法主要有定性分析方法和定量分析方法。定性分析方法如面谈法、现场观察法、书面调查法等，已在第 3 章介绍。本章主要介绍基于问卷调查的定量分析方法，即职务分析问卷法、管理人员职务描述问卷法、职能工作分析方法、工作要素法、临界特质分析系统、任务清单分析系统的简介、操作过程及其应用。本章学习导航如图 4-1 所示。

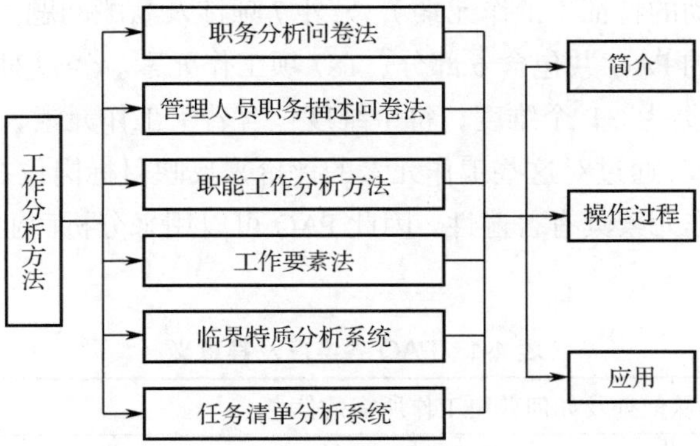

图 4-1　本章学习导航

4.1　职务分析问卷法

4.1.1　职务分析问卷法简介

1．职务分析问卷法的产生

职务分析问卷法（Position Analysis Questionnaire，PAQ）是 1972 年由美国普渡大学教授麦考密克（E. J. McComick）开发的结构化岗位分析问卷法。其产生是为了实现当时社会上亟待解决的两个目标：一是开发一种一般性的、以统计分析为基础的方法，用以准确确定工作的任职资格，以代替传统的测验评价方法；二是运用统计原理的方法进行岗位评价，估计每个工作的价值，进而为制定薪酬提供依据，以补充传统的、以主观判断为主的工作评价方法。

因此，PAQ 在研发之初即试图能够分析所有的工作，而在纷繁复杂的工作中，只有人的行为是“共通”的，所以 PAQ 的定位是人员倾向性的，即从普遍的工作人员行为角度来描述工作是如何被完成的。

2．职务分析问卷法的用途

PAQ 是为实现用统计方法确定工作的任职资格和评价工作的价值而产生的。此后，在 PAQ 的运用中，研究者发现 PAQ 提供的数据同样可以作为其他人力资源功能板块的信息基础，如工作分类、人职匹配、工作设计、职业生涯规划、培训、绩效考评及职业咨询等。这些运用范围的扩展表明，PAQ 可以运用于建设企业岗位信息库，以整合基于战略的人力资源信息系统。

3．职务分析问卷法的内容

确切地说，PAQ 是通过标准化、结构化的问卷形式来收集工作信息的，因此它表明了一般的工作行为、工作条件或岗位特征。PAQ 包含 194 个项目，其中 187 项被用来分析完成工作过程中员工活动的特征（工作元素），另外 7 项涉及薪酬问题。经过大量的实践、分析和验证，现行通用的 PAQ 共包含 6 部分、187 项工作元素。经过对大量样本进行的主成分分析，PAQ 可以聚类为 31 个维度，每个维度包含若干工作元素，每项工作元素都有与之对应的若干等级量表，通过对这些工作元素的评价来反映目标岗位在各维度上的特征（见表 4-1）。由于这些工作元素具有普遍性，因此 PAQ 可以用来分析商业、工业企业和公共部门中的各种岗位。

表 4-1　PAQ 各维度及其意义

1．信息来源：工作人员从何处及如何获得工作所需的信息	
知觉解释	解释感受到的事务
信息使用	使用各种已有的信息资源
视觉信息获取	通过对设备、材料的观察获取信息
知觉判断	对感觉到的事务做出判断
环境感知	了解各种环境条件
知觉运用	使用各种感知
2．体力活动：工作中包含哪些体力活动，需要使用什么工具、设备和方法	
使用工具	使用各种机器、工具
身体活动	工作过程中的身体活动（坐立除外）
控制身体协调	操作控制机械、流程
技术性活动	从事技术性或技巧性活动
使用设备	使用大量各种各样的装备、设备
手工活动	从事与手工操作性相关的活动
身体一致性	身体一般性协调
3．智力过程：执行工作所涉及的推理、决策、计划和信息处理活动	
决策	做出决策
信息处理	加工处理各种信息
4．人际关系：工作中需要与哪些人发生何种内容的工作联系	
信息互换	相互交流相关信息
一般私人接触	从事一般性私人联络和接触
监督或协调	从事监督或协调等相关活动
工作交流	与工作相关的交流
公共接触	公共场合的相关接触

续表

5．工作情境：工作发生的自然环境和社会环境	
潜在压力环境	工作环境中是否存在压力和消极因素
自我要求环境	对自我严格要求的环境
工作潜在危险	工作中的危险因素
6．其他特征：其他活动、条件和特征	
典型性	典型性工作时间和非典型性工作时间的比较
事务性工作	从事事务性工作
着装要求	自我选择着装与特定要求着装的比较
薪资浮动比率	浮动薪酬与固定薪酬的比率
规律性	有规律工作时间和无规律工作时间
强制性	在环境的强制下工作
结构性	从事结构性和非结构性工作活动
灵活性	敏锐地适应工作活动、环境的变化

4．职务分析问卷法的优缺点

PAQ 的优点主要包括：同时考虑了员工与岗位两个变量因素，并将各种岗位所需要的基础技能与基础行为以标准化的方式罗列出来，从而为人力资源调查、薪酬标准制定等提供了依据。

PAQ 的缺点主要有三个：第一，由于问卷没有对岗位的特定工作进行描述，因此，岗位行为的共同性就使得任务间的差异较模糊，所以不能描述实际工作中特定的、具体的任务活动；第二，可读性不强，使用范围受到限制；第三，需要花费很多时间，成本很高，程序非常烦琐。

4.1.2　职务分析问卷法的操作过程

PAQ 的操作过程可具体划分为 7 个步骤，如图 4-2 所示。虽然具体的步骤可能在不同的组织、不同的管理部门中发生变化，但是这里所描述的操作过程涉及了大多数 PAQ 的应用活动。

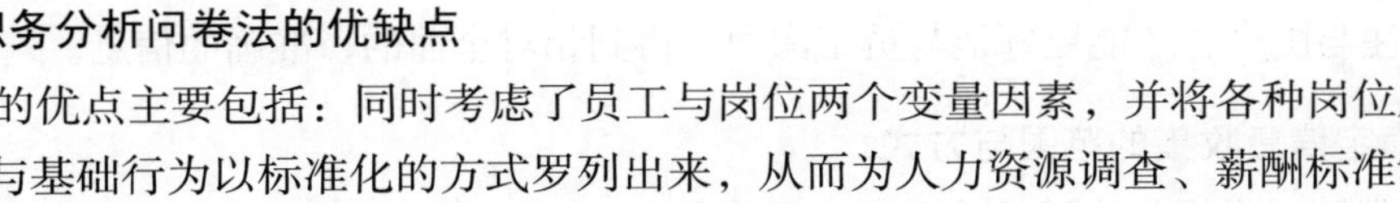

图 4-2　PAQ 的操作过程

1．明确工作分析的目的

工作分析本身并不是目的，应用工作分析的结果更好地实现人力资源管理的某些职能才是工作分析的最终目的。因此，工作分析是一项基础工作。明确工作分析的目的，也就是明确组织中迫切需要应用工作分析结果来实现哪些人力资源管理职能。一般来说，组织进行工作分析都希望达到以下多种目的，如进行工作评价、明确任职资格、建立甄选或晋升标准、确定培训需求、建立绩效考评系统或设计职业生涯发展规划等。

2．赢得组织的支持

熟悉组织环境并赢得组织管理层的支持，对采用任何一种方法进行工作分析都必不可少。而对于 PAQ 系统来说，有以下几点需要注意。

（1）要选择适合组织环境和文化的数据收集方式。有的组织希望在数据收集的过程中尽量少地接触任职人员，有的组织则希望任职人员能全面地参与到工作分析过程中。因此，明确组织的倾向是正确使用 PAQ 的前提。

（2）确定与组织相关的其他因素。例如，确定工作分析是自上而下开展，还是自下而上推进？是否需要进行预测试？是否存在普遍受到认同的部门，以便从它开始进行信息收集？

一旦以上与组织相关的因素都明确，就为确定信息收集范围与方式打下了良好的基础。获得组织管理层的支持至关重要，因为只有获得管理层的重视与支持，才有可能得到全体员工的关注与配合，才能更好地与员工沟通，得到相对全面的、准确的信息。

3．确定信息收集的范围与方式

PAQ 的第三个操作步骤是确定信息的收集范围与方式，简单地说，就是明确“谁是工作信息的收集者”和“谁是工作信息的提供者”两个问题。

具体来说，PAQ 信息收集的范围与方式有以下两种。

（1）工作分析专业人员填写 PAQ、任职人员提供工作信息。这种方式是由工作分析专业人员通过访谈任职人员及其直接主管收集数据，然后填写 PAQ，通常需要选择那些具有一定工作分析知识与技能的人员组成临时性的项目小组。

使用这种方式进行信息收集需要注意以下问题。第一，当同一工作名称下包含多名任职人员时，首先需要与这些任职人员的直接主管沟通，明确他们的工作内容是否一致。如果不一致，则需要考虑用不同的工作名称进行区分。第二，虽然具体的信息提供者一般是随机选择的，但也有一定的原则。首先，信息提供者需在目前的工作岗位上任职至少 6 个月；其次，信息提供者至少是基本称职而且能比较明确地描述工作内容的任职者；最后，如果需要进行访谈，信息提供者还必须有较好的表达能力和沟通能力。

（2）任职人员直接填写 PAQ。采用这种方式需要注意以下问题：第一，如果有多位任职人员从事同一工作岗位，需要选择至少三位任职人员独立地完成 PAQ；第二，最好请该工作的直接主管也填写一份问卷；第三，在任职人员填写 PAQ 之前，为他们提供一些关于问卷填写的指导，帮助他们理解 PAQ 各个因素的含义及评价尺度。

工作分析人员可以根据组织和自身的实际情况选择相应的信息收集范围和方式。

4．培训 PAQ 分析人员

培训 PAQ 分析人员是为了提高所收集信息的有效性，一般来讲，对 PAQ 分析人员进行为期 2～3 天的正式培训即可。培训内容主要包括 PAQ 问卷的内容与操作步骤、培训分析人员收集数据的技巧等。在熟悉理论知识之后，需要带领分析人员尝试利用 PAQ 分析一份工作，然后就实际操作过程中遇到的问题进行讨论，以加深分析人员的理解，提高分析人员的操作能力，并统一所有分析人员对 PAQ 项目及评价尺度的认识。

5．与员工沟通整个项目

获得全体员工的支持是在组织中推行工作分析项目的另一重要环节。要获得员工的支持，首先要与员工沟通，让员工了解工作分析的目的及意义等。可以通过组织常用的沟通渠道传递要进行工作分析的信息，如通过公告栏或员工会议等。需要传递给员工的基本信息包括：工作分析的目的、时间规划及数据收集过程的注意事项等。特别需要向员工说明的是，运用 PAQ 分析的内容是工作内容而不是工作绩效，也就是说，PAQ 是为了理顺工作内容而进行的工作，以便消除员工的顾虑，提高信息的有效性。

6．收集信息并编码

在确定收集信息的范围和方式、培训工作分析人员及与员工进行沟通之后，便进入了实质的信息收集阶段。收集信息的具体方法主要有访谈法、观察法和直接填写问卷法，这些方法的选择与前面所述的信息收集范围和方式有直接关系。例如，假设选择的是由工作分析专业人员填写 PAQ、任职人员提供工作信息的方式，那么信息收集的具体方法则主要是访谈法和观察法，一般由工作分析小组根据 PAQ 的结构等设计访谈表格，利用表格实施结构化访谈，之后，按照讨论决定的标准将访谈结果直接对应到各 PAQ 项目中。

7．分析工作分析结果

在所有被分析岗位的 PAQ 填写完毕之后，就可以根据需要处理工作分析结果。因为 PAQ 所收集的是经验型资料，所以一系列广泛的分析都是可以实现的，包括从简单的制表到更复杂的分析。例如，按照表 4-1 中的 31 个维度，可以对任何一项工作进行评分，经过评分，就可以建立起工作内容的概况并用于描述所分析岗位的特征。当然，在信息技术和人力资源管理技术高度发展的今天，也可以利用计算机程序、统计软件自动分析工作分析结果，或者将分析的任务交给 PAQ 专业服务机构。

4.1.3　职务分析问卷法的应用

如前所述，PAQ 的分析结果可以应用到人力资源管理的很多领域，如工作描述、工作评价、工作分类、工作设计、人员录用、甄选及晋升、职业生涯规划、培训、绩效考评及职业咨询等。但是，不同的工作分析方法在不同的应用领域表现出不同的价值。实践证明，PAQ 在确定任职资格、人员甄选和工作评价三方面的应用效果最好。下面，对 PAQ 应用于任职资格确定、人员甄选和工作评价的过程进行简要阐释。

1．确定所需的有效问项

对某项工作进行分析时，工作分析人员首先要确定 187 项工作元素是否适用于待分析的工作，适用的工作元素即有效问项。

2．对有效问项进行评价

工作分析人员用 6 个计分标准对需要分析的工作元素一一进行核查，给出主观评分。这 6 个计分标准是：

（1）信息使用程度——员工使用该项目的程度；

（2）工作所需时间——员工做事情所要花费的时间比例；

（3）对各部门及各部门内各单元的适用性——某个项目是否可应用于该工作；

（4）对工作的重要程度——问题所细分出来的活动对于执行工作的重要性；

（5）发生的可能性——工作中身体遭受伤害的可能性程度；

（6）特殊计分——用于 PAQ 中特别项目的专用等级量表。

工作分析人员在核查每项元素时，都应对照这一元素细分的各项要求，按照 PAQ 给出的计分标准，确定该工作在工作元素上的得分。如表 4-2 所示，以书面资料为例，分析人员认为该工作的信息较多使用书籍、报告、文章、说明书等，于是确定该项得分为 4。

表 4-2　PAQ 示例

使用程度：0—不使用；1—极少使用；2—较少使用；3—中等使用；4—较多使用；5—极多使用
1．信息输入
1.1　工作信息来源（请根据任职者使用的程度，审核下列项目中各种来源的资料）
1.1.1　工作信息视觉来源
（1）4__书面资料（书籍、报告、文章、说明书等）
（2）2__计量性资料（与数量有关的资料，如图书、报表、清单等）
（3）1__图画性资料（如图形、设计图、X 光片、地图、描图等）
（4）1__模型及相关器具（如模板、钢板、模型等）
（5）2__可见陈列物（计量表、速度计、钟表、画线工具等）
（6）5__测量器具（尺、天平、温度计、量杯等）
（7）4__机械器具（工具、机械、设备等）
（8）3__使用中的物料（工作中、修理中和使用中的零件、材料和物体等）
（9）4__尚未使用的物料（未经过处理的零件、材料和物体等）
（10）3__大自然特色（风景、田野、地质样品、植物等）
（11）2__人为环境特色（建筑物、水库、公路等，经过观察或检查以成为工作资料的来源）
……

续表

2．体力活动 2.6　手工活动 （93）4　手指操作（使用精密仪器、写字、绘图等，没有明显的手臂运动） （94）4　手臂操作（通过手臂运动操纵控制目标，如修理汽车、包装产品等） …… 4．人际关系 4.1　信息互换 4.1.1　口头交流 （99）4　劝导（对于有关财务、法律、技术、精神以及各种专业方面的问题向他人提供咨询指导） （100）2　谈判（与他人就某项问题达成一致所进行的交流沟通，如劳动谈判、外交关系等） …… 4.4　工作交流 特殊计分：联系时间：1—几乎不；2—不经常；3—偶尔；4—经常；5—非常频繁 （112）2　工作联系（与他人或组织发生工作联系的深度，如与客户、员工等，仅限工作相关的联系）

3．量化与结果处理

逐项统计所有工作分析人员在各个工作元素上的打分，计算平均值或中位数，即可得到该项工作在每项工作元素上的得分。PAQ 能用 5 个基本维度去衡量判断各项工作的等级。这 5 个基本维度是：

（1）具有决策、沟通能力；

（2）执行技术性工作的能力；

（3）身体灵活性与体力活动；

（4）操作设备与器具的能力；

（5）处理资料的能力及相关的条件。

在计算各项工作元素得分的平均值或中位数的基础上，工作分析人员可根据这 5 个基本维度得出该项工作的量化分值。如表 4-2 所示，以工作信息视觉来源为例，该岗位得分较高（得分≥4）的工作元素有测量器具（尺、天平、温度计、量杯等）、书面资料（书籍、报告、文章、说明书等）、机械器具（工具、机械、设备等）、尚未使用的物料（未经过处理的零件、材料和物体等），这表明处理测量器具、书面资料、机械器具或尚未使用的物料而获得信息的能力对于该岗位而言非常重要，分析人员据此可将其作为该岗位的任职资格之一，并确定该岗位在处理资料能力方面的量化分值。需要简要说明的是，为帮助分析人员更准确地确定各项工作在上述 5 个维度上的量化分值，29 位心理学家参与并筛选确定了 68 种员工能力特征，如词语理解、智力、审美、嗅觉、爆发力、责任感、交际、舞台表现等，工作分析人员可依据这 68 种能力特征更为细致和准确地判断各项工作的能力要求。

通过确定各项工作在上述 5 个维度上的量化分值，不仅可以为确定各岗位的任职资格和员工甄选标准提供参考，而且可以实现工作与工作之间的相互比较、划分工作的等级，也就是说，PAQ 可以使分析人员用这 5 个维度来对每项工作给出一个量化的分数，以体现工作难度的差异。于是管理者就可以运用 PAQ 给出的结果对工作进行对比，以确定哪种工作更富有挑战性，然后根据这一信息来确定每项工作的奖金或工作等级，即工作评价。

4.2 管理人员职务描述问卷法

管理人员职务描述问卷法（Management Position Description Questionnaire，MPDQ）是一种结构化的、以工作人员为导向的、以管理岗位为分析对象的岗位分析问卷法。它是专门针对管理人员而设计的工作分析系统，是所有工作分析系统中最有针对性的一种。

4.2.1 管理人员职务描述问卷法简介

1. 管理人员职务描述问卷法的产生

研究者们认为传统的工作分析系统难以把握管理工作的实质，这是因为管理岗位工作活动的复杂性、多样性和内在性给管理岗位的工作分析带来了挑战。

为克服对管理岗位进行工作分析的困境，需要有一种与管理工作特点相适应的方法来更准确地分析管理岗位，在这种背景下，由美国著名岗位分析专家托诺（Tornow）及平托（Pinto）等人开发的 MPDQ 应运而生。

2. 管理人员职务描述问卷法的用途

MPDQ 主要收集、评价与管理岗位相关的活动、联系、决策、人际交往、能力要求等方面的信息数据，通过特定的计算机程序加以分析，有针对性地制作各种与工作相关的个性信息报表，最终为人力资源管理的各个职能板块，如工作描述、工作评价、人员甄选、培训开发、绩效考评、薪酬设计等提供信息支持。

3. 管理人员职务描述问卷法的内容（结构）

MPDQ 在其发展过程中出现过多个版本，总共涉及 1 500 多个题目，经过众多专家的开发、测试、验证和修改，至今已形成了具有很高信度与效度的相对统一的最终版本。根据付亚和（2009）的说法，MPDQ 的最终版本主要包括 15 个部分、274 项工作行为要素，如表 4-3 所示。

表 4-3 管理人员职务描述问卷法的内容（结构）

MPDQ 问卷内容	内 容 释 义	要素数量
1. 一般信息	描述性信息，如工作代码、职能范围、职责、预算权限等	16
2. 决策	决策背景，即决策的复杂程度和决策活动	22

续表

MPDQ 问卷内容	内 容 释 义	要素数量
3．计划与组织	战略计划的制订和执行情况	27
4．行政	评估管理者的文件处理、写作、记录、公文管理等活动	21
5．控制	跟踪、控制和分析项目、预算、生产和其他商业活动	17
6．督导	监督、指导下属工作	24
7．咨询与创新	为其他工作或下属提供专业性、技术性的咨询指导	20
8．联系	内外部工作联系，收集信息，包括联系对象和联系目的	16
9．协作	在内部工作联系中的协作性活动	18
10．表现力	在营销活动、谈判活动和广告宣传活动中的表达行为	21
11．商业指标监控	监控财务指标、经济指标、市场指标等	19
12．综合评价	上述 10 项管理职能的工作时间占用和相对重要程度评价	10
13．知识与能力	工作对任职者知识、技能和能力的要求及所需培训活动	31
14．组织结构图	任职者在组织中的位置，如下属、同级、上级等	5
15．评论	反馈对问卷的看法及相关补充说明	7
总计		274

4．管理人员职务描述问卷法的优缺点

MPDQ 的优点主要体现在：适用于不同组织内管理层级以上岗位的工作分析，具有很强的针对性；通过计算机程序，MPDQ 在某种程度上降低了主观因素的影响，其最终报告大量以图表形式出现，信息充足，简单易懂，提高了组织人力资源管理的效率。

当然，作为结构化的工作分析方法，MPDQ 也存在成本较高、投入较大、灵活性不足的缺陷，而且各种管理分析维度是在对国外管理人员进行实证的基础上形成的，在中国必将有一个“本土化”的修订过程，才能更好地适用于中国管理人员。

4.2.2　管理人员职务描述问卷法的操作过程

MPDQ 是一项用于评价管理工作的工作分析工具，它通过对统一收集的各种工作信息在不同分析评价维度（因子）下，运用统计处理进行加工提炼，制作各种不同的岗位分析报告，为不同人力资源管理功能板块提供信息支持。其操作过程即 MPDQ 三大功能板块（信息输入板块、信息分析板块和信息输出板块）的运行过程，如图 4-3 所示。

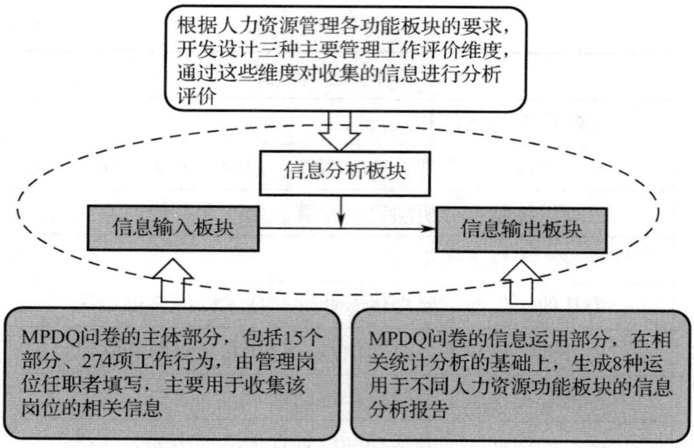

图 4-3　管理人员职务描述问卷法的操作过程

1．信息输入

MPDQ 的信息输入过程，即利用目前已经通过验证的 MPDQ 最终问卷对管理岗位的任职者进行信息收集，并将收集到的信息输入计算机的过程。与 PAQ 类似，首先明确工作分析的目的，赢得组织的支持，确定信息收集的范围与方式，然后培训分析人员，收集信息并编码。与 PAQ 不同的是，MPDQ 问卷一般由任职者自己填写。

MPDQ 中给出了与管理人员职务相关的 274 项工作行为要素（见表 4-3）和对应的评价尺度，填写者可以直接逐项给出评价分值。针对每个问题所描述的活动，问卷填写者需要评定该活动相对于该工作所包含的所有其他项目的重要程度或发生频率。MPDQ 的评价尺度主要有三种，即重要性、决策权限和综合评定。其中，重要性和决策权限的评价尺度是五级（0～4 分），综合评定的评价尺度则是六级（0～5 分）。

“重要性”是 MPDQ 中使用频率最高的评价尺度，其等级描述如下：

“0”——该活动与本工作完全无关；

“1”——该活动只占本工作的一小部分且重要程度不高；

“2”——该活动属于本工作的一般重要部分；

“3”——该活动是本工作的重要组成部分；

“4”——该活动是本工作的关键部分或至关重要的部分。

对于“计划与组织”等部分，不仅用到了“重要性”的评价尺度，还用到了关于“决策权限”的评价尺度。这类评价尺度的等级描述如下。

“0”——不适用：我不参与这项活动的决策。

“1”——为决策提供一般性服务：我记录和分析各种候选方案和它们带来的可能后果。

“2”——有建议权：我要向我的主管提出建议或提供制定决策需要的各种基本信息。

“3”——共同决策权：我和其他人共同决策，并且不需要经过直接主管的审核。

“4”——独立决策权：我有权独立做出决策，并且不需要经过直接主管的审核。

“综合评定”部分则将管理工作分为 10 个职能范围，并要求问卷填写者：明确每种职能所占用的时间比重；评定每种职能的重要程度。在确定时间比例时，要提醒填写者注意时间比例的总和是 100%。重要程度的评定要求填写者指出每种职能相对整个工作的重要性，所用尺度如下：

“0”—— 不是本工作的职能；

“1”—— 不太重要；

“2”—— 一般重要；

“3”—— 重要；

“4”—— 很重要；

“5”—— 至关重要。

表 4-4 给出了 MPDQ 示例，工作分析人员按照问卷要求填写评价分值即可。

表 4-4　MPDQ 示例

第五部分：控制

第一步：评定重要性

请指出以下每项活动对您职位的重要程度，然后按 0～4 分记分（标准如下），写在每个题目前面的空白处。请记住，需要考虑的是该活动和其他职位活动相比的重要程度与发生频率。

“0”——该活动与本工作完全无关。

“1”——该活动只占本工作的一小部分且重要程度不高。

“2”——该活动属于本工作的一般重要部分。

“3”——该活动是本工作的重要组成部分。

“4”——该活动是本工作的关键部分或者说至关重要的部分。

（1）审阅提交计划以便和组织的目标与策略保持一致。

（2）追踪并调整工作活动的进度，以保证按时完成目标或合同。

（3）为项目、计划和工作活动制定阶段目标、最后期限，并将职责分派给个人。

（4）监督产品的质量或服务的效率。

（5）对部门的发展和效率制定评估标准。

（6）在工作计划或某项目结束后，评估其效果并记录在案。

（7）每个月至少进行一次工作成效分析。

（8）分析工作报告。

（9）控制产品生产或服务的质量。

（10）监督下属完成部门目标的工作进程。

（11）监督在不同地区部门的工作进程，并调整其活动以达到完成组织目标的要求。

（12）解释并执行组织的安全条例。

续表

第二步：评论 对于您的职位，该部分还应该包括哪些其他工作：

资料来源：付亚和.工作分析（第二版）.上海：复旦大学出版社，2009.

2. 信息分析

开发 MPDQ 的目的是用来辅助实现人力资源管理的多种职能。要达到这个目的，需要把通过 MPDQ 收集来的信息进行转化，以满足不同的人力资源管理需求。在实践中，人们往往从不同的角度来看待工作，从不同的角度对工作进行分析、研究和描述。为了满足工作描述、人员配置的职能需要，工作人员往往从管理工作要素的角度来分析工作；为了满足绩效考核、培训开发等职能需要，工作人员往往从管理绩效要素的角度进行工作分析；为了满足岗位评价、薪酬设计等职能需要，工作人员往往从管理评价要素的角度来分析工作。MPDQ 在综合这些角度的基础上，在信息分析板块提供了三种用途的工作分析要素体系。工作分析人员通过对回收的 MPDQ 问卷数据进行统计处理，将其聚类整合为管理工作因子、管理绩效因子、管理评价因子等三类。

（1）管理工作因子：一组描述工作内容的因素。根据不同岗位工作内容的相同点和不同点，区分管理工作因子可以使工作描述更容易。管理工作因子通常被薪酬管理人员和招聘人员所使用，使他们能很快地从总体上把握工作的内容，同时也为管理者从整体上理解自己岗位与其他岗位的不同点提供方便。经过大量的调查研究，MPDQ 最终确定了 8 个管理工作因子，对它们的描述如表 4-5 所示。

表 4-5　MPDQ 问卷的管理工作因子

因 子 名 称	因 子 含 义
1. 决策	评定各种信息和各种候选方案，科学决策过程
2. 计划与组织	制订长期和短期计划，包括长期战略规划、短期生产销售计划等
3. 行政	负责文件和档案的整理和保管、监控规章的执行、获取和传递信息
4. 控制	控制和调整人力、财力和物力的分配，配置资源，建立成本控制
5. 咨询和创新	用技术解决疑难，提供关键信息咨询，关注技术前沿，开发新产品
6. 协作	与其他团体合作实现组织目标，协调使用资源，处理矛盾与分歧
7. 表现力	与个人或组织沟通交流、促销、谈判并签订合同
8. 商业指标监控	监控净收入、销售额、竞争者动态等关键商业指标

表 4-6 以“决策”为例，给出了某管理岗位管理工作因子的分析结果示例。

表 4-6 MPDQ 问卷管理工作因子的分析结果示例

重要性	序号	决策活动内容（部分）
关键性的	5	考虑决策的长期影响
关键性的	18	在制定决策之前需要处理、评价大量信息
重要的	14	制定对客户/消费者有重大影响的决策
一般的	1	在决策之前评价各种解决问题的备选方案与成本收益
……	……	……

（2）管理绩效因子：为了评价管理工作的绩效而选取的工作因子。换言之，从这些因子对管理工作的绩效进行评价有助于发展和提高管理业绩。管理绩效因子主要有两种用途：一是帮助上级领导评价和指导管理者的绩效；二是帮助明确对管理者的培训需求。管理绩效因子必须能够区分管理绩效优秀者、管理绩效平平者和管理绩效低劣者。通过管理者和人力管理专家的讨论和统计验证，最终选定了 9 个管理绩效因子，对它们的描述如表 4-7 所示。

表 4-7 MPDQ 问卷的管理绩效因子

因 子 名 称	因 子 含 义
1．工作管理	管理工作执行和资源使用，监控和处理信息，确保项目按时完成
2．商业计划	围绕目标，制订并实施商业计划与商业战略
3．问题处理	分析技术或商业上的问题与需求，做出决策，选择适当的方案或创新
4．交流沟通	高效、全面、准确地进行沟通，正确分享和交换信息
5．公共关系	代表组织处理与客户、潜在客户和其他公众的关系
6．人力资源开发	通过有效的工作分配、指导、培训和绩效考评来开发下属的潜能
7．人力资源管理	监督、管理下属员工，提供指导和领导
8．组织支持	能得到其他管理者的支持来共同实现个人、团体和组织的目标
9．专业知识	具备实现既定绩效目标所需要的技术知识

表 4-8 给出了某管理岗位管理绩效因子的分析结果示例。

表 4-8 MPDQ 问卷管理绩效因子的分析结果示例

管理绩效因子	重要性评价的平均值（4 分制）	管理绩效因子	重要性评价的平均值（4 分制）
1．工作管理	2.2	6．人力资源开发	2.3
2．商业计划	3.1	7．人力资源管理	2.1
3．问题处理	3.5	8．组织支持	1.8
4．交流沟通	3.2	9．专业知识	2.8
5．公共关系	3		

（3）管理评价因子。管理评价因子是用来评价管理类工作相对价值的维度，即用来衡量某一管理工作岗位相对于其他工作岗位而言对组织的贡献度有多大。通常薪酬专家应用管理评价因子来确定岗位或工作的薪酬等级，并最终确定薪酬水平。通过实践检验，最终选定了 6 个管理评价因子，对它们的描述如表 4-9 所示。

表 4-9　MPDQ 问卷的管理评价因子

因 子 名 称	因 子 含 义
1. 制定决策	制定决策的权限有多大，考虑决策的性质、影响范围、复杂程度及需要付出的努力
2. 解决问题	为解决所出现的问题，需要投入的分析与创造性思维属于哪种等级，考虑问题的性质、所涉及的范围及解决方案所需要的创造性
3. 组织影响力	对组织的影响范围有多大，包括岗位对实现组织目标，对开发或销售产品（服务），对制定战略或执行计划，对制定政策或工作流程，对实现销售收入、利润或其他业绩指标的重要程度
4. 人力资源管理	监督和指导职能大小，可以通过下属员工的等级和数量，以及所提供指导的复杂程度来衡量
5. 知识、经验和技能	岗位所需要的用来解决关键性组织问题的知识、经验和技能，以及在多大程度上需要将这些知识、经验和技能应用于解决实际问题
6. 联系	内部联系与外部联系的范围和程度，可以从联系对象、联系目的及联系频率等方面进行考虑

表 4-10 给出了某管理岗位管理评价因子的分析结果示例。

表 4-10　MPDQ 问卷管理评价因子的分析结果示例

管理评价因子	评价值（百分制）	权重	各项因子的分值	总分
1. 制定决策	51.5	0.75	38.625	191.95
2. 解决问题	56.9	1	56.9	
3. 组织影响力	42.3	0.5	21.15	
4. 人力资源管理	46.3	0.5	23.15	
5. 知识、经验和技能	52.6	0.75	39.45	
6. 联系	50.7	0.25	12.675	

3. 信息输出

在对输入信息进行分析的基础上，MPDQ 通过统计处理，针对不同的人力资源管理功能板块可形成 8 份工作分析报告。图 4-4 在对这 8 份报告进行简介的同时，也对 MPDQ 的操作过程（信息输入、信息分析和信息输出三大板块的运作流程）进行了展示，有利于更为直观地理解 MPDQ 的操作过程。

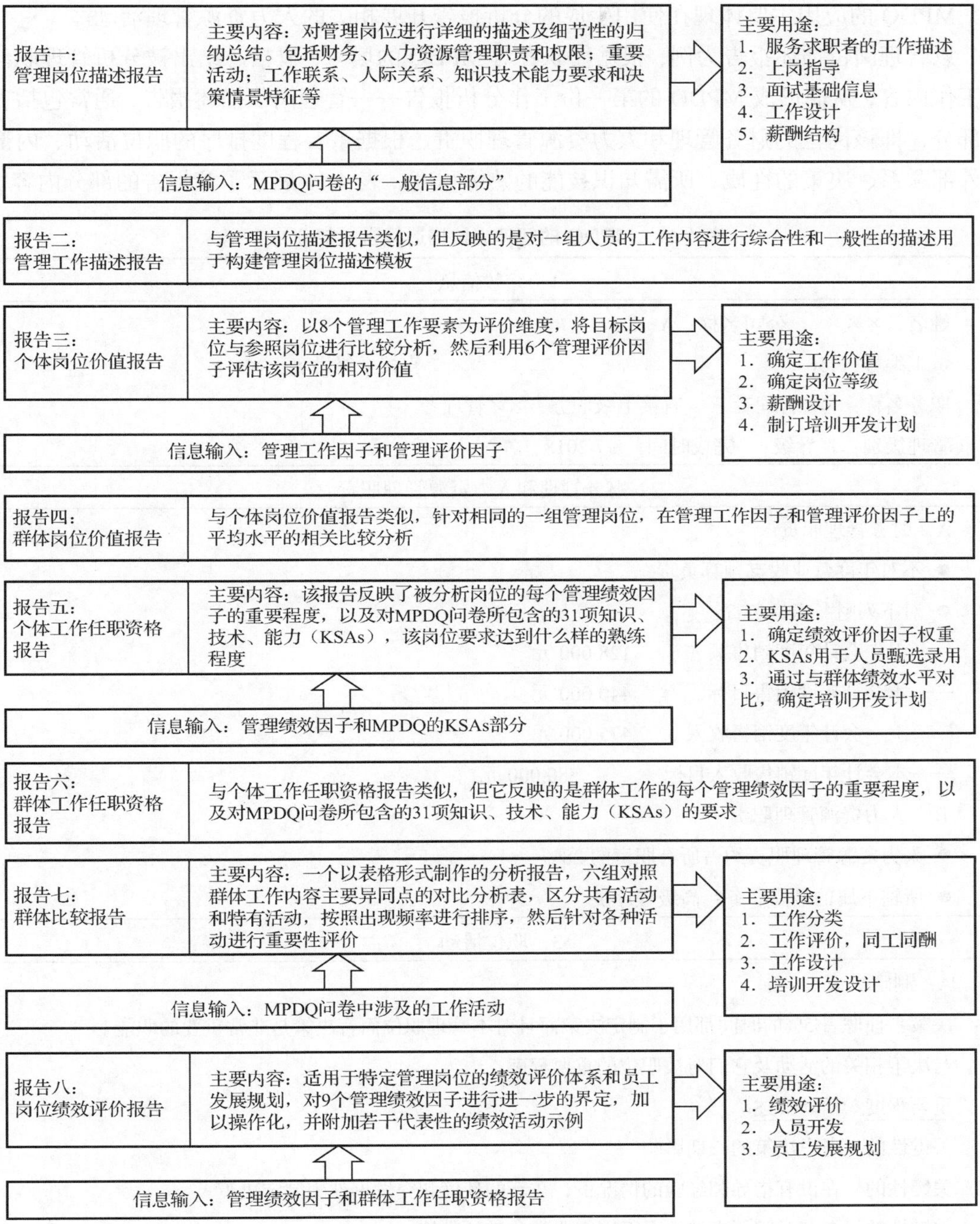

图 4-4　MPDQ 的 8 份报告

资料来源：彭剑锋，等. 职务分析技术与方法.北京：中国人民大学出版社，2004.

4.2.3 管理人员职务描述问卷法的应用

MPDQ 的应用主要体现在使用生成的分析报告开展相关的人力资源管理活动。

以管理岗位描述报告为例，根据任职者对 MPDQ 的填写，概括总结出被分析管理职位的工作内容，从而形成 MPDQ 的第一份工作分析报告——管理岗位描述报告，通常包括五个部分，即该岗位的财务管理和人力资源管理职责、根据重要程度排序的职位活动、内部与外部联系、决策的性质、所需知识技能的熟练程度。表 4-11 展示了该报告的部分内容。

表 4-11 MPDQ 的管理岗位描述报告（部分）

1．一般信息

姓名：××× 公司名称：A

员工编号：156 直接上级姓名：×××

职务名称：××管理者 直接上级职务：××管理者

管理级别：督导级 完成时间：8/7/2018

2．财务管理和人力资源管理职责

A．财务管理职责

- 不对年度营业收支预算负责
- 对下列财务指标负责：

——上一会计年度销售额 128 000 元

——本会计年度销售目标 440 000 元

——上一会计年度销售收入 475 000 元

——本会计年度销售收入目标 580 000 元

B．人力资源管理职责

- 人力资源管理职责约占所有职责的 28%
- 所辖下属的最高职务：高级程序员

3．职位活动

A．制定决策

决策：任职者 5%的时间都用于制定决策而且对本管理职位而言决策是非常重要的职能。

与决策相关的活动及它们对被职位的重要程度：

重要程度	活动描述
关键性的	考虑决策的长期影响
关键性的	在没有指导和经验的情况下，在新的环境和突发事件中制定决策
关键性的	在有时间压力的情况下制定非常关键的决策
关键性的	在制定决策之前需要处理、评价大量信息
关键性的	制定对客户/消费者有重大影响的决策
重要的	在制定决策时要深入考虑法律的、道德的因素以及组织的政策和目标

续表

3．职位活动	
重要的	在必要的时候决策不能有任何迟疑
一般的	在决策之前评价各种解决问题的候选方案各自的成本与收益

管理岗位描述报告可以应用于多个方面，例如，让刚晋升的管理岗位员工在最短的时间内熟悉自己的工作内容；为招聘甄选管理岗位人员提供关于职位的信息，以提高甄选质量。另外，薪酬管理人员可以利用这些信息确定管理岗位的相对价值，并检验管理岗位的薪酬水平和该岗位所承担的责任是否一致等。

4.3　职能工作分析方法

职务分析问卷法（PAQ）和管理人员职务描述问卷法（MPDQ）都是人员倾向性的工作分析方法，从人员的行为出发，重点考量人员的任职资格。而职能工作分析方法（Functional Job Analysis，FJA）是一种工作倾向性的工作分析方法，其主要分析方向集中在工作本身。

4.3.1　职能工作分析方法简介

1．职能工作分析方法的产生

职能工作分析方法也称功能性岗位分析法，是美国培训与职业服务中心（Training and Employment Service）开发的一种以工作为中心的岗位分析方法。它以员工所需发挥的功能与应尽的职责为核心，列出加以收集与分析的信息类别，使用标准化的陈述和术语来描述工作内容。FJA 对工作的每项任务要求进行详细分析，对工作内容的描述非常全面具体，一般能涵盖工作所能包括的全部内容的 95%以上。

2．职能工作分析方法的内容

需要强调的是，FJA 最基本的分析单元是任务，而不是工作本身。FJA 是针对工作的每项任务要求，分析完整意义上的工作者在完成这一任务的过程中应当承担的职能（工作者实际所做的工作），以获取通用技能、特定工作技能和适应环境技能的相关信息的工作分析系统。

要理解 FJA 的内涵，需要把握四个要点。

（1）FJA 需要区分“完成什么”与“做什么”。“完成什么”强调的是工作结果，如打字员的工作结果是信件。“做什么”强调的是工作行为，如打字员的工作行为是打字。工作分析人员在开展工作前，往往对某项任务应完成什么和做什么两个概念区分得不够清楚，造成了工作结果和工作行为的混淆。在 FJA 中，每项任务描述必须以代表工作行为的特定动词开始，而以“目的是”或“为了”等代表工作结果的词作为任务描述的结尾。例如，打印任务就可以描述为“使用计算机或打字机等设备进行打印，目的是形成待寄的信件”。

（2）FJA 强调技能划分。任务分析中包括通用技能、特定工作技能和适应性技能三种。所谓通用技能，即能够使人将事务、人员和信息有机联系在一起的能力，在任务分析中表现在培训时间单元中的通用部分。所谓特定工作技能，即能够使工作者根据工作标准进行特定工作的能力，在任务分析中表现在培训时间单元中的特定部分，可以依照绩效标准将其分成不同的等级。所谓适应性技能，即工作者在工作所处的环境中趋同或求变的能力。任何工作的完成都有一定的标准，工作者要完成某项工作任务，就要求具备一些通用技能和特定工作技能，并且要具备适应其工作环境的能力以满足工作中的需求。这三种技能需要达到某种程度的统一，工作者才能以满意的标准完成任务。因此，只有具备这三种技能的工作者才能称为完整意义上的工作者。

（3）FJA 以分析工作者的职能为核心。FJA 认为所有工作都涉及工作者与信息、人员和事务之间的关系，因此工作者的职能就是处理与信息、人员和事务之间的关系。工作行为的难度越大，所需能力越高，也就说明工作者的职能等级越高。

（4）FJA 强调任务的系统性。每个任务都是一个将工作、人员和组织有机结合在一起的系统。在任务描述的结尾能够找到人员工作的目标，多项任务的结果累积形成了工作的目标，多项工作的目标累积形成了组织的目标。工作系统三要素——工作、人员和组织都有自己的规则和语言。人员可以通过任职资格和技能组合等来描述；组织可以用战略、计划、目标等来描述；工作可以用工作者职能、制度要求和绩效标准等来描述。这三个要素互相联系、密不可分，共同促进了工作系统的发展和工作者个人的成长。

4.3.2 职能工作分析方法的操作过程

FJA 的操作过程主要包括四大步骤：一是 FJA 的准备工作；二是进行任务描述，形成 FJA 任务陈述表；三是按照 FJA 职能等级表确定任务职能等级；四是提炼任务的绩效标准等。

1. 准备工作

为了更好地进行任务描述，在实施 FJA 之前需要做准备工作，主要有两个步骤。

（1）熟悉现有工作信息。工作分析者必须先熟悉现有工作信息，尤其要掌握所分析工作的“语言”。每份工作都有其独特的语言，因为其处于特定的组织文化和技术环境中，必然具有特殊的专业术语。工作分析人员要充分利用现有的工作信息，如工作描述、培训材料和组织的目标陈述等，深入了解工作语言、工作层次、固定的操作程序及组织的产出。这个步骤通常会花费 1～3 天的时间，在此投入较多精力能够减轻后面工作的负担，提高下一步工作的效率。

（2）召集主题专家组。要进行任务描述，一般需要召集主题专家组（Subject Matter

Expert，SME）。通过工作分析人员与 SME 的会谈，在提问与回答的互动过程中，逐步形成和完善 FJA 任务陈述图。在选择 SME 的成员时，要尽可能广泛地代表工作任职者。在选定成员之后，召集 SME 开会，向其解释小组会谈的目的，尤其需要指出 SME 参与者是会议的主体，要提供大部分的信息和完成大部分的工作，而工作分析者只是负责提出一些问题和引导开发参与者的思路。

2．任务描述

在完成 FJA 的准备工作后，就开始进入任务描述阶段。在该阶段，一般是由 FJA 工作分析人员提供给 SME 一个 FJA 工作任务描述结构（见图 4-5），引导 SME 成员按照该结构图对工作任务进行描述，经过分散描述、统一讨论、多次整理和修改，最终形成 FJA 任务陈述表，如表 4-12 所示。

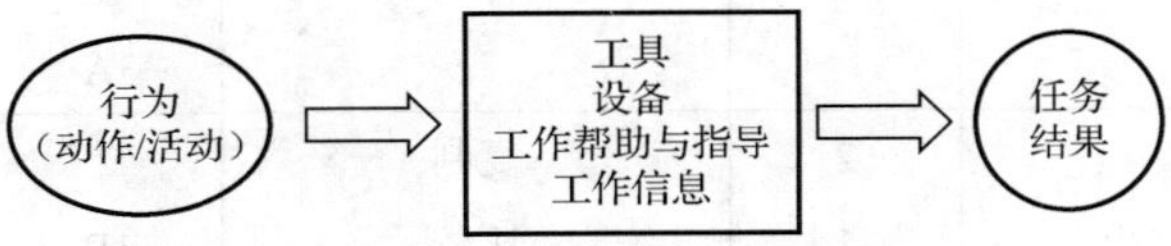

图 4-5　FJA 工作任务描述结构

表 4-12　FJA 任务陈述表示例（打印任务）

行为（动作/活动）	打　印
行为（动作/活动）的目的	形成信件
工具设备	打字机、计算机和相关的办公工具
工作帮助与指导	标准的信件形式；特定的信息；按照现有的操作规范操作，但为了文字的清楚和语句通顺可以调整标准格式
工作信息	通过记录提供
工作结果	待寄的信件

3．确定任务职能等级

作为一种职能分析系统，FJA 的核心是分析工作者的职能。FJA 对职能的分析是通过分析工作者在执行任务时与事务、信息、人员的关系而进行的。工作行为的难度越大，所需的能力越高，则工作者的职能等级也越高。在完成任务描述之后，工作分析人员为 SME 成员提供 FJA 职能等级表（见表 4-13，该表的每项职能描述了广泛的行为，概括了工作者与事务、信息、人员发生关系时的工作行为），为其详细讲述各等级的含义（见表 4-14），通过互动、讨论确定任务的职能等级。

表 4-13 FJA 职能等级表

事务职能等级		信息职能等级		人员职能等级	
号码	描述	号码	描述	号码	描述
3B 3A	装配 精确操作	6 5B 5A	综合 协调 创新	7 6 5	顾问 谈判 管理
2C 2B 2A	运转—控制 操作—控制 操作	4 3B 3A	分析 编辑 计算	4C 4B 4A 3C 3B 3A	处理 指导 咨询 转向 劝导 教导
1C 1B 1A	照管 送进—移出 处理	2 1	复制 比较	2 1B 1A	信息转换 服务 指令协助

表 4-14 FJA 职能等级的含义

类型	号码与描述	含义
事务职能等级	1A. 处理	当工作对象、材料、工具等在数量上只有一件或很少，工人又经常使用时，其精确度的要求是比较低的，这包括使用小轮车、手推车和类似的工具
	1B. 送进—移出	从自动的或由工人控制、操作的机器设备处安插、扔掉、倒掉或移走材料，要求大部分由工人控制
	1C. 照管	开、关和照看由其他工人启动的机器、设备，机器精确地运转需要工人在几个控制台按说明去调节并对机器信号做出反应，包括所有不带有明显结构变化的机器。在这几乎不存在运转周期短、非标准的工作，而且调节是预先指定的
	2A. 操作	当有一定数量的加工对象、工具及控制点时，加工、挖运、安排或放置物体或材料，对精度的要求由精到细。包括工作台前的等待和应用、可换部件的便携、动力工具的使用及在厨房和花园工作中普通工具的使用
	2B. 操作—控制	开动、控制和调节用来设计构造和处理有关资料、人和事的机器设备。这样的工人包括打字员和转动木材等使用机器运转的工人，或负责半自动机器的启动、熄火的工人。控制机器包括在工作过程中准备和调整机器或材料。控制设备包括控制计量仪、表盘和阀门开关及其他诸如温度、压力、液体流动、泵抽速度和材料反作用等方面的仪器，包括打字机、油印机和调节过程需要仔细证明和检查的办公机器（这一等级只用于机器和一个单元设备的操作）

续表

类型	号码与描述	含　义
事务职能等级	2C. 运转—控制	控制机器的操作。为了便于制造、加工和移动物体，必须对操作过程加以监视和引导。规范的控制行动需要持续观察并迅速做出反应（在使用传输工具时，即使工作只涉及人或物，也应遵循这一原则）
	3A. 精确操作	按标准工作程序加工、移动、引导和设置工作对象或材料，这里的对象、材料、工具等的数量包括在整个工艺内，而且期望的准确度是最终在工艺要求的宽容量以内（在工作主要为手工操作的使用手动工具时遵循这一原则）
	3B. 装配	安装机器设备，插入工具，选择工装、固定件和附件；修理机器或按工作设计和蓝本恢复它们的功能，可以涉及其他工人操作或工人自己负责操作的一台或数台机器
信息职能等级	1. 比较	选择、分类或排列数据、人和事，判断它们已具备的功能、结构或特性与原定的标准是类似还是不同
	2. 复制	按纲要和计划召集会议或处理事务，使用各种工具抄写、编录、邮寄资料
	3A. 计算	进行算术运算，写报告，进行有关的筹划工作
	3B. 编辑	遵照某一方案或系统但又有一定的决定权去收集、比较，划分资料、人、事
	4. 分析	按照准则、标准和特别原则，依据艺术、技术、技巧的要求，进行检查、评估（关于人、事、数据），以决定有关影响（后果），并选择替代方案
	5A. 创新	在整体运行理论原则范围内、保证有机联系的条件下，修改、选择、调整现有的设计、程序或方法，以满足特殊要求、特殊条件或特殊标准
	5B. 协调	在适当的目标和要求下，在资料分析的基础上，决定时间、场所和一个过程的操作顺序或组织，并且修改目标、政策（限制条件）或程序，包括监督决策和事件报告
	6. 综合	基于人事直觉、感觉和意见（考虑或不考虑传统、经验和现有情况），从新的角度出发，改变原有部分，以产生解决问题的新方法来开发操作系统，或从美学角度提出解决问题的办法或方案，脱离现有的理论模式
人员职能等级	1A. 指令协助	注意管理者对工作的分配、指令或命令。除非需要指令明确化，一般不必与管理者直接交谈
	1B. 服务	注意人的交流和需要以及人们表示出或暗示出的希望，有时需直接做出反应
	2. 信息转换	通过讲述、谈论和示意，使人们得到信息，在完好的程序范围内做出任务分配明细表

续表

类型	号码与描述	含　义
人员职能等级	3A．教导	在只有两人或一小组人的情况下，以同行或家庭式的关系关心每个人，扶助和鼓励个人；对日常生活给予关心，利用各种机构及参与团队的有关指令，提供建议和私人帮助
	3B．劝导	用交谈和示范方法诱导别人喜欢某种产品、服务或赞成某种观点
	3C．转向	通过有趣的话题使个体或听众分心，以使精神放松、气氛缓和
	4A．咨询	作为技术信息来源提供服务和提供有关的信息或方法，定义、扩展或完善有关的方法、能力或产品说明（告知个体或家庭诸如选择学校和再就业等目标的详细计划，协助他们做出工作计划并指导其完成计划）
	4B．指导	通过解释、示范和试验的方法为他人讲解或培训
	4C．处理	对需要帮助的个人或以一小组人员进行特定治疗或调节。由于特殊个体对规定的反应可能在预想之外，所以要系统地观察在整个工作框架内个人行为的处理结果。必要时，激励、支持和命令个人，使他们对治疗、调节程序采取接受或合作的态度
	5．管理	决定和解释每组工人的工作程序；赋予他们相应的责任（规定性说明和详细内容），保证他们之间和谐的关系；评估工作绩效（规定的和详细的），并提高效率，在程序和技术水平上做出决策
	6．谈判	与作为正式工作执行一方的代表进行协商、讨论，以便充分利用资源、权力，减少义务，在上级给定的权限内或在使程序完整的主要工作中“放弃和接受”某些条件
	7．顾问	与有问题的人一起交谈、劝导、协商或指导他们按照法律、科学、卫生和其他专业原则调节自身的生活。用对问题的分析、论断及公开处理过程劝导他们

资料来源：郑晓明，吴志明. 工作分析实务手册. 北京：机械工业出版社，2006.

具体实施时，SME成员首先根据FJA职能等级的标准含义确定某项工作在事务、信息、人员职能上的等级，然后对每种职能赋予一定的时间百分比。仍以上述打印工作为例（见表4-12），可以将打印任务表述为：打印标准格式的信件，信息来源于记录所提供的特定信息，依据形成信件的标准程序操作，但为了文字的清楚和语句的通顺可以调整标准格式，目的是准备好待寄的信件。对打印任务进行清晰描述后，根据FJA职能等级的含义，进一步确定工作者完成该任务所承担的职能的对应等级和耗费时间，得到打印任务分析表（见表4-15）。

表 4-15 打印任务分析表

职能等级			时间比重		
事务	信息	人员	事务	信息	人员
2B	3B	1A	25%	70%	5%
任务描述：打印标准格式的信件，信息来源于记录所提供的特定信息，依据形成信件的标准程序操作，但为了文字的清楚和语句的通顺可以调整标准格式，目的是准备好待寄的信件					

4．提炼绩效标准

在 SME 满意地完成了任务描述和确定任务职能等级之后，下一个步骤就是要让他们列出为了满意地完成任务任职者需要具备的素质，也就是提炼出相应的任务绩效标准。FJA 工作人员可以使用这些问题来引导 SME 进行分析："大家可能注意到我们只是整理和分析了工作行为、最终结果、工作设备、工作帮助与指导及工作信息，而没有涉及人员需要具备什么素质才能做好工作。可以设想我们是某个工作的管理者，需要为这个工作找一个合适的员工，你将以什么标准来甄选？大家考虑素质和特点时，尽量与任务尤其任务对应的行为联系起来考虑。"通常 SME 会提供很多素质特征，FJA 工作人员可以要求他们进一步说明哪些素质特征比较重要、哪些是最关键的。在完成该项工作之后，FJA 的操作程序就已结束，可以展开 FJA 的应用过程。

4.3.3 职能工作分析方法的应用

FJA 能够广泛运用于公共部门和私人企业的人力资源管理工作实践中，主要用途如表 4-16 所示。

表 4-16 FJA 的主要用途

用　途	详　解
绩效评估	任务绩效的加权组合即构成岗位的绩效标准
培训内容确定	针对三种能力开发培训项目
工作设计	根据战略、组织要求将某几项任务合成新岗位
岗位评价	通过职能等级的差异确定岗位之间的相对价值
工作分类	例如运用于美国员工服务系统的工作分类
任职资格评价	针对体力工作开展的 FJA 可以用于任职资格评价

下面仍以打印工作为例，说明 FJA 在绩效评估和培训内容确定两个方面的应用。在应用 FJA 分析完打印工作后，可以得到如表 4-17 的分析结果。

表 4-17　打印任务 FJA 分析结果表

1．所分析工作的名称：信件打印工

2．工作描述：

打印标准格式的信件，信息来源于记录所提供的特定信息，依据形成信件的标准程序操作，但为了文字的清楚和语句的通顺可以调整标准格式，目的是准备好待寄的信件。

3．对所执行工作的等级及耗费时间评估：

职能等级			时间比重		
事务	信息	人员	事务	信息	人员
2B	3B	1A	25%	70%	5%

4．对员工能力要求的评估（由工作分析人员填写）：

- 能力
- 个性
- 兴趣
- 身体要求
- 环境条件

在此基础上，根据 FJA 的三种技能划分（通用技能、特定工作技能和适应性技能）和工作职能定位等，可以提炼出打印任务的培训要求（见表 4-18）和绩效标准（见表 4-19）。

表 4-18　打印任务的培训要求

通用技能	文字录入准确合理
	表格正确
	变化调整正确
特定工作技能	在_____（时间）内完成
	每页没有编写错误
	无信息遗漏
	如何使用特殊打字机
适应性技能	无

表 4-19　打印任务的绩效标准

定性标准	如何编辑信件
	如何转换材料、更正错误
	如何合并信件
定量标准	如何从材料中获取信息
	标准操作程序
	理解材料信息

4.4　工作要素法

4.4.1　工作要素法简介

工作要素法（Job Element Method，JEM）是一种典型的开放式的人员导向性工作分析系统。这种工作分析方法是由美国人力资源管理事务处的普里默夫（E. S. Primoff）研究并开发出来的。这种基于工作要素的工作分析系统的提出，建立在德国心理学家冯特（Wilhelm Wundt）所提出的“在没有熟悉最简单的事务之前，我们不可能进一步了解到更复杂的现象”的基本原则之上。对于工作本身来说，其最简单的方面就是组成该工作的各种要素或者成功完成该工作所需具有的人员特征。JEM 的目的就在于确定对成功完成特定领域的工作有显著作用的行为及此行为的依据。在这里，将由一组专家级的任职者或者其上级对这些显著要素进行确定、描述和评估，通常将这种由专家级任职者或者任职者的上级组成的小组称为主题专家组（Subject Matter Experts，SME）。通常情况下，JEM 的分析对象不是某一具体的工作岗位，而是某一类具有相似特征的工作，如专业技术人员的工作。

作为一种典型的开放式工作分析系统，JEM 的开放性就在于它所研究的行为或行为的特征要素与其他工作分析系统所研究的行为或行为的特征要素有所不同。一是 JEM 研究的行为及其特征要素并不是作为完成该工作的工具的一部分来给出并固定的；二是由主题专家组来确定与这一工作相适应的若干个性化的要素，并对它们进行描述、界定及评估。

JEM 所关注的工作要素非常广泛，包括知识、技术、能力、工作习惯和个性特征等。

（1）知识：如专业知识的掌握程度、外语水平、知识面的宽窄等。

（2）技术：如计算机运用、驾驶技术、叉车操作技术等。

（3）能力：如口头表达能力、判断能力、管理能力等。

（4）工作习惯：如对工作的热爱程度、承担超负荷工作的意愿、工作时间不规律等。

（5）个性特征：如自信、主动性、独立性、外向、内向等。

这里需要特别说明的是，只有那些对完成所研究的工作有重要影响作用的要素才能被列入考虑之中，而不是所有与工作相关的要素都要加以考虑，这也是 JEM 与 PAQ 的区别所在。

4.4.2　工作要素法的操作过程

JEM 有严格的操作过程，如图 4-6 所示。

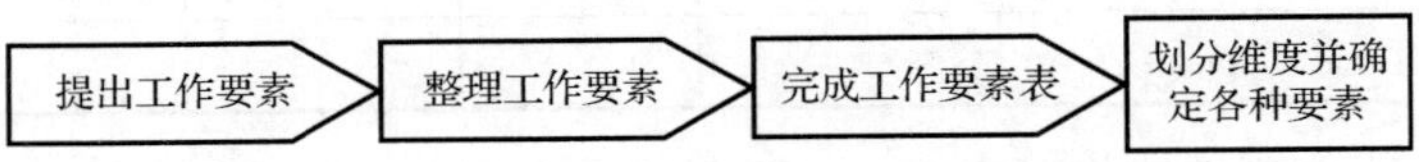

图 4-6　JEM 的操作过程

1．提出工作要素

通常由主题专家组成员采用头脑风暴法列举出对目标工作的实现有显著影响的要素，并对这些工作要素进行反复推敲。在实际应用中，可以借鉴 PAQ 的维度进行思考，以达到对工作要素全面和准确的收集。

2．整理工作要素

在这一过程中，将主题专家组成员通过头脑风暴法收集来的工作要素进行归类和筛选。在实践中可以采用类属分析的方法，将具有相同或相近含义的工作要素归入同一类别，为每个类别赋予相应的名称，并根据该类别所包含的工作要素的内容和特点对该类别进行明确的界定和解释。在本步骤解释时，工作人员将得到一个工作分析要素清单。

3．完成工作要素表

该步骤是 JEM 的核心步骤，有一些关键控制点。其过程为将工作要素表（见表 4-20）发放给主题专家组（此时可根据需要适当选择加入新成员），由小组成员对以上两个步骤分析得到的每个要素进行评估，填写到工作要素表的评估区，再由工作人员按照固定公式对评估结果进行数据处理。

表 4-20　工作要素表

要素	评估区				数据处理区 （数据转换原则："+"=2；"√"=1；"0"=0）			
	指标 B：对于勉强胜任员工 +都具备 √部分具备 0 几乎无人具备	指标 S：对于挑选优秀员工 +非常重要 √有部分价值 0 没有区分性	指标 T：如果不考虑该因素 +带来很大麻烦 √带来一些麻烦 0 不会带来麻烦	指标 P：如果提出该要素，实践中我们可以 +用于所有岗位 √用于部分岗位 0 无法用于任何岗位	指标 IT（Item Index）：计算公式 $SP+T$	指标 TV（Total Value）：计算公式 $IT+S-B-P$	P' 计算公式 "+"=0 "√"=1 "0"=2	指标 TR（Training Value）：计算公式 $T+S+S\times P'-B$

表 4-20 是一张典型的工作要素表，主要包括三个部分：第一部分即第一列是各个要素的名称，来自以上两个步骤中主题专家组提出和整理的工作要素；第二部分即评估区，包

括四个指标 *B*、*S*、*T* 和 *P* 及其选项（以+、√、0 表征），由主题专家组成员对每个要素进行评估，选择合适的选项填入表格内；第三部分是数据处理区，一般不要求主题专家组成员填写，而由工作人员将数据进行转换（数据转换原则："+" =2；"√" =1；"0" =0）后，输入到计算机中，由计算机得出结果，填入对应的表格中。为便于理解，在表 4-20 的数据处理区标注了每个指标的计算公式。

工作要素表中的各个指标有其固定含义，如表 4-21 所示。

表 4-21　工作要素表各指标代表含义汇总表

指　标	含　义
B	最低要求要素，即勉强合格的员工应该具备的要素程度
S	优秀员工要求要素，表示在挑选优秀员工过程中该要素的重要程度
T	评估问题或麻烦出现可能性的要素，表示忽略该要素时问题或麻烦出现的可能性
P	评估要素在实际中的可行性
IT	表示某一子维度在对求职者进行区分时的重要性
TV	表明某一要素对该类工作的求职者的区分价值
TR	表示工作的培训要素，即与优秀绩效密切相关（与优秀员工密切相关）、求职者和勉强合格员工不具备的，但不具备也不会引起严重问题和麻烦的要素

4．划分维度并确定各种要素

在计算机汇总所有工作要素表的数据之后，就得到了每个要素最终的 B、S、T、P、IT、TV 和 TR 分值。根据这些分值，对应 JEM 的维度和要素评判标准（见表 4-22），可以得出对某类工作进行分析的维度、子维度，以及从事该工作的员工需要具备的最低要求要素、优秀要求要素及无用要素（剔除要素）。

表 4-22　JEM 的维度和要素评判标准

维　度	评 判 标 准
TV≥100	判定该要素为维度，在要素名称后标注 E，不再标注其他符号
IT≥50	判定该要素为选拔显著要素，在要素名称后标注 S
TR≥75	判定该要素为培训要素，在要素名称后标注 TS
B≥75，*P*≥75，*T*≥50	判定该要素为最低要求要素，在要素名称后标注 SC
同时符合 S 和 SC 要求	判定该要素为选拔性最低要求要素，在要素名称后标注 RS

4.4.3　工作要素法的应用

JEM 作为一种开放式的工作分析技术，其目的在于确定对成功完成特定领域工作有非常显著作用的行为及其特征要素。它可以根据特定工作提取个性化的工作要素，并能够比较准确、全面地提取影响该类工作绩效水平的工作因素，对招聘过程中的人员甄选及确定培训需求方面有很高的应用价值。本节将以专业技术人员的分析为例，介绍 JEM 的应用。

1. 提出要素和整理要素

首先通过主题专家组成员的头脑风暴法得到专业技术人员的工作要素清单，如表 4-23 所示。

表 4-23　工作要素清单

专业知识、专业技术、应对困难和挫折的能力、记忆能力、变化适应能力、孤独排遣能力、平抑不满能力、主动性、勇气、激励、组织能力、理论转化能力、协调能力、抽象能力、判断能力、逻辑思维能力、成就动机高、信息接受能力、快速思维能力、想象力、决策能力、亲和力、创造力、敏感性、手工操作能力、体力、健康的体魄、独立性、团队合作性、毅力、自信、责任感、预先计划、内向、外向、果断、理解能力、职业道德、创新精神、好奇、承担超负荷的工作、学习愿望、多方面考虑问题的能力、区分主要和次要、自律、自尊、工作时间不规律、心理控制能力、口头表达能力、书面表达能力、时间管理能力、外语运用能力、计算机运用能力、调查研究能力、沟通能力、高学历、应付高压工作的能力、谦虚、同时处理多个问题的能力、冒险意识强、社交能力、推理能力、忍耐力、注重工作细节

然后，主题专家组通过讨论，对上述工作要素清单进行归类和筛选，得到工作要素类属清单，如表 4-24 所示。

表 4-24　工作要素类属清单

维度	心理调节能力	突出的智力能力	鲜明的个性特征	特定的工作习惯	熟练的知识和技能	身体素质
子维度	应付高压工作的能力；应对困难和挫折的能力；孤独排遣能力；平抑不满能力；勇气；心理控制能力；忍耐力	记忆能力；抽象能力；判断能力；逻辑思维能力；信息接受能力；快速思维能力；想象力；创造力；敏感性；推理能力	主动性；成就动机高；亲和力；独立性；团队合作性；毅力；自信；责任感；内向；外向；果断；创新精神；好奇；自尊；谦虚；冒险意识强；社交能力	预先计划；职业道德；承担超负荷的工作；学习愿望；多方面考虑问题的能力；区分主要和次要；自律；工作时间不规律；同时处理多个问题的能力；注重工作细节	专业知识；专业技术；激励；组织能力；理论转化能力；协调能力；决策能力；理解能力；口头表达能力；书面表达能力；时间管理能力；外语运用能力；计算机运用能力；调查研究能力；沟通能力；高学历	手工操作能力；体力；健康的体魄

2．填写工作要素表及数据处理结果

将表 4-24 中的所有要素填写到工作要素表（见表 4-20）中，由主题专家组进行评估后，由工作人员收回所有工作要素表，将数据输入计算机，并进行数据处理，得到工作要素评估数据处理结果（见表 4-25），鉴于篇幅，只节选了部分结果。在得到所有的指标分值之后，参照 JEM 的维度和要素评判标准（见表 4-22），就可以标注出每个要素的维度和所属的要素类别。例如，要素“心理调节能力”TV 分值为 150，可以判定其为维度，标注 E，其他要素类推。

表 4-25　工作要素评估数据处理结果（节选）

要　　素	*B*	*S*	*T*	*P*	IT	TV	标　注
心理调节能力	8	100	92	58	69	150	E
应付高压工作的能力	50	92	58	67	61	98	S
忍耐力	78	83	58	82	42	67	SC
平抑不满能力	75	58	50	78	53	41	RS
突出的智力能力	8	100	92	58	69	150	E
记忆能力	75	58	67	75	56	47	RS
快速思维能力	33	58	42	33	22	36	
理解能力	67	92	92	83	83	119	E
鲜明的个性特征	25	100	83	58	67	134	E
创新精神	25	92	58	42	54	88	S
毅力	83	67	67	75	44	67	SC
外向	50	25	8	75	14	−36	
特定的工作习惯	8	100	75	58	64	140	E
工作时间不规律	50	67	33	58	59	67	S
职业道德	42	100	92	42	58	119	E
熟练的知识和技能	33	100	100	50	67	134	E
口头表达能力	75	58	52	77	52	61	RS
沟通能力	75	33	53	78	45	11	SC
身体素质	92	17	8	83	8	−83	

3．划分维度并确定各类要素

根据评估结果，所有标注 E 的要素构成了该类工作的工作分析维度，所有标注 S 或 RS 的要素构成了该类工作的工作分析子维度，所有标注 SC 或 RS 的要素构成了该类工作从业人员的最低要求要素，所有标注 RS 的要素构成了该类工作从业人员的选拔性要求要素，其余没有标注的要素为无用要素（即剔除要素），由此可以得到专业技术人员的 JEM 分析结果，如表 4-26 所示。

表 4-26　专业技术人员的 JEM 分析结果（节选）

维　　度	要　　素
专业技术人员工作分析维度	心理调节能力、突出的智力能力、理解能力、鲜明的个性特征、特定的工作习惯、职业道德、熟练的知识和技能
专业技术人员工作分析子维度	应付高压工作的能力、平抑不满能力、记忆能力、创新精神、工作时间不规律、口头表达能力
专业技术人员的最低要求要素	忍耐力、平抑不满能力、记忆能力、毅力、口头表达能力、沟通能力
专业技术人员的选拔性最低要求要素	记忆能力、平抑不满能力、口头表达能力
剔除要素	身体素质、快速思维能力、外向

4.5　临界特质分析系统

4.5.1　临界特质分析系统简介

临界特质分析系统（Threshold Traits Analysis System，TTAS）是典型的以个人特质为导向的工作分析系统。根据工作分析专家普里莫夫、麦考密克等的研究成果，每项工作都具有两个方面的特征：一是任职者必须完成的工作任务和活动；二是为了完成这些工作任务需要满足的条件。TTAS 是针对后者开发的工作分析方法，其设计目的是提供标准化的信息以辨别人们为基本完成和高效完成某类工作至少需要具备哪些品质和特征。TTAS 称这些品质和特征为临界特质（Threshold Traits）。

研究者通过对工作分析资料及有关特质的资料进行因素分析，得出了三大类特质维度：身体技能、认知能力、个性或动机因素。罗派兹（F. M. Lopez）将其扩展为五个主要的特质范畴：身体特质（Physical）、智力特质（Mental）、学识特质（Learned）、动机特质（Motivational）和社交特质（Social）。以麦考密克及其同事的因素分析为起点，分析人员又提炼了 21 种工作职能，并将其分配到五个重要特质范畴中，在对有关特质的文献进行综合研究之后，又针对这 21 种工作职能提炼出了 33 种特质，构成了 TTAS 的特质表，如表 4-27 所示。

表 4-27　临界特质分析系统（TTAS）的特质表

特质范畴	工作职能	特质因素
身体特质	体力	1. 力量

续表

<table>
<tr><th>特质范畴</th><th>工作职能</th><th>特质因素</th></tr>
<tr><td rowspan="4">身体特质</td><td>体力</td><td>2．耐力</td></tr>
<tr><td>身体活动性</td><td>3．敏捷性</td></tr>
<tr><td rowspan="2">感官</td><td>4．视力</td></tr>
<tr><td>5．听力</td></tr>
<tr><td rowspan="6">智力特质</td><td rowspan="3">感知能力</td><td>6．感觉、知觉</td></tr>
<tr><td>7．注意力</td></tr>
<tr><td>8．记忆力</td></tr>
<tr><td rowspan="3">信息处理能力</td><td>9．理解力</td></tr>
<tr><td>10．解决问题的能力</td></tr>
<tr><td>11．创造性</td></tr>
<tr><td rowspan="7">学识特质</td><td>数学能力</td><td>12．计算能力</td></tr>
<tr><td rowspan="2">交流</td><td>13．口头表达能力</td></tr>
<tr><td>14．书面表达能力</td></tr>
<tr><td rowspan="2">行动力</td><td>15．计划性</td></tr>
<tr><td>16．决策能力</td></tr>
<tr><td rowspan="2">信息与技能的应用</td><td>17．专业知识</td></tr>
<tr><td>18．专业技能</td></tr>
<tr><td rowspan="11">动机特质</td><td rowspan="6">适应能力</td><td>19．适应变化的能力</td></tr>
<tr><td>20．适应重复</td></tr>
<tr><td>21．应对压力的能力</td></tr>
<tr><td>22．对孤独的适应能力</td></tr>
<tr><td>23．对恶劣环境的适应能力</td></tr>
<tr><td>24．对危险的适应能力</td></tr>
<tr><td rowspan="5">控制能力</td><td>25．独立性</td></tr>
<tr><td>26．毅力</td></tr>
<tr><td>27．主动性</td></tr>
<tr><td>28．诚实</td></tr>
<tr><td>29．激情</td></tr>
<tr><td rowspan="4">社交特质</td><td rowspan="4">人际交往</td><td>30．仪表</td></tr>
<tr><td>31．忍耐力</td></tr>
<tr><td>32．影响力</td></tr>
<tr><td>33．合作能力</td></tr>
</table>

TTAS 对每个特质的含义都进行了严格的界定，对每个特质都列出了若干等级，并对每个等级进行了描述。例如，等级 1 代表任职者必须能解决包含有限个抑制因素的问题等，以供分析人员判断选择。

4.5.2 临界特质分析系统的操作过程

实施临界特质分析，就是由任职者及其直接主管或主题专家组成员对 33 种特质的三个指标——相关性、等级和实用性进行评价。相关性是指哪些特质与工作岗位达到可接受或优秀的绩效水平相关；等级是指某种特质的强度要求或复杂程度；实用性是针对等级评价（某工作）而言，要求任职者达到该工作所需要的等级是否具备可行性。具体而言，实施临界特质分析主要包括四个步骤。

（1）选择关键工作。一般而言，对组织中所有工作进行分析是不实际的，也是没有必要的。因此，工作分析第一步就是选择和明确哪些工作需要分析。TTAS 采用职业矩阵（Career Plan Matrix）的方法对工作进行挑选，也就是从工作所属的种类（如操作类、维修类、技术类等）和工作的复杂程度及责任大小两个维度确定要分析的关键工作。

（2）选择和培训分析团队成员。临界特质分析是由一组分析人员完成的，一般包括一名主持人和至少五名分析人员（如果分析人员少于五名，分析结果的信度将大打折扣），被称为临界特质分析团队。主持人通常由组织内熟悉 TTAS、熟悉组织的职业矩阵及人力资源状况的人担任，其职责包括主持整个 TTAS 分析过程，监测分析人员评定的准确性、一致性和不同分析人员之间的一致性，并按照一定的公式对 TTA 卡进行整理和总结。

（3）填写完成 TTA 卡。TTA 卡即临界特质分析卡，是根据关键岗位特征从 TTAS 特质表中选择对应的特质因素组成的表格。这张表格由分析人员独立完成，主要分三步：首先评定每个特质的重要性、独特性，从而评定每个特质与工作的相关性；其次，明确为了达到可接受的绩效水平需要各相关特质达到哪一等级；最后，确定任职者如果试图取得优秀绩效，他需要达到哪一等级的特质水平。

（4）主持人整理和总结 TTA 卡。在完成 TTA 卡后，将其交给主持人。主持人主要有两方面的工作。一是对 TTA 卡进行检验。例如，检查 TTA 卡是否有自相矛盾之处，程序上是否有不合要求的地方，以及分析人员之间是否存在一致性。二是按照 TTAS 的固定公式对 TTA 卡进行进一步处理，并将处理结果通过计算机进行汇总，从而得到临界特质的最终分析结果。

需要特别指出的是，完整的 TTAS 实际上包括三种分析技术，即临界特质分析（TTA）、工作要求与任务分析（DATA）、技术能力分析（TCA）。其中以 TTA 为核心，即以上的操作步骤是 TTAS 必不可少的步骤。为了提高 TTAS 分析结果的准确性，研究人员又开发了 DATA 和 TCA 两种技术，辅助判断 TTA 结果的准确性。TTA 侧重于对人员的分析，而 DATA 则对工作本身进行分析，TCA 仅适用于分析对技术知识和技能有重要要求的工作，从而能够使得 TTA 的分析结果更全面、更准确。在实践中，分析团队可以在进行 TTA 的基础上有选择地进行 DATA 和 TCA。

4.5.3　临界特质分析系统的应用

TTAS 最常用于人员甄选上，但在人力资源规划、员工的职业生涯规划、人员培训等方面也取得了较好的应用效果。当 TTAS 被正确应用于现实的人力资源管理中时，它的价值就会显现出来。在西方，TTAS 的要素被广泛运用于各种类型的企业中，如银行、保险公司、零售企业、制造业、公共服务性企业及政府部门中，同时，临界特质分析系统被用来分析各种类型的岗位。实践证明，TTAS 的分析结果比较准确，为企业带来了一定的效益，但是由于其过于复杂、过于精确，也使得使用者们对其提出了一些批评。

4.6　任务清单分析系统

4.6.1　任务清单分析系统简介

任务清单分析系统（Task Inventory Analysis, TIA）是一种典型的工作倾向性工作分析系统。TIA 是由美国空军人力资源研究室的雷蒙德·克里斯塔尔（Raymond E. Christal）及其助手开发成功的，它的研究始于 20 世纪 50 年代，通过从 10 万名以上员工那里收集试验数据进行验证，前后经历了 20 年时间才趋于成熟和完善。

TIA 一般由两个子系统构成：一是用于收集工作信息的一套系统的方法、技术；二是与信息收集方法相匹配的用于分析、综合和报告工作信息的计算机应用程序软件。

TIA 收集工作信息的工具实际上是一种高度结构化的调查问卷，一般包括两大部分：一是背景信息；二是任务清单。

背景信息包括两类问题：传记性问题与清单性问题。传记性问题是指那些可以对调查对象进行分类的信息，如姓名、性别、岗位序列号、岗位名称、任职部门、服务期限、教育水平、工作轮换愿望、职业生涯意向等。清单性问题是为了更加广泛、深入地了解有关工作方面的背景信息而设计的问题。它为调查对象提供了一套包含问题与答案选项的清单，清单的内容可能包括：所用的工具、设备、所要培训的课程、对工作各方面的要求等。

4.6.2　任务清单分析系统的操作过程

在 TIA 中，任务被界定为工作任职者能够清晰辨别的一项有意义的工作单元。TIA 的工作思路是，首先把工作任务按照职责或其他标准以一定顺序排列，然后由任职者根据工作的实际情况对这些工作任务进行选择、评价等，最终理顺并形成该工作的工作内容。具体来讲，分为四个步骤。

（1）构建任务清单。构建任务清单的目的是使该职业范围内的每个调查对象都可以选择清单中的某些任务项目，将任务项目按一定的标准组合，从而准确地描绘调查对象的工作。任务清单的构建有多种方式，可以来自对工作的观察，也可以来自其他任务清单，还可以借助主题专家组进行任务描述。任务的描述方式也相当简单，通常是描述一项行动、行动的目标及其他必要的限定。根据任务清单的使用目的不同，可以选择和设计相应的任务评价维度及尺度。最常用的维度有“相对时间花费”“执行频率”“重要程度”“困难程度”等。尺度可以是 5 级、7 级或 9 级等。表 4-28 是一份企业人力资源部的任务清单（节选），可以更为直观地了解 TIA。

表 4-28 企业人力资源部的任务清单（节选）

填写说明（略）		
背景信息（略）		
评价维度：重要程度（1=非常不重要；2=比较不重要；3=一般；4=比较重要；5=非常重要）		
任务清单	**是否符合你的工作**	**如果符合，请评价**
001 研究企业现有战略规划	□符合□不符合	□1 □2 □3 □4 □5
002 盘查现有人力资源的数量	□符合□不符合	□1 □2 □3 □4 □5
003 盘查现有人力资源的质量	□符合□不符合	□1 □2 □3 □4 □5
004 盘查现有人力资源的结构	□符合□不符合	□1 □2 □3 □4 □5
005 分析经济发展对人力需求的影响	□符合□不符合	□1 □2 □3 □4 □5
006 分析技术进步对人力需求的影响	□符合□不符合	□1 □2 □3 □4 □5

（2）利用任务清单收集信息。任务清单实质上是一个高度结构化的调查问卷，选择适当的调查对象填写任务清单就是收集信息的过程。TIA 的调查对象一般是某一职业领域的任职者及其直接管理者。任职者填写背景信息部分，并在任务清单中选择符合他所做工作的任务项目并给予评价（如相对时间花费、重要程度等）。任职者的管理者通常提供有关工作任务特征的信息，如任务的难度、对工作绩效的影响等。

（3）分析任务清单所收集的信息。在利用任务清单收集信息之后，就需要运用一定的计算机应用程序软件对收集的信息进行统计处理、分析、综合。较为成熟的任务清单系统都有自己的应用软件，如 TIA 常用 CODAP 系统进行分析。如果无法获取专门的分析软件，可以借助一些普遍的统计软件，如 SPSS、Excel 等。

（4）利用任务清单编制工作说明书。TIA 的分析结果是典型的工作说明书，包括工作描述和工作规范两部分。工作描述主要包括工作概要、重要的任务维度和非常重要的维度三个部分。在工作描述后就可以找出对单个任务而言最重要的知识、技术和能力，从而进一步确定对整个工作而言所需要的知识、技术、能力类型与程度，为编制工作规范准备主要依据。

4.6.3 任务清单分析系统的应用

TIA 的主要优点在于向管理的许多应用领域都提供了有用的信息，其分析结果可以应用于人力资源预测、人员招募甄选、绩效考核、薪酬管理、培训开发、工作分类及工作设计等方面。例如，从任务清单中得到的数据可以作为确定工作评价项目及建立工作评价体系的依据。

实验实践 1　职务分析问卷法的应用

实验实践背景及目的

本实验的主要内容是对实践中常用的工作分析方法即职务分析问卷法（PAQ）的使用技能进行培养，主要目的是帮助实验者进一步加深对 PAQ 相关理论知识的理解，熟悉和掌握这一重要的工作分析方法，以便在未来的工作分析中应用此工具为人职匹配、工作评价、绩效考评等人力资源各项工作提供科学的参考依据。

实验实践准备条件

（1）全体学生自愿结合分组，6 人一组。

（2）职务分析问卷及相关统计处理软件。

（3）各自选择调研的目标企业，联系调研事项。

实验实践步骤与过程

1．操作步骤

（1）各小组前往各自目标企业，赢得企业领导的支持，并确定信息收集的范围与方式。

（2）与接受测试的员工沟通整个调研项目后，发放职务分析问卷并指导员工进行填写，回收填好的问卷。

（3）各小组对回收的问卷进行整理，剔除无效问卷后，进行编码，输入计算机，进行统计分析后，撰写职务分析报告。

2．难点与注意事项

（1）能否得到目标企业领导层的支持。

（2）职务分析问卷的发放和回收能否顺利进行。

（3）问卷填写者对职务分析问卷各个问题和评价等级的理解是否准确。

3．课时数：10 课时。

实验实践成果及评价

1．预期成果

（1）实验报告：职务分析问卷统计分析报告及其应用。

（2）企业实地调研体会。

2．评价标准（每项 0～25 分）

（1）对 PAQ 理解正确，操作准确。

（2）对回收的职务分析问卷统计分析准确，报告撰写有理有据。

（3）报告提交的及时性。

（4）小组各成员的分工及过程参与的积极程度。

实验实践支撑材料

见 4.1 节相关内容。

实验实践 2　工作要素法的应用

实验实践背景与目的

本实验的主要内容是对实践中常用的工作分析方法即工作要素法（JEM）的使用技能进行培养，主要目的是帮助实验者进一步加深对 JEM 相关理论知识的理解，熟悉和掌握这一重要的工作分析方法，以便在未来的工作分析中应用此工具确定某类工作分析的维度、子维度及确定该类工作从业人员的胜任资格和选拔要求等。

实验实践准备条件

（1）全体学生自愿结合分组，6 人一组。

（2）工作要素表（见表 4-20）及相关统计处理软件。

（3）各自选择调研的目标企业，联系调研事项。

实验实践步骤与过程

1．操作步骤

（1）各小组前往各自目标企业，赢得企业领导支持，以某类工作为例选择成员组成主题专家组。

（2）向主题专家组成员介绍 JEM，重点讲解工作要素表（见表 4-20）的填写要求。

（3）请主题专家组成员利用头脑风暴法列出专业技术人员的工作要素，并初步进行归类整理，在此基础上请主题专家组填写工作要素表（见表 4-20）的评估区。

（4）回收工作要素表，利用软件进行数据处理，得出每份工作分析表数据处理区的相关分值，根据 JEM 的维度和要素评判标准（见表 4-22）标注各要素，撰写工作要素分析报告。

2．难点与注意事项

（1）能否得到目标企业领导层的支持。

（2）主题专家组对工作要素法的理解和工作要素表评估区的填写是否准确。

（3）学生是否按照工作要素法的规则处理数据和标注要素。

3．课时数：10 课时。

实验实践成果及评价

1．预期成果

（1）实验报告：包括对某类工作进行工作分析的维度、子维度及该类工作从业人员的胜任资格和选拔要求等。

（2）企业实地调研体会。

2．评价标准（每项 0～25 分）

（1）对 JEM 理解正确，操作准确。

（2）对回收的工作要素表数据处理准确，报告撰写有理有据。

（3）报告提交的及时性。

（4）小组各成员的分工及过程参与的积极程度。

实验实践支撑材料

见 4.4 节相关内容。

自测题

一、判断题

1. 职能工作分析方法是工作导向型的工作分析方法。（　　）
2. 工作要素法是人员导向型的工作分析方法。（　　）
3. 工作要素法中的 TV 指标代表某一子维度在对求职者进行区分时的重要性。（　　）
4. 实施临界特质分析，就是由任职者及其直接主管或主题专家组（SME）成员对 33 种特质的三个指标（即相关性、等级和实用性）进行评价。（　　）
5. 任务清单实质上是一个高度结构化的调查问卷。（　　）

二、单选题

1. 职务分析问卷最早是由（　　）提出的。

A. 麦考密克　B. 亨普希尔　C. 赫茨伯格　D. 马斯洛

2. MPDQ 中以 8 个管理工作因子为评价维度，将目标岗位与参照岗位进行比较分析，然后利用 6 个管理评价因子评估该岗位的相对价值的报告是（　　）。

A. 管理岗位描述报告　B. 管理工作描述报告

C. 个体岗位价值报告　D. 群体岗位价值报告

3. 职能工作分析方法（FJA）中，任务描述阶段的成果是（　　）。

A. FJA 职能等级表　B. FJA 任务陈述表

C. FJA 培训要素表　D. FJA 绩效要素表

4. 用工作要素法对某类工作进行分析，要素“熟练的技能”的指标 TV 的分值为 120，则可以判断该要素为（　　）。

A. 维度　B. 最低要求要素　C. 优秀要求要素　D. 无用要素

5.（　　）的设计目的是提供标准化的信息以辨别人们为基本完成和高效完成某类工作至少需要具备哪些品质、特征。

A. 职务分析问卷法　B. 职能工作分析法

C. 工作要素法　D. 临界特质分析系统

三、多选题

1．以下工作分析方法属于人员导向型分析方法的是（　　）。

A．职务分析问卷法　　B．管理人员职务描述问卷法
C．职能工作分析方法　　D．工作要素法
E．临界特质分析系统

2．职务分析问卷法的分析结果可以应用到人力资源管理的很多领域，如（　　）。

A．工作描述　　B．工作评价
C．人员录用　　D．甄选及晋升
E．职业生涯规划

3．管理人员职务描述问卷法在信息分析板块中提供了三种用途的工作分析要素体系，分别是（　　）。

A．管理工作因子　　B．管理绩效因子
C．管理计划因子　　D．管理评价因子
E．管理理论因子

4．职能工作分析方法将技能划分为三种，分别是（　　）。

A．通用技能　　B．沟通技能
C．特定工作技能　　D．适应性技能
E．应用计算机的技能

5．工作要素表中评估区的指标主要有（　　）。

A．最低要求要素　　B．优秀员工要求要素
C．评估问题或麻烦出现可能性的要素　　D．评估要素在实际中的可行性
E．表明某一要素对该类工作的求职者的区分价值

四、简答题

1．主要的工作分析方法有哪些？其含义和特征分别是什么？
2．管理人员职务描述问卷法作为一种工作分析方法，其主要成果有哪些？
3．简述职能工作分析方法的具体操作过程。
4．工作要素法的主要指标及其含义是什么？
5．任务清单分析系统的主要内容是什么？

第5章 工作分析成果及其编制过程

引导案例

人力资源部总监工作说明书的编制

某医药科技股份有限公司的前身为某研究所附属实验药厂，后注册成立北京某制药厂。该制药厂联合五家企业共同发起设立北京某医药科技股份有限公司。公司设有“人力资源部、资金财务部、市场营销部、生产管理部、技术质量部”五个部门。员工队伍500余人，大专以上学历者占60%，专业结构以医学、药学为主，兼有市场营销、企业管理、财务管理等专业。中层以上管理人员中大学本科以上学历的占94.4%。

目前，公司人力资源总监的工作过于烦琐，面临基层工作无法在基层人力资源工作人员那里得到落实、不同层次人力资源管理者的工作权责不明确等问题。人力资源总监常常困在基础的人力资源管理事务中，“刚刚从生产部做绩效考核回来，明天还要负责将考核结果汇总报给财务部……”；而处在基层的人力资源专员却抱怨说“上级布置的绩效指标考核实施起来太困难，我们公司人力资源管理的绩效考核指标应该彻底改革一下……”。

该公司的人力资源总监本应制定公司的人力资源管理战略，为公司的整体发展和业务领域的发展提供人力资源支持，却被困在基本的人力资源绩效考核事务中；反之，人力资源专员作为一线管理人员，不但不落实上级的工作部署，还一味抱怨工作难以开展。如此一来，人力资源总监被人力资源专员“反授权”，基础工作无法落实，难以脱身去规划公司总体人力资源管理战略。

思考：人力资源部总监的工作说明书应如何编制？

资料来源：https://wenku.baidu.com/view/fbbdeea86529647d272852dd.html

学习目标

- 重点掌握各种工作分析结果之间的关系。
- 一般掌握各种工作分析结果的内容。
- 了解工作分析结果的编制方法。

学习导航

工作分析的成果主要有三种，即工作描述、工作规范和工作说明书。工作描述主要阐述工作是做什么的；工作规范侧重于这个工作对任职者有哪些要求；工作说明书是对工作描述与工作规范的进一步整合。本章学习导航如图 5-1 所示。

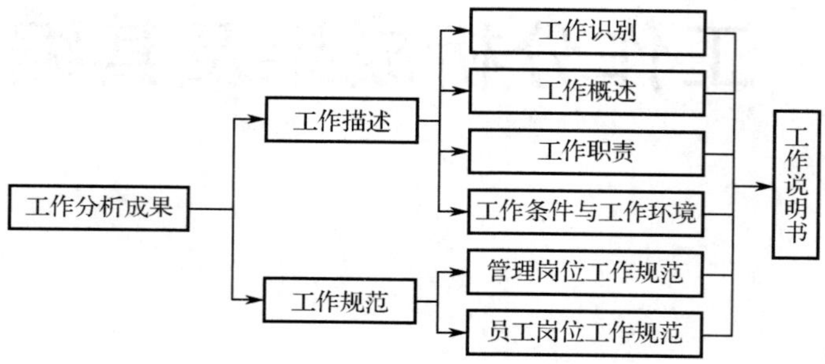

图 5-1　本章学习导航

5.1　工作描述

5.1.1　工作描述的主要内容

工作描述是关于一种工作中所包含的任务、职权及责任的一份目录清单。任务、职权和责任是可以被观察到的活动，工作描述是工作分析的直接成果形式。工作描述的显著特征在于，它以一种概括而简明的形式向人们提供了关于工作是什么（What）、为什么做（Why）、怎样做（How）及在哪里做（Where）的相关信息。它的主要功能是让员工了解工作概要，建立工作程序与工作标准，阐明工作任务、责任与职权，有助于员工的招聘、考核和培训等。工作描述通常包括如下内容。

1. 工作识别

工作识别又称工作标识或工作认定。这部分内容的目的在于获得企事业单位的工作识别标志。工作识别包括以下几方面内容。

（1）工作名称。由一组在重要职责上相同的岗位组成。好的工作名称往往很接近工作内容的性质，并能把一项工作与其他工作区别开来（如财务科长、质量监督员等）。因此，在确定职务的工作名称时，要注意以下几点。

1）工作名称的重要性反映在心理作用上，并暗示员工有一定的地位。例如，“环卫工程师”比“垃圾收集者”就好听多了，所以确定工作名称要讲究艺术。

2）工作名称应该较准确地反映其主要工作职责。例如，“肉品检验员”的名称明确指明了这些工作的职责本质。

3）工作名称应该指明任职者在组织等级制度下的相关等级。例如，“初级会计师”就比“高级会计师”等级低。

（2）工作身份。工作身份又称工作地位，一般在工作名称之后。包括：

1）所属的工作部门。

2）直接上级岗位。

3）工资等级，指在组织中存在工作等级分类的情况下，该工作处于哪一等级。例如，一家公司将秘书分为一级秘书、二级秘书等。

4）工资水平。

5）所辖人数。

6）定员人数，指该职务的人员编制。

7）工作地点，指工作在实际中被放置的物理位置。

8）工作时间。

（3）工作编号。工作编号又称岗位编号或工作代码。一般按工作分析与评估的结果对工作进行编码，目的在于快速查找所有工作。组织中的每一种工作都应当有一个代码。

（4）工作关系。任职者与组织内外其他人之间的情况。包括该项工作受谁监督，此工作监督谁，此工作可晋升的岗位、可转换的岗位及可迁移至此的岗位，与哪些部门岗位发生联系等。

工作识别表达出工作的重要特征和地位，为后续的岗位分类提供依据。

2．工作概述

工作概述又称职务摘要，是指用简练的语言文字阐述工作的总体性质、工作的中心任务及要达到的工作目标。例如，人力资源部经理的工作概述为“制定、执行与人力资源活动相关的各方面的政策和措施”。这部分内容是工作分析中已形成传统的保留项目，紧随识别项目。

3．工作职责

工作职责又称工作任务，是工作描述的主体。工作职责逐条指明工作的主要职责、工作任务、工作权限，即工作人员行为的界限等。为使效率最大化，工作职责应该在时间和重要性方面进行优化，指出每项职责的分量或价值。具体来说，工作职责包括以下几点。

（1）工作活动内容。逐项说明工作活动内容与工作时间的百分比，按重要性逐项列出工作任务，并说明各项活动内容的执行依据。

（2）工作权限。界定工作人员在工作活动内容上的权限范围，包括决策的权限、对他人实施监督的权限及经费预算的权限等。

（3）工作结果。工作结果又称工作的绩效标准。说明工作人员执行工作所产生的结果，能定量化为好。例如，工作任务是完成每日生产计划，其结果（期望的目标）是，生产群体每个工作日所生产的产品不低于 576 个单位；每周延时完成工作的时间平均不得超过 3%等。

工作职责是工作描述的强制性部分。

4．工作条件与工作环境

工作条件主要涉及两项：一是任职者主要运用的设备名称，二是任职者运用信息资料的形式。

工作环境更多指工作所处的物理环境。例如，工作可能在户外进行（如建筑工地），可能在低温中进行（如冰库中）等。具体来说，工作环境包括工作场所、工作环境的危险性、职业病、工作的时间、工作的均衡性、工作环境的舒适程度。

工作环境由工作的物理环境、心理环境、情感环境、安全状况、职业危害性等内容构成。它描述了工作的外部环境特征。

表 5-1 说明了可以包括在工作描述中的各种项目。

表 5-1　工作描述的内容

项　目	具 体 内 容
工作识别项目	名称、身份、编码、工作关系等
工作概述	简明、全面地对工作的任务和目的及工作结果形式的描述
工作职责	指明工作的主要职责、工作任务、工作权限，即工作人员行为的界限等
手段	机器、工具、装备、工作辅助设施
材料	原料、半成品、物资、资料、其他用于工作的材料
技术和方法	把原料输入变为产出的专门方法
指导方针和控制任务或行为	对产出的数量和质量、技术和方法、行为和工艺流程的管理模式和规定。 对所做工作的描述，包括工作人员与资料、人力、物力及完成工作应遵循的指导方针之间的相互影响
环境条件	工作的物理环境、心理环境、情感环境、安全状况、职业危害性等内容
补充信息	以上未提及，但对操作化目标制定是必需而有用的细节术语的解释

5.1.2　工作描述编制的格式规范

编制工作描述是一项非常重要的人力资源基础管理工作。下面以问卷调查法为例进行工作描述编制的介绍。一般而言，工作描述的编制分为四个步骤，如图 5-2 所示。

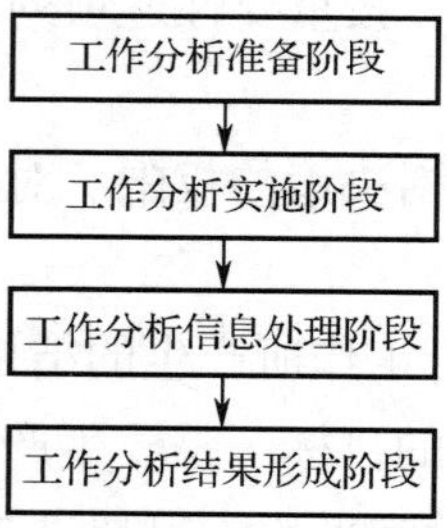

图 5-2　工作描述编制的步骤

1．工作分析准备阶段

在这个阶段，项目分析小组要制订详细的工作计划、工作描述填写说明、工作描述模板（见表 5-2）和工作分析培训课件。详细的工作计划中要明确项目目的、范围、时间期限、问卷发放时间、问卷回收时间、相关联系人、工作分析的启动会等事项。

工作描述填写说明与工作描述模板需要在工作分析启动会上发给工作分析启动会的参会人员。工作分析启动会的主要议题是工作分析项目的简要介绍、工作分析项目组工作计划介绍、工作分析培训及问卷填写培训等。

表 5-2　工作描述模板

岗位名称：
所在部门/科室/组别：
直属上级主管岗位名称：
直属下级岗位名称：
岗位设置目的：（用简要的语言说明此岗位为什么需要存在）
主要岗位职责：（用陈述句说明一项有明确结果或产出的工作及岗位所负的责任） 请以职责重要性为序进行说明，并标明每项职责所占工作时间的比重。 1.（　%） 2.（　%） 3.（　%） 4.（　%） 5.（　%） 6.（　%） 7.（　%） 8.（　%）

2．工作分析实施阶段

在实施阶段召开工作分析项目启动会和开展培训活动，按计划推进项目，解答项目中各岗位人员的疑问。项目分析小组在实施阶段可以采用其他工作分析方法（如观察法、访谈分析法等），进一步对项目范围内的岗位进行分析。项目分析小组还可以对收集来的企事业单位的文献、规章制度、操作规范等文件进行阅读、整理与分析。

3．工作分析信息处理阶段

工作描述调查问卷回收后，项目分析小组对调查问卷中的信息进行分析、整理，并结合其他工作分析方法获得的信息做进一步整合。

4．工作分析结果形成阶段

编制各岗位的工作描述，规范工作描述用词，从企事业单位整体角度编制工作职责，明晰各工作职责，避免出现工作职责的空缺。

5.1.3 工作描述编制范例

实验实践 1 销售经理的工作描述

岗位名称：销售部经理

岗位代号：1137－118

别名：销售部主任、销售部总管、销售部总监

（1）工作活动和工作程序。通过对下级的管理和监督，实施企业的销售计划，并进行组织、指导和控制；指导销售部的各种活动；就全面的销售事务向上级管理部门做出报告；根据上级对销售区域、销售渠道、销售定额、销售目标的批准认可，协调销售分配功能；对推销员销售区域进行分派；评估销售业务报告；批准各种有助于销售的计划，如培训计划、促销计划等。进行市场分析，以确定顾客需求、潜在的消费量、价格一览表、折扣率，开展竞争活动，以实现企业目标；亲自与大客户保持联系；可与其他管理部门合作，建议和批准用于研究和开发工作的预算支出和拨款；可与广告公司就制作广告事宜进行谈判，并在广告发布之前对广告素材予以认可；可根据销售需要在本部门内成立相应的销售群体；可根据有关规定建议或实施本部门员工的奖惩；可以调用小汽车 2 辆、送货车 10 辆、摩托车 10 辆。

（2）工作条件和自然环境。75%以上时间在室内工作，一般不受气候影响，但可能受气温影响。温度适中，无严重噪声，无个人生命危险，无有毒气体。有外出要求，一年有 10%～20%的工作日出差在外。工作地点为本市。

（3）社会环境。有一名副手，销售部工作人员有 25～30 人，直接上级是销售副总经理。需要经常交往的部门是生产部、财务部。可以参加企业家俱乐部、员工乐园等各项活动。

（4）聘用条件。每周工作 40 小时，固定假日放假；基本工资每月 2000 元，职务津贴每月 500 元，每年完成全年销售指标奖金 5 000 元，超额完成部分以销售额的 0.1%提取奖金；本岗位是企业中层岗位，可晋升为销售副总经理或分厂总经理。每年 4～10 月为忙季，其他时间为闲季；每三年有一次出国进修机会；每五年有一次为期一个月的公休假期，可报销 15 000 元的旅游费用；公司免费提供市区两室一厅（85 平方米以上）住宅一套。

实验实践 2 卷烟企业厂长工作描述

岗位名称	总厂厂长
所在部门	卷烟总厂
直接上级	省中烟公司
直接下级	副厂级领导

本职工作概述：

领导全厂职工贯彻执行党和国家的路线、方针、政策；落实国家烟草专卖局和中烟公

司的工作部署；在授权范围内，对企业生产经营中的重大问题做出决策；根据企业内外环境和自身优劣势，主持制定和实施全厂发展战略；组织指挥企业各部门围绕企业总体目标开展生产经营活动，确保国有资产保值、增值。

<table>
<tr><td rowspan="6">职责一</td><td colspan="3">职责内容：</td></tr>
<tr><td colspan="3">职责表述：领导本厂贯彻执行党和国家的方针、政策，遵守国家的法律、法规，执行上级机关的决定和厂党委的决议
该项工作占所有工作的比重：30%</td></tr>
<tr><td rowspan="2">工作内容</td><td colspan="2">1．负责在企业内部贯彻执行党和国家的方针、政策和法律、法规</td></tr>
<tr><td colspan="2">2．执行上级主管机关的决定和厂党委的决议</td></tr>
<tr><td rowspan="2">工作联系</td><td>关联单位</td><td>1．中烟公司 2．国家烟草专卖局　3．许昌市政府</td></tr>
<tr><td>发生频率</td><td>经常☑有时□偶尔□；经常☑有时□偶尔□；经常☑有时□偶尔□</td></tr>
<tr><td rowspan="7">职责二</td><td colspan="3">职责内容：</td></tr>
<tr><td colspan="3">职责表述：负责企业的发展战略、经营方针等重大问题的审定或决策
该项工作占所有工作的比重：20%</td></tr>
<tr><td rowspan="3">工作内容</td><td colspan="2">1．负责企业发展战略规划的制定和审定工作</td></tr>
<tr><td colspan="2">2．企业生产经营活动中重大方案的组织、审定、决策和实施</td></tr>
<tr><td colspan="2">3．负责企业重大事项的审批</td></tr>
<tr><td rowspan="2">工作联系</td><td>关联单位</td><td>1．中烟公司 2．相关部门　　　3．</td></tr>
<tr><td>发生频率</td><td>经常☑有时□偶尔□；经常☑有时□偶尔□；经常□有时□偶尔□</td></tr>
<tr><td rowspan="8">职责三</td><td colspan="3">职责内容：</td></tr>
<tr><td colspan="3">职责表述：组织、指挥企业各部门围绕企业总体目标开展生产经营活动
该项工作占所有工作的比重：10 %</td></tr>
<tr><td rowspan="4">工作内容</td><td colspan="2">1．按行业计划和市场需求组织卷烟的技术研发和生产制造</td></tr>
<tr><td colspan="2">2．深化企业内部改革，大力推进品牌和营销网络建设</td></tr>
<tr><td colspan="2">3．根据上级的要求和本厂的实际情况，进行人、财、物等资源的合理调配和控制</td></tr>
<tr><td colspan="2">4．组织企业物质文明建设、精神文明建设和政治文明建设</td></tr>
<tr><td rowspan="2">工作联系</td><td>关联单位</td><td>1．相关部门 2．　　　　3．</td></tr>
<tr><td>发生频率</td><td>经常☑有时□偶尔□；经常□有时□偶尔□；经常□有时□偶尔□</td></tr>
<tr><td rowspan="4">职责四</td><td colspan="3">职责内容：</td></tr>
<tr><td colspan="3">职责表述：建立健全企业各项标准和规章制度并负责组织落实，提高企业的规范管理水平
该项工作占所有工作的比重：10%</td></tr>
<tr><td rowspan="2">工作内容</td><td colspan="2">1．组织建立健全企业有关产品质量、安全生产、标准计量及财务、物资、设备、工艺、人力资源等方面的规章制度</td></tr>
<tr><td colspan="2">2．组织规范和优化企业各项主要工作流程</td></tr>
</table>

续表

<table>
<tr><td rowspan="3">职责四</td><td>工作内容</td><td colspan="4">3．监督检查企业各项规章制度和工作流程的执行情况，针对存在的重大问题提出改进措施</td></tr>
<tr><td rowspan="2">工作联系</td><td>关联单位</td><td>1．相关部门</td><td>2．</td><td>3．</td></tr>
<tr><td>发生频率</td><td colspan="3">经常☑有时□偶尔□；经常□有时□偶尔□；经常□有时□偶尔□</td></tr>
<tr><td rowspan="6">职责五</td><td colspan="5">职责内容：</td></tr>
<tr><td colspan="5">职责表述：深化企业改革，增强企业活力
该项工作占所有工作的比重：10%</td></tr>
<tr><td rowspan="2">工作内容</td><td colspan="4">1．推进企业内部三项制度改革，提高干部、职工的工作积极性</td></tr>
<tr><td colspan="4">2．在授权范围内，有计划、有步骤、有针对性地推进和深化企业经营管理体制改革，增强企业的活力</td></tr>
<tr><td rowspan="2">工作联系</td><td>关联单位</td><td>1．相关部门</td><td>2．</td><td>3．</td></tr>
<tr><td>发生频率</td><td colspan="3">经常☑有时□偶尔□；经常□有时□偶尔□；经常□有时□偶尔□</td></tr>
<tr><td rowspan="7">职责六</td><td colspan="5">职责内容：</td></tr>
<tr><td colspan="5">职责表述：召开厂务会议，就企业重大问题定期向职工代表大会提交工作报告，组织、贯彻、实施会议决议
该项工作占所有工作的比重：10%</td></tr>
<tr><td rowspan="3">工作内容</td><td colspan="4">1．召开厂务会议，分析研究企业的重大经营管理问题，并进行决策</td></tr>
<tr><td colspan="4">2．就企业重大问题定期向职工代表大会提交工作报告，向职工代表大会提交年度工作报告</td></tr>
<tr><td colspan="4">3．组织贯彻落实职工代表大会决议，及时处理职工代表大会提出的重大问题</td></tr>
<tr><td rowspan="2">工作联系</td><td>关联单位</td><td>1．相关部门</td><td>2．工会、职代会</td><td>3．</td></tr>
<tr><td>发生频率</td><td colspan="3">经常☑有时□偶尔□；经常☑有时□偶尔□；经常□有时□偶尔□</td></tr>
<tr><td rowspan="8">职责七</td><td colspan="5">职责内容：</td></tr>
<tr><td colspan="5">职责表述：负责下属人员和后备人才的培养
该项工作占所有工作的比重：10%</td></tr>
<tr><td rowspan="4">工作内容</td><td colspan="4">1．对下属人员进行业务指导和培训</td></tr>
<tr><td colspan="4">2．为下属人员工作的开展提供资源支持</td></tr>
<tr><td colspan="4">3．加强对下属人员的过程监督和考核，并及时进行面谈反馈</td></tr>
<tr><td colspan="4">4．加强对后备人才的培养</td></tr>
<tr><td rowspan="2">工作联系</td><td>关联单位</td><td>1．</td><td>2．</td><td>3．</td></tr>
<tr><td>发生频率</td><td colspan="3">经常□有时□偶尔□；经常□有时□偶尔□；经常□有时□偶尔□</td></tr>
</table>

5.2　工作规范

5.2.1　工作规范的主要内容

工作规范，又称岗位规范或任职资格，是指任职者要胜任该项工作必须具备的资格与条件。它说明了从事某项工作在教育程度、工作经验、知识、技能、能力、兴趣、体能和个性特征等方面的最低要求，是衡量职工是否具备上岗任职资格的依据。

工作规范通常包括以下内容。

（1）岗位名称。

（2）岗位编号。可按岗位评价与分级的结果对岗位进行编码，以便查找。

（3）职业道德。岗位应遵守的职业道德。

（4）知识要求。胜任本岗位工作应具有的知识结构和知识水平。

（5）能力要求。胜任本岗位工作应具有的主观条件。

（6）身体条件。胜任本岗位工作应具备的身体素质。

按照岗位的不同，工作规范所包括的内容也有所不同。

1．一般的人员任职条件

工作规范的本质是分析任职者应具备的个体条件，这些条件主要包括身体素质、心理素质、知识经验和职业品德等方面的条件。

（1）身体素质。包括身高、体重、力量大小、耐力及身体健康状况等。

（2）心理素质。包括视觉、听觉等各种感、知觉能力，如辨别颜色、明暗等的能力，辨别声音、音调等的能力，辨别气味的能力等；记忆、思维、语言、操作活动能力及应变能力；以及兴趣、爱好、性格类型等个性特点。

（3）知识、经验。包括一般文化修养、专业知识水平、实际工作技能和经验等。

（4）职业品德。任职人员除了必须遵纪守法和具有一般公德外，还要具有职业所需要的职业品德（或职业伦理）。例如，教师要热爱学生、教书育人；财物保管人员要公私分明，非己之物分毫不沾等。

2．管理岗位工作规范内容

（1）知识要求。胜任本岗位工作应具有的知识结构和知识水平，一般包括如下内容。

1）最低学历。

2）专门知识。胜任本岗位工作所具有的专业基础知识与实际工作经验。

3）政策法规知识。指具备的政策、法律、规章或条例方面的知识。

4）管理知识。应具有的管理科学知识或业务管理知识。

5）外语水平。因专业、技术或业务的工作需要，对一种或两种外语应掌握的程度。

6）相关知识。本岗位主体专业知识以外的其他知识。

知识要求可采用精通、通晓、掌握、具有、懂得、了解六级表示法来进行评定。

（2）能力要求。能胜任本岗位工作应具有的素质条件，一般包括如下内容。

1）理解判断能力。对有关方针、政策、文件指令、科学理论、目标任务的认识与领会程度，对本岗位工作中各种抽象或具体问题的分析、综合与判断方面应具备的能力。

2）组织协调能力。组织本部门人员开展工作及与有关部门人员协同工作的能力。

3）决策能力。从系统的整体出发，对方向性、全局性的重大问题进行决断的能力。

4）开拓能力。对某一学科、业务或工作领域进行研究、开发、创新、改革的能力。

5）社会活动能力。为开展工作在社会交往、人际关系方面应具有的活动能力。

6）语言文字能力。在撰写论著、文章，起草文件、报告，编写计划、情况说明、业务记录，讲学，演说，宣传方面，应具有的文字和口头语言表达能力。

7）业务实施能力。在具体贯彻执行计划任务的过程中，处理工作业务、解决实际问题的能力。

（3）经历要求。胜任本岗位工作一般应具有的工作年限，包括从事低一级岗位的经历，以及从事过与之相关岗位的工作经历。

3．员工岗位工作规范内容

（1）应知。胜任本岗位工作所具备的专业理论知识。例如，所使用机器设备的工作原理、性能、构造、加工材料的特点和技术操作规程等。

（2）应会。胜任本岗位工作所应具备的技术能力。例如，使用、调整某设备的技能，使用某种工具、仪器、仪表的能力等。

（3）工作实例。根据“应知”“应会”的要求，列出本岗位的典型工作项目，以便判定工人的实际工作经验，以及应知应会的程度。

5.2.2 工作规范编制的格式规范

工作规范的编制一般应具备岗位基本信息、岗位任职条件或要求等要素。在具体操作过程中，可根据行业情况、企事业实际情况和侧重点适当增加内容。

在工作分析过程中，可以采用多种方法进行工作规范信息的收集。在实际操作中，工作规范信息的收集与工作描述的信息收集是基本同步的。一份完整的工作分析调查问卷是可以收集工作描述与工作规范两方面的信息的。所以，工作规范的编制其实是工作分析的另一种成果。

编制工作规范时要注意：一套完整的工作规范应有统一的用语风格；不同部门的相同岗位应有相同的任职条件；任职条件应与岗位的胜任情况相吻合，既不要过高，以至于符合要求的人才较少，也不要过低，以至于不能支持组织长远发展及核心竞争力的形成。

5.2.3　工作规范编制范例

实验实践 1　中级文书工作规范

岗位编号：140020

岗位名称：中级文书　职系：（略）

相似岗位：部门主管秘书　职级：（略）

低一级岗位：140010 初级文书　　　职等：（略）

高一级岗位：140030 高级文书

一、职责总述

在直接主管的指导监督之下完成文书工作。本岗位工作较为复杂，如汇总各种资料；准备各类数据资料，并编辑、汇总、分类；草拟各种报告、请示、文件、通知、公告、工作总结；速记会议发言等。中级文书对完成这些工作负有很重要的责任。

二、工作时间

一般在制度工作时间内完成，无须加班加点。

三、岗位评价

基本训练：（略）。工作环境：（略）。熟练程度：（略）。

工作责任：（略）。智力条件：（略）。教育程度：（略）。

体力条件：（略）。其他：（略）。

本岗位评价结果：（略）。

四、资格条件

（1）学历：最低应高中毕业，中专毕业更为理想。

（2）经历：至少有担任低一级岗位三年以上工作经验。

（3）熟练：要有较好的工作熟练程度，如差错率在 3‰以下，每分钟打字至少 100 字，130 字以上最为理想。

五、考核项目

（1）校对稿件：每分钟至少校对 50 字（最佳为 80 字）。

（2）打字：每分钟至少 100 字，差错率在 3‰以下，130 字以上最为理想。

（3）速记：使用速录机每分钟至少速录 160 字，180 字更为理想。

（4）专门知识：《秘书学》《速记方法》《公文写作》等。

（5）写作能力：行文格式规范，语言通顺简洁，内容充实，结构严谨。

（6）心理测验：考察情绪稳定性、接收外界信号的灵敏性、机警性。

六、本岗位后备来源

（1）初级文书（企业现任）。

（2）担任过此类工作而正在自学深造的人员。

（3）从专业学校招收。

（4）从社会上招聘符合条件的人员。

七、身体条件（略）

残疾人担任本岗位工作的可能性：如跛足但具备上述各种资格条件的人也可聘用。

八、性别与年龄要求

男女均可，一般应在 30 岁以下。

九、工作条件

在环境较为舒适的办公室内完成工作任务。

十、其他补充事项（略）

实验实践 2　招聘专员工作规范

岗位名称：招聘专员　　所属部门：人力资源部　　直接上级：人力资源部经理

岗位代码：XL-HR-021　　岗位等级：四级六等　　直接下级：招聘助理员

定员标准：1 人

一、知识和技能要求

（1）学历要求：具有大学本科以上人力资源管理专业的学历。

（2）工作经验：5 年以上大型企业劳动人力资源管理的工作经验。

（3）专业背景：3 年以上人力资源招聘工作经验。

（4）计算机：熟悉各种办公软件、管理人才专用数据库。

（5）外文要求：国家英语四级以上水平。

二、能力要求

（1）语言表达能力：能够准确、清晰、生动地向应聘者介绍企业情况，并准确、巧妙地解答应聘者提出的各种问题。

（2）文字表达能力：能够准确、快速地将想法用文字表达出来，对文字描述很敏感。

（3）工作认真细心，能认真保管好各类招聘相关材料。

（4）具有较强的洞察能力，掌握甄别选拔人才的技术、技巧。

（5）具有较强的亲和力，能网罗公司所需要的各类人才。

（6）有较好的公关能力，能准确地把握同行业的招聘情况。

三、身体要求

（1）年龄要求：24～35 岁。

（2）性别：不限。

（3）身高要求：女性 155cm 以上，男性 165cm 以上。

（4）听力：良好。

（5）视力：矫治后正常。

（6）身体状况：无残疾、无传染病。

（7）外貌：无畸形，出众更佳。

（8）声音：普通话发音标准，语音和语速正常。

四、其他要求

（1）能随时加班加点，可到外地连续出差两周以上。

（2）不可请一个月以上的假期。

5.3 工作说明书

5.3.1 工作说明书的主要内容

工作说明书是指对企业各类岗位的工作性质、任务、责任、权限、工作内容和方法、工作环境和工作条件，以及本岗位人员资格条件等所做的统一要求。它具有明确工作职责与权限、工作目标、工作特点、任职人员资格等作用，并能为工作评价、人员招聘、绩效管理、培训与开发、薪酬管理等提供依据。

工作说明书主要包括以下内容。

1．基本资料

岗位基本资料主要包括岗位名称、岗位等级（岗位评价的结果）、岗位编码、定员标准、直接上下级和分析日期等方面的识别信息。

2．岗位职责

职责是岗位的职务、任务与责任的统一，在工作说明书中岗位职责包含三部分内容。

（1）职责概述。用精练的语言高度概括本岗位所应承担的责任。

（2）职责范围。对本岗位各项工作任务逐一进行具体的描述。

（3）其他工作。在规定职责范围之外，完成上级主管部门直接领导交办的其他临时性工作。

3．监督与岗位关系

本部分包含两个方面的内容，即说明本岗位与其他岗位在横向与纵向上的关系。

（1）岗位的纵向关系。工作说明书中必须清楚地指出本岗位所施的和所受的监督，即明确本岗位直接指导、监督谁，本岗位又直接接受谁的指导、监督。

（2）岗位的横向关系。与其他岗位之间的横向关系，包括与企业内部各相关岗位之间，与企业外部相关岗位之间的关系。

通过对本岗位横向与纵向关系的分析，可以清楚地表明本岗位在组织分系统中所处的地位和作用。在工作说明书中，采用岗位职务晋升阶梯图，可从纵向清楚地显示本岗位员工的晋升路线。在工作说明书中，说明本岗位与本部门内部和本部门以外相邻相近岗位的关系，以及与企业外部组织机构的上下、左右关系，不但为企业员工的晋升、平移、调动等人力资源管理活动提供了客观依据，还可以反映本岗位工作任务内外联系的复杂与难易程度，为员工培训开发、岗位分析与评价等基础工作的开展提供了必要条件。

4. 工作内容和要求

工作内容是岗位职责的具体化，即对本岗位所要从事的主要工作事项做出的说明。本岗位应该做哪些主要的事、如何去做，应逐条做出说明，表述的内容力求简明扼要，翔实具体，易于操作。工作要求是对每项工作应达到的数量质量标准和时限等所做出的统一规定。本项目的规定也可以作为本岗位员工绩效考评的重要依据之一。

5. 工作权限

为了确保工作的正常开展，必须赋予每个岗位不同的权限，但权限必须与工作责任相协调、相一致。如果权限过大，将会导致滥用权力；如果权限过小，就起不到应有的监督和制约作用。岗位权限的规定，应该体现责任、权限和利益的一致性要求，保证三者之间相互制约、相互协调。

6. 劳动条件和劳动环境

劳动条件是指在一定时空范围内工作地所涉及的各种物质条件。

劳动环境的主要因素有劳动环境有无噪声、粉尘、毒物、振动、辐射等有害因素的污染，环境温度湿度状况，在井下、露天、高处或低温条件下作业情况，工作危险性，劳动安全性等。在工作说明书中本部分内容应依据上述具体情况做出具体说明。

7. 工作时间

工作时间包含工作时间长度的规定和工作轮班制的设计两方面内容。工作时间长度有周标准工时、月标准工时和年标准工时之分。工作时间制度有：标准工作时间制度、非标准工作时间制度和不固定工作时间制度三类制度。从工作时间制度的形式来看，主要有标准计时制、累计计时制和弹性计时制等形式。从 1995 年开始，我国法律规定各类企事业单位员工实行每天 8 小时、每周 40 小时的标准计时工作制，因特殊原因不能实行标准计时工作制的行业或岗位，可实行不定时工作制和综合计算工时工作制，但须经国家劳动部门批准。

常见工作轮班制有单班制、两班制、三班制、四班三运转制、四六班制和四八班制等多种形式。

8. 资历

资历由工作经验和学历条件两方面构成。对员工（上岗前）必须具有一定工作经验要求的岗位，在进行岗位分析时，应当通过实地调查和比较验证，对工作经验的年限做出科学的判断。

岗位工作经验的要求，应当明确本岗位需要什么样的工作经验，以及所需工作经验的时间界限。其时间界限可分为实习期或见习期、一年、三年、五年或七年以上不等。

岗位学历条件的要求，应当根据本岗位工作要求和技术特点做出判断，具体的指标有高中毕业、中专（中技）、专科、本科、硕士、博士、博士后等。

9. 身体条件

结合岗位的性质、任务对员工的身体条件做出规定，包括对体格和体力两方面的具体要求。

（1）体格。包括身高、体重、胸围、腰围、臀围、臂长、腿长等尺寸要求。体格反映了劳动者身体的发育程度和健康状况。

（2）体力。人体活动时各部分肢体所能付出的力量，如推力、拉力、握力、举重、耐力、气力等。

例如，搬运工岗位需要配备身体健康、能够从事较重体力劳动的员工；而办公室的文员岗位，对员工体格、体力和身体健康状况的要求一般，某些残疾人也能胜任该岗位，对身体条件的要求应做出相应的调整。

10. 心理品质要求

心理品质要求是对员工在智力、语言能力、数字能力、空间理解力、形状视觉、书面材料知觉、运动协调能力、手指灵巧、手的技巧、眼手足协调、颜色分辨能力等心理品质方面的要求。同其他项目一样，岗位心理品质及能力等方面的要求，应紧密结合本岗位的性质和特点深入进行分析，并做出具体的规定。

11. 专业知识和技能要求

（1）本岗位员工应当具备的专业知识和职业技能。这是胜任本岗位工作的基本要求。如果达不到这一要求，员工就不具备上岗的资格和条件。

（2）招聘本岗位员工时，需要测试的项目和内容。这是胜任本岗位应具备的综合素质最低限度的要求。它与第一项的区别是，测试的项目和内容应强调本岗位基础性的一般要求。适当减少本岗位具体的特殊性要求，员工在这方面存在的差距，可由上岗前培训或上岗后的继续教育加以弥补。

（3）本岗位员工上岗前应接受的培训项目和内容。员工上岗前的入职培训是为了促进员工全面了解单位情况，弄清业务范围，熟悉各种法律法规和规章制度，认知企业文化，明确企业近期的目标和今后的战略发展方向，尽快融入企业。

（4）本岗位员工上岗后应继续接受教育的项目和内容。上岗后继续教育的项目和内容更深一层，使本岗位员工在全面掌握必备专业知识和技能的基础上，为了谋求企业与员工共同发展，需要不断更新员工的观念，促进员工掌握新知识、新技能，更好地胜任本岗位的工作。

12. 绩效考评

所谓绩效考评，就是从品质、行为和绩效等多个方面对员工进行全面的考核和评价。考评可以采用领导评定、自我评定、同级评定和下级评定等相结合的方式，其评价结果的权重，可根据岗位的具体情况而定。绩效考评的指标体系，可以涉及德、能、勤、绩四个方面。“德”指人的思想素质、职业道德，考核指标有道德修养水平、敬业爱岗程度、忠于职守的表现等；“能”指员工的能力，也就是认识、影响和改变主、客观世界的本领，具体表现在基础能力、特殊（专业）能力和创造能力等层面；“勤”指思考、学习、工作等方面的勤奋精神和程度，评价的指标有员工在工作、学习方面的积极性、主动性和创新性，以及到岗出勤情况（如出勤率、工时利用率等）；“绩”就是工作实际取得的成果，包括完成工作的质量、数量、经济效益和社会效益等，具体指标可结合岗位工作内容和工作要求加以确定。

5.3.2 工作说明书编制的格式规范

工作说明书的编制是经过对该岗位工作的详细、客观和科学的分析后，提炼出来的一份叙述简明扼要的描述书。其中工作任务要明确，使任职者知道要干什么；在每项工作中所负的责任与该项工作目标要明确，以利于绩效考核；岗位规范要科学客观，以有助于人员选聘与组织培训。

工作说明书的编制不是一蹴而就的，有着复杂的程序。在多数组织的实践中，组织若还没有形成相应的工作描述、工作规范的正式文本，那就意味着工作说明书的编制需要从工作分析开始，从各种工作信息的收集工作开始。如果组织已经形成了工作分析的部分结果，如工作描述、工作规范，那么工作说明书的编制会相对更快些。

工作说明书的编制工作量较大，需要多人协作才能完成。为了避免出现语言风格不统一、专业用词不规范等现象，就需要对工作说明书中的主要编制内容进行语言风格的统一和用词的规范。

1. 工作目的（或工作职责）概述的撰写

工作目的概述是对该岗位工作的总括，需要较强的概述语言。

例如，某公司大客户经理的工作目的是最大限度地利用销售资源，增加销售额和扩大市场产品形象，在指定的销售范围区域内和公司政策规定指导下，制定销售策略，观察、监督和领导销售代表完成销售目标，建立市场信息渠道。

在“以何为目的……有何限制……有何做法……”中，工作目的概述用词的具体规范如下。

以何为目的：市场业绩、利润、效率、生产率、质量、服务、期限、安全持续等。

有何限制：法律、价值观、原则、政策、策略、方针、模型、方法、技术、体系等。

有何做法：习惯、程序、条件、模式、规定、常规、指示、规则、准则等。

2. 具体工作职责的撰写

工作职责是描述某个岗位主要负责的工作事项，也就是一个岗位要有多项具体的工作职责。

（1）职责项目内容。每项职责有一个概括，用几个关键字来说明该项工作的主要内容，然后描述怎么做，有什么限制条件及所要达成的结果。各项职责应独立，不可交叉重复。

（2）职责项目数量。一般为 6～8 项，最少不应少于 4 项，对个别工作可酌情增加或减少项目数量。

（3）职责项目排序。按重要程度排序。

（4）各项职责占所有工作的比重。按工作量所占比例填写。每项职责用的时间一般大于所有职责的 5%。未被逐条详细描述的“其他”职责所占用的时间一般不超过该工作完成所有职责工作时间的 10%。

（5）工作内容。对该职责的分解，或者怎样（通过哪些工作、怎么做）完成职责。

撰写公式：行为+行为对象+限制条件+要达到的结果+考核标准。

表 5-3 列举了工作职责撰写中常用的动词规范。

表 5-3　工作职责撰写中的常用动词

项目 部门	管理职责	业务职责
决策区	主持、制定、筹划、指导、监督、协调、委派、考核、交办	审核、审批、批准、签署、核转
管理区	组织、拟订、提交、制定、支派、督促、部署、提出	编制、开展、考察、分析、综合、研究、处理、解决、推广
执行区	策划、设计、提出、参与、协助、代理	编制、收复、整理、调查、统计、记录、维护、遵守、维修、办理、呈报、接待、保管、核算、登记、送达

3．工作说明书主要职权的撰写

在编制工作说明书之前，应对其主要职权进行划分，并对不同的职权进行定义。表 5-4 列举了不同的职权及其定义。

表 5-4　主要职权及其定义

职　权	定　义
建议权	对管理方案（制度）提出建议和意见的权力
提案权	提出或编制管理方案（制度）的权力
审核权	对管理方案（制度）的科学性、可行性进行审议、修订或否定的权力
审批权	批准管理方案（制度）付诸实施的权力
执行权	组织执行管理方案（制度）的权力
考核权	对管理方案（制度）执行结果进行考核的权力
审计权	对管理方案（制度）执行结果的真实性和合规性进行审计的权力

续表

职　权	定　义
监控权	对管理方案（制度）执行过程进行监督和调控的权力
奖惩权	对考核和审计结果按照相关规定对相关责任者进行奖惩的权力
申诉权	对考核结果或者管理决策进行申诉的权力
知情权	对管理方案（制度）相关信息有知情的权力

4．任职资格的撰写

不同组织对相同岗位会有不同的任职资格。组织可根据业务要求确定各岗位的任职资格，并结合人才市场供需情况对任职资格做适当的调高或调低。表 5-5 是有关任职者所需具备的核心能力的表述。

表 5-5　能力参照表

能 力 项 目	定　义
创新能力	提出新想法、新措施和新方法的能力
学习能力	感知变化，及时跟进，不断提高自身的能力
沟通能力	倾听对方谈话，领会对方意图，全面、准确表达自己意见的能力
人际交往能力	建立并维护与别人可信赖的、稳定的、积极的关系的能力
应变能力	察觉细微变化，处事灵活，针对具体情况采取相应对策，适应新情况的能力
解决问题能力	问题发生后，及时找到解决办法并合理解决问题的能力
决策能力	判断、预测、确定决策时机并提出可行方案的能力
计划能力	有效分解目标，制定可行的实施进程，合理预算的能力
组织能力	在权限范围内配置各种资源，明确合理分工，以最小的人力、物力、财力，有效开展工作活动并达成工作目标的能力
领导能力	有效授权、指导并激励别人，使之积极地完成任务的能力
团队协作能力	与别人相互支持，发挥各自优势，保持团队工作任务完成的能力
协调能力	妥善协调各种关系，使各种关系之间保持互动和平衡，合理疏导矛盾，解决纠纷的能力
控制能力	及时发现并解决问题，准确评估工作结果，改善工作程序或行为标准，减少问题事件发生的能力
分析能力	探求本质、判断主次，抓住主要问题的能力
执行能力	依照计划办事，按质、按量及时完成承办任务的能力
客户服务能力	了解客户需求，建立并维持与之的合作关系，提高服务效率的能力
谈判能力	与对方协商时随机应变、运用技巧、施加影响，掌控谈判过程和结果的能力
开拓能力	收集各种信息、在维持现状的情况下开发新资源的能力

5.3.3　工作说明书编制应注意的事项

工作说明书在企业管理活动中的地位极为重要，不但可以帮助任职人员了解其工作，明确其责任范围，还可为管理者的某些重要决策提供参考。工作说明书是人力资源管理的基础性文件。编写时应注意以下几个方面：

（1）简明清晰。在囊括了所有基本工作要素的前提下，工作说明书的文字描述应简明扼要。工作说明书对工作的描述要清楚透彻，任职人员阅读以后，无须询问其他人就可以明白其工作内容、工作程序与工作要求等，应避免使用原则性的评价，难以理解的专业性词语要解释清楚。

（2）具体。在说明工作的种类、复杂程度、任职者须具备的技能、任职者对工作各方面应负责任的程度时，应尽量使用具体的动词，如“分析”“收集”“召集”“计划”“分解”“引导”“运输”“转交”“维持”“监督”及“推荐”等。一般来说，组织中较低岗位的任务最为具体，工作说明书中的描述也最具体。

（3）指明范围。在界定岗位时，要确保指明工作的范围和性质，如用“为本部门”“按照经理的要求”这样的句式来说明。此外，还要把所有重要的工作关系也包括进来。

（4）文件格式统一。可参照典型工作描述编写样本，但形式和用语应符合本组织的习惯，切记不要照搬其他组织的范本。

（5）应充分显示工作的真正差异。各项工作活动，以技术或逻辑顺序排列，或依重要性、所耗费时间多少排列。

（6）对事不对人。无论谁在这个岗位上，所需要做的事情都是一样的。

（7）描述工作不要忽视对绩效期望的描述。工作说明书不仅要让员工通过阅读这份文件确切了解这项工作的内容和责任，还要了解公司希望将这项工作做到什么程度，达到什么样的目标。因此，工作说明书要尽可能写出一种可测量的期望结果；不能量化的，最好用清楚的语言描述出来。

（8）共同参与。为了保证分析工作的严肃性和科学性，工作说明书的编写应由担任该职务的工作人员、上级主管、人力资源专家共同分析协商。只有将各方面的意见考虑在内，制定出来的工作说明书才会为各方面所接受，才能在工作中真正发挥作用。

5.4　工作说明书编制范例

实例 1（描述式）全管公司战略和财务的副总经理的工作说明书

一、岗位名称

全管公司战略和财务的副总经理。

二、职务概念

该副总经理为总经理和各部门经理在重大战略和经营问题上的主要顾问，并管理公司发展战略和财务事宜。

三、职责

1．公司战略

该副总经理将在协调制定公司价值最大化总体战略方面发挥主导作用。

（1）确保制订适当的计划，通过公司目前各项业务为其创造最大价值。

1）不断评估各项计划的价值创造潜力。

2）通过下述工作确保各项计划侧重主要问题：①审核绩效变化的基本设想和理由；②提供价值创造机会的外部参照系数（如对其他所有者的业务价值）。

（2）在重大提议上就总经理和部门主管的意见提供专家看法。

（3）制定财务标准及目标完成情况的监督制度。

（4）协助制定为股东创造额外价值的公司扩展战略。

（5）在与目前业务密切相关的业务上发现市场机会。

（6）评估公司利用机会的能力与资产，就弥补欠缺的能力开发方案提出建议。

（7）就具体提案进行业务和财务评估。

（8）规划并实施贯彻公司战略的重大交易。

2．财务战略

该副总经理有责任制定、建议并实施公司财务总战略，以支持公司执行其经营战略，实现股东价值最大化。

（1）制定关于价值创造资本结构和红利政策的建议。

（2）设计向投资者和金融界转达公司计划要点和绩效的战略。

（3）谈判并实施所有重大财务交易，包括借贷、股票发行和股权重购。

3．预算和管理控制

该副总经理将制定并实行有关程序，确保公司总经理掌握正确信息：

（1）以确定目标，做出决策，监测绩效；

（2）协调编制短期业务预算；

（3）确定每一业务单位为主要绩效尺度；

（4）确保业务单位有充分的管理控制权；

（5）与总经理和各部门主管共同评估业务单位绩效。

4．财务管理

该副总经理将确保有效管理公司的各项财务：

（1）确保履行各项外部申报和规定义务；

（2）建立管理制度，保障公司资产；

（3）确保现金和出纳管理的完整和效率；

（4）履行各项报税和纳税义务；

（5）发现机会，减轻公司税务负担；

（6）与公司的关联银行保持紧密的日常联系；

（7）管理公司的养老金基金；

（8）管理公司的风险管理方案。

四、绩效标准

1．一年之内的绩效标准

（1）制定明确的公司战略，并初步完成实施阶段的工作。

（2）制定明确的财务战略并开始执行。

（3）部门主管和骨干经理在制订其计划和评估有关提案时，从为股东创造价值的角度考虑问题。

（4）财务管理职能得以顺利执行。

（5）证券分析家了解公司战略，并将它看作实力雄厚的经营公司，而不是破产对象。

2．三年之内的绩效标准

（1）公司将为股东提供丰厚的收益。

（2）公司展开若干价值创造扩张行动（很可能通过内部投资）。

（3）证券分析家将公司视为行业中名列前茅的“价值管理者”。

五、主要资源

（1）该副总经理的工作人员包括财务部、计划部和税务部。此外，各业务单位的财务人员在某种程度上对其负责。

（2）该副总经理在人力资源问题上有广泛的斟酌决定权。

六、主要的组织关系

（1）该副总经理的综合职能要求他与公司的其他所有骨干管理人员建立密切的工作关系。

① 总经理：该副总经理将在所有重大问题上向总经理提供建议和分析结果。他将执行总经理的财务政策决定。

② 业务单位主管：该副总经理将与业务单位主管合作，确保计划、报告和管理制度的顺利运转，解决公司与业务单位之间不同优先考虑的矛盾。该副总经理还应在与财务有关的问题上同业务单位主管磋商，并为具体项目提供分析支持。

（2）该副总经理及其工作人员将管理与各主要外部团体的关系。

① 投资者、财政分析家、等级评定机构和金融报刊。

② 金融机构（银行和投资银行）。

③ 外部审计师。

④ 税务机构。

七、该职务的必备能力和要求

1．该副总经理应有经营头脑，并应具有以下特点

（1）通权达变的业务判断能力和出色的分析能力，尤其在重大业务和财务分析方面。

（2）独立思考能力，勇于对总经理和业务经理的想法提出质疑同时保持他们的尊严和自信。

（3）随时准备与金融界人士交往。

（4）领导和协调重大交易谈判的能力。

（5）出色的行政和人力资源管理能力。

2．该副总经理应熟悉的情况

（1）金融市场。

（2）财务和管理会计。

（3）财务业务。

（4）税务。

实例 2（描述式）某机场要客接待室主任工作说明书

第一部分　岗位规格说明

一、基本资料

岗位名称：要客接待室主任　　岗位评价：（略）

岗位编码：160201　　定员标准：1 人

直接上级：要客部经理　　分析日期：

二、岗位职责

1．概述

在要客部经理的领导下，全权负责进出港重要客人及股份公司领导和要客部领导交办的要客在候机楼内的接待工作；贵宾休息室的预订、调配和结算；专包机业务联系。

2．工作职责

（1）要客接待室主任要根据要客部战略目标和经营管理体制，制定本部门的各项规章制度并监督实施。

（2）全权负责进出港要客在候机楼内的接待工作。

（3）协调海关、边防、公安分局、各大航空公司等部门的关系，保证要客顺利进出港，树立要客部最佳服务形象。

（4）负责要客信息的收集整理和报道；贵宾休息室的预订、调配和结算；以及相关的复印、打字、传真和订票等商务工作。

（5）拓展包机及商务飞机的服务领域，协调有关部门确保商务活动的顺利进行。

（6）制订本部门的工作计划、业务学习计划及考核办法，抓好本部门的工作纪律，定期对下属员工的工作进行监督、检查。

（7）全面负责本部门员工的思想政治工作，对党团、工会、女工等党群工作进行指导、监督、检查。

（8）定期向要客部领导汇报本部门工作业务的开展情况，以及员工的思想政治状况，充当上下级之间的桥梁和纽带。

三、其他职责

完成领导交办的其他临时性工作。

四、监督及岗位关系

（一）所受监督和所施监督

1．所受监督

要客接待室主任直接受要客部经理的监督指导。

2．所施监督

对下属的主任助理、商务中心工作人员、接待人员、专包机业务员等进行直接监督指导。

（二）与其他岗位关系

1．内部联系

本岗位与贵宾休息室有业务上的协调和配合关系；与综合办公室有指导和协调关系。

2．外部联系

本岗位与全国各大航空公司、海关、边防、卫生检疫、护卫中心、公安警卫等部门有业务上的合作关系。

（三）本岗位职务晋升阶梯图（见图 5-3）

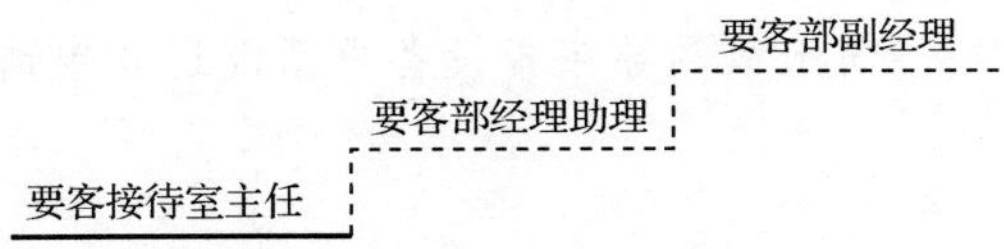

图 5-3　职务晋升阶梯图

（四）本岗位横向平移情况

本岗位可向其他职能部门室主任岗位平移。

五、工作内容及工作要求（见表 5-6）

表 5-6　工作内容及工作要求

工作内容	工作要求
（1）要客接待室主任要根据要客部战略目标和经营管理体制，制定本部门的各项规章制度并监督实施； （2）全权负责进出港要客在候机楼内的接待工作； （3）协调海关、边防、公安分局、各大航空公司等部门的关系，保证要客顺利进出港，树立要客部最佳服务形象； （4）负责要客信息的收集、整理和报道；贵宾休息室的预订、调配和结算，以及相关的复印、打字、传	（1）规章制度的制定应根据本部门工作的实际，切实可行，确保有效实施、监督有力； （2）协助办理要客登接机免检手续和 VIP 证件、贵宾停车场的管理工作，确保要客满意率达 100%； （3）确保与有关部门关系通畅。要客登机准时率达到 100%； （4）信息准确，服务到位，收费合理。差错

续表

工 作 内 容	工 作 要 求
真和订票等商务工作； （5）拓展包机及商务飞机的服务领域，协调有关部门确保商务活动的顺利进行； （6）制订本部门的工作计划、业务学习计划及考核办法，定期对下属员工的工作进行监督、检查； （7）全面负责本部门员工的思想工作，对党团、工会、女工等党群工作进行指导监督； （8）定期向要客部领导汇报本部门工作业务的开展情况，以及员工的思想状况，充当上下级之间的桥梁和纽带	率控制在 0.01%； （5）积极拓展专包机业务，培育新的经济增长点； （6）计划应包含年度计划和中长期规划；业务学习应每月不少于 2 次；对员工考核有据，纪律严明，奖勤罚懒，确保公平、公正； （7）每周组织一次政治学习，确保员工思想稳定； （8）每月应向要客部领导汇报本部门工作两三次，做到上情下达、下情上传

六、岗位权限

（1）对关于要客接待室的业务和行政管理工作有指导和监督权。

（2）有权对下属员工的奖惩提出建议。

（3）有对上级部门提出合理化建议和意见的权力。

（4）根据股份公司的规定，有权对员工的假期的审批提出建议。

（5）有就本部门的规划，向上级领导申报设备更新改造和申请拓展新的经营领域的权力。

七、劳动条件和环境

本岗位属于手工工作，室内坐姿结合室外走动进行，具较轻体力即可，工作环境温、湿度适中，无噪声、粉尘污染，照明条件良好。

八、工作时间

本岗位实行每周 40 小时的标准计时制。

第二部分　员工规格要求

九、资历

（1）工作经验：具有三年以上接待服务的相关工作经验。

（2）学历要求：具有大专以上文化程度。

十、身体条件

本岗位要求身体健康，精力充沛，具有一定的协调力、控制力、调整力和记忆力。

十一、心理品质及能力要求

（1）智力：具有较强的学习能力、理解指令和原理的能力及推理判断能力。

（2）语言能力：口头和书面语言表达流利。

（3）具有一定的组织领导能力、管理能力、计划能力及实施运作能力。

（4）严谨、细心，善于发现微小问题，并能及时做出判断。

（5）具有较强的安全意识和保密意识。

十二、所需知识和专业技能

1．担任本岗位职务应具备的专业知识和技能

（1）掌握服务接待规范或相关专业知识。

（2）具有一定的外语水平，能够运用英语进行简单的听、说、读、写。

（3）具有一定的计算机水平，能够使用计算机办公自动化软件。

（4）具有公关意识，善于把握市场动态和接受先进的管理经验。

（5）具有丰富的社会经验。

2．招聘本岗位员工应考核的内容

（1）政治思想素质和对民航服务行业的热爱程度。

（2）服务规范、安全保密等专业知识。

（3）计算机操作知识。

（4）英语中级水平。

3．上岗前应接受的培训内容

（1）了解要客部的主要职能和责任，熟悉股份公司和要客部现行的各项规章制度。

（2）掌握要客部人员分工情况，了解下属部门业务进展情况。

（3）服务意识、安全意识、保密意识。

4．上岗后应继续教育训练的内容

（1）服务规范、安全保密知识。

（2）公关学、社会学和心理学知识。

十三、绩效管理

从德、能、勤、绩四个方面对员工进行考核，以领导评定为主、自我评定和同级评定为辅进行，其中领导评定占 70%，同级评定占 20%，自我评定占 10%。

（一）本岗位工作需考核的内容

1．德

良好的职业道德修养，敬业爱岗，忠于职守。

2．能

包括业务能力和管理水平。

（1）业务能力：服务行业专业知识和实际运用能力；日常行政管理能力和处理突发事件的能力；公关和协调能力。

（2）管理水平：具有一般的计划、组织、控制、协调和决策能力。

3．勤

出勤率达到 98%。

4．绩

包括以下四项内容：

（1）是否按工作计划和领导的指令圆满地完成工作任务。

（2）是否能够实现计划规定的经济管理目标。

（3）各业务组的工作状况有无改善，工作绩效有无提高。

（4）对整个机场的服务工作的影响程度。

（二）本岗位工作从时间角度考核要求

（1）定期听取本部门人员的工作汇报。

（2）每月向要客部经理提交书面工作报告两到三次。

（3）根据工作进展情况，随时向要客部经理提出合理化意见和建议。

（4）每年年初做出全年工作计划，年末根据工作完成的实际情况向上级做述职报告。

（三）考核结果的分析和反馈

由上级领导对考核结果进行核实及可靠性分析，以保证考核结果的真实性，并将考核结果与同期指标和工作要求相比较，及时将分析结果反馈给本人。

实例 3（表格式）办公室主任工作说明书

一、基本资料

职务名称：办公室主任	直接上级岗位：总经理	所属部门：办公室
工资等级：7	工资水平：680～840 元	分析日期：
辖员人数：4～6 人	定员人数：1 人	工作性质：公务管理
分析人员：	批准人：	

二、工作概要

1．工作摘要

综合管理公司人力资源、行政和总务，协调各部门的关系，对公司经营状况进行常规分析，主持各种计划与规章制度的编制并负责监督实施，同时负有管理、指导和培训本部门职工的责任

2．职务说明（逐项说明工作任务）

编号	工作任务的内容	权限	工作规范号	消耗时间（%）
1	综合处理公司各种文件和资料		01–101	
2	公共关系		01–102	
3	人员招聘与录用		01–201	
4	职工考核		01–203	
5	劳动合同与劳动争议管理		01–204	
6	职工保险与福利管理		01–205	
7	工资管理		01–206	

续表

8	公司发展规划、年度计划的拟订		01-402	
9	公司规章制度的制定、实施、修改		01-401	
10	公司经营状况的常规分析		01-403	
11	财务报表审批			

三、任职资格

所属最低学历	小学毕业、初中毕业、高中毕业		
	职业高中	专业	
	中等专科		
	大学专科		执行管理与企业管理专业
	大学本科		
	其他		
所需技能培训	不需要	熟练期	
	3 个月以下	培训科目	1．秘书学 2．领导科学 3．公共关系学 4．法律及财会知识
	3～6 个月		
	6～12 个月		
	1～2 年		
	2 年以上		

年龄与性别特征。适应年龄：　　　　　　　　　　适应性别：

经验	1．从事秘书工作 2 年 2．从事一般法律事务工作 2 年 3．从事劳资工作 2 年	4．从事总务后勤工作 2 年 5．有 3 年管理者经验

一般能力	项目	激励能力	计划能力	人际关系	协调能力	实施能力	信息管理	公共关系	冲突管理	组织人力资源	指导能力	领导能力				
	需要程度	4	4	4	4	4	3	3	3	3	3	3				
兴趣爱好	项目															
	需要程度															

个性特征	项目	责任心	情绪稳定	支配性
	需要程度	5	4	4

岗位关系	可直接升迁的岗位	副总经理
	可相互转换的岗位	总经理助理
	可升迁至此的岗位	总务管理员、办公室主任助理

续表

四、工作执行

职责	人力资源																	
	指导	监督	考核	培训	工作分析			公司行政	公司总务	人力资源	制度制定	制度实施	经营分析	部门协调	分配制度	信息管理		

技术领域	1．人力资源 2．行政 3．总务 4．经营管理
设备运用	电话、计算器、复印机、计算机
管理领域	1．人力资源行政决策及人力资源制度的制定和实施 2．行政总务管理 3．信息管理 4．协助总经理行使公司管理职权
工作结果	1．建立健全规章制度，并且监督实施效果良好 2．调配人、车以满足公司需要 3．随时掌握并汇报公司经营状况和发展动态 4．进行后勤、行政服务，保证公司业务顺利进行 5．无责任性失误 6．协调各部门关系

五、体能需求

工作姿势		站立 15%　走动 25%　坐 60%
视觉	范围	1　2　3　4　5
	集中程度	小　　大
	说明	0%　60%　100%
精力	紧张程度	1　2　3　4　5 不紧张　　紧张
	发生频率	1　2　3　4　5 低　　高
体力消耗		1　2　3　4　5 小　　大

六、工作场所

工作场所		室内 80%　室外 20%
危险性	危害程度	外出具有危险性
	发生频率	极少
	其他	
	工作姿势	站立 15%　走动 25%　坐 60%

续表

<table>
<tr><td rowspan="2">职业病</td><td>名称</td><td colspan="3">说明</td></tr>
<tr><td></td><td colspan="3"></td></tr>
<tr><td rowspan="2">工作时间</td><td>一般工作时间</td><td colspan="3">1　2　3　4　5
固定　经常　变动</td></tr>
<tr><td>主要工作时间</td><td>白天
晚上
不确定</td><td>备注</td><td>加班时间少</td></tr>
<tr><td colspan="2">工作均衡性</td><td colspan="3">1　2　3　4　5
均衡　不均衡</td></tr>
<tr><td colspan="2">环境</td><td colspan="3">1　2　3　4　5
舒适愉快　极不舒适愉快</td></tr>
</table>

实例 4（表格式）人力资源部部长工作说明书

岗位名称	人力资源部部长	岗位编号	
所在部门	人力资源部	工资等级	
直接上级	行政副总裁	薪酬类型	
直接下级	薪酬考核专员、人力资源专员、培训专员	所辖人数	3

本职工作概述：

在行政副总裁的指导下，负责公司人力资源规划和人力资源管理中的各项事宜，保证公司人力资源的供给和高效利用

<table>
<tr><td rowspan="4">职责一</td><td colspan="3">职责内容：</td></tr>
<tr><td colspan="3">资源编制
依据公司人力规划，组织编制员工总数、工资总额、医疗保险、招聘录用、教育培训等人力资源计划，制定目标和行动措施对策，保证计划的实施，以满足公司人力资源的需求
该项工作占所有工作的比重：30%</td></tr>
<tr><td rowspan="2">工作联系</td><td>关联单位</td><td>1. 公司各部门负责人　2. 人力资源局　3. 社会保险处</td></tr>
<tr><td>发生频率</td><td>经常☑有时□偶尔□；经常☑有时□偶尔□；经常☑有时□偶尔□</td></tr>
<tr><td rowspan="2">职责二</td><td colspan="3">职责内容：</td></tr>
<tr><td colspan="3">体系规范
根据公司发展需要，组织编审公司劳动关系及保险保障制度，组织建立机构设置、人力资源管理、薪酬政策、评价系统、培训体系管理手册，支持服务于职能部门的组织实施，实现人力资源管理系统的规范运作
该项工作占所有工作的比重：20%</td></tr>
</table>

续表

<table>
<tr><td rowspan="2">职责二</td><td rowspan="2">工作
联系</td><td>关联单位</td><td>1．劳动局　　2．相关部门　　3．</td></tr>
<tr><td>发生频率</td><td>经常☑有时□偶尔□；经常☑有时□偶尔□；经常□有时□偶尔□</td></tr>
<tr><td rowspan="4">职责三</td><td colspan="3">职责内容：</td></tr>
<tr><td colspan="3">费用控制
按照公司费用预算，负责审批工资、奖金、津贴、福利、培训等人工成本费用，在预算内有效控制、合理使用，以有限的人工费用，激励、调动员工的积极性，充分发挥人的主观能动性
该项工作占所有工作的比重：10%</td></tr>
<tr><td rowspan="2">工作
联系</td><td>关联单位</td><td>1．相关部门　　2．　　3．</td></tr>
<tr><td>发生频率</td><td>经常☑有时□偶尔□；经常□有时□偶尔□；经常□有时□偶尔□</td></tr>
<tr><td rowspan="7">职责四</td><td colspan="3">职责内容：</td></tr>
<tr><td colspan="3">参与决策
依据总经理的指令，参与公司重大经营决策，提出涉及人力资源的决策建议，并组织制定相应的政策规定和管理措施，以支持公司经营决策的顺利贯彻执行
该项工作占所有工作的比重：10%</td></tr>
<tr><td rowspan="3">工作
内容</td><td colspan="2">1．组织建立健全的有关企业产品质量、安全生产、标准计量及财务、物质、设备、工艺、人力资源等方面的规章制度</td></tr>
<tr><td colspan="2">2．组织规范和优化企业各项主要工作流程</td></tr>
<tr><td colspan="2">3．监督检查企业各项规章制度和工作流程的执行情况，针对存在的重大问题提出改进措施</td></tr>
<tr><td rowspan="2">工作
联系</td><td>关联单位</td><td>1．相关部门　　2．　　3．</td></tr>
<tr><td>发生频率</td><td>经常☑有时□偶尔□；经常□有时□偶尔□；经常□有时□偶尔□</td></tr>
<tr><td rowspan="4">职责五</td><td colspan="3">职责内容：</td></tr>
<tr><td colspan="3">组织协调
根据劳动法规和公司制度，组织建立外部沟通渠道和公共关系，掌握信息，改善管理，运用监督、检查、沟通、协调技能，支持服务于职能部门的员工管理，处理劳动争议，建立和谐的劳资关系，增强团队凝聚力
该项工作占所有工作的比重：10%</td></tr>
<tr><td rowspan="2">工作
联系</td><td>关联单位</td><td>1．相关部门　　2．　　3．</td></tr>
<tr><td>发生频率</td><td>经常☑有时□偶尔□；经常□有时□偶尔□；经常□有时□偶尔□</td></tr>
<tr><td>职责六</td><td colspan="3">职责内容：</td></tr>
</table>

续表

<table>
<tr><td rowspan="3">职责六</td><td colspan="3">岗位管理
审核部门岗位设立、人员配置及岗位说明书管理，保证人力资源合理调配、有效使用，保证公司经营目标的实现
该项工作占所有工作的比重：10%</td></tr>
<tr><td rowspan="2">工作联系</td><td>关联单位</td><td>1．相关部门　2．工会、职代会　3．</td></tr>
<tr><td>发生频率</td><td>经常☑有时□偶尔□；经常☑有时□偶尔□；经常□有时□偶尔□</td></tr>
<tr><td rowspan="4">职责七</td><td colspan="3">职责内容：</td></tr>
<tr><td colspan="3">属员管理
按照人力资源管理与开发的政策和标准，负责所辖机构的设置、人员聘用、业务培训、工作目标的确立与绩效考核，激发员工的积极性和创造性，保证部门工作目标的实现
该项工作占所有工作的比重：10%</td></tr>
<tr><td rowspan="2">工作联系</td><td>关联单位</td><td>1．　2．　3．</td></tr>
<tr><td>发生频率</td><td>经常□有时□偶尔□；经常□有时□偶尔□；经常□有时□偶尔□</td></tr>
<tr><td colspan="4">职责权限</td></tr>
<tr><td colspan="2">1．职责程度</td><td colspan="2">独立负责☑共同负责□协助支持□</td></tr>
<tr><td colspan="2">2．业务权限</td><td colspan="2">完全按指示执行□建议□参与决策□全权决策☑</td></tr>
<tr><td colspan="2">3．财务（部门资金调用）方面</td><td colspan="2">无□建议□分配调动权□初次审判权☑审批权□</td></tr>
<tr><td colspan="2">4．对下属的考核和奖惩（资金分配）</td><td colspan="2">建议□参与决策□全权决策☑</td></tr>
<tr><td colspan="2">5．对下属的任免</td><td colspan="2">建议□参与决策☑决策□审批□</td></tr>
<tr><td colspan="2">6．对下属的工作安排</td><td colspan="2">建议□参与决策□决策☑审批□</td></tr>
<tr><td>所遵规章</td><td colspan="3">国家、行业、企业相关规章制度</td></tr>
<tr><td>所受监督</td><td colspan="3">上级领导</td></tr>
<tr><td colspan="4">任职资格</td></tr>
<tr><td>教育水平</td><td colspan="3">本科以上文化程度</td></tr>
<tr><td>专业</td><td colspan="3">人力资源管理、企业管理等相关专业</td></tr>
<tr><td>技能与职称</td><td colspan="3">中级以上职称，具备较强的领导和决策能力</td></tr>
<tr><td>经验</td><td colspan="3">担任过同级部长职务，从事企业管理工作六年以上</td></tr>
<tr><td>所需培训</td><td colspan="3">企业管理相关培训</td></tr>
<tr><td>性别要求</td><td>1．男□2．女□3．无要求☑</td><td>语言要求</td><td>无</td></tr>
<tr><td colspan="4">其他</td></tr>
<tr><td>使用工具设备</td><td colspan="3">计算机、电话、车辆</td></tr>
<tr><td>工作环境</td><td colspan="3">办公室</td></tr>
<tr><td>出差情况</td><td colspan="3">频繁□经常☑偶尔□从不□</td></tr>
</table>

续表

所需记录文档	
备注	

自测题

一、判断题

1．工作规范是关于一种工作中所包含的任务、职权及责任的一份目录清单。（　　）

2．工作规范指的是工作岗位的任职资格。（　　）

3. 知识要求可采用精通、通晓、掌握、具有、懂得、了解六级表示法来进行评定。（　　）

4. 实际操作中应该先进行工作描述的信息收集，然后进行工作规范信息的收集。（　　）

5．工作规范说明了从事某项工作在教育程度、工作经验、知识、技能、能力、兴趣、体能和个性特征等方面的最理想要求。（　　）

二、单选题

1．工作识别的内容不包括（　　）。

A．工作名称　　B．工作时间　　C．工作编号　　D．工作关系

2．工作描述的主体是（　　）。

A．工作识别　　B．工作概述　　C．工作条件　　D．工作职责

3．（　　）是一项非常重要的人力资源基础管理工作。

A．编制工作描述　　B．编制人力资源规划

C．编制招聘计划　　D．编制工作说明书

4．一般人员的任职资格不包括（　　）。

A．身体素质　　B．心理素质　　C．能力要求　　D．职业品德

5．工作身份是指（　　）。

A．工作编码　　B．工作关系　　C．工作地位　　D．工作名称

三、多选题

1．工作描述包括的内容有（　　）。

A．工作识别　　B．工作概述　　C．工作职责

D．知识要求　　E．工作条件与工作环境

2．工作描述编制的步骤为（　　）。

A．准备阶段　　B．实施阶段　　C．分析阶段

D．信息处理阶段　E．结果形成阶段

3．管理岗位工作规范包括的内容有（　　）。

A．知识要求　　B．身体要求　　C．能力要求

D．职业品德　　E．经历要求

4．工作职责包括的内容有（　　）。

A．工作的均衡性　B．工作活动内容　C．工作场所

D．工作权限　　E．工作结果

5．工作说明书主要包括的内容有（　　）。

A．岗位职责　　B．工作权限　　C．劳动条件和环境

D．心理品质要求　E．绩效考评

四、简答题

1．简述各种工作分析结果之间的关系。

2．简述各种工作分析结果的内容。

3．选择一个你熟悉的工作进行工作分析，编写工作说明书。

五、案例分析题

会计主管杨金鸿十分恼火地对人力资源部主管李林说：“李主管，你发的这份文件要求我在两周之内修改财务部全部 10 项工作的工作说明？”

“对！有问题吗？”李林问。

杨金鸿说：“这是在浪费时间，我还有其他更重要的事要做。它至少要花去我 30 小时的时间。我还有两局的内部审计检查工作未完成，你想让我放下这些去写工作说明，这办不到。我们几年都没有检查这些工作说明了，它们需要做大量的修改。而且当它们被发到员工手里时，我还会听到各种意见。”

“工作说明修改好后怎么还会有各种意见呢？”李林问道。

杨金鸿回答：“这件事情本身就很复杂。让人们注意工作说明的存在，可能会使一些人认为工作说明中未规定的工作就不必去做。而且我敢打赌，如果把我所在部门里的人实际正做的工作写进工作说明中，无形中就强调了一些工作的现实迫切性，同时也就忽视了另一些工作。我现在可承担不起士气低落和工作混乱的后果。”

李林答道：“你的建议是什么呢？领导已命令我两星期内完成这项任务。”

“我一点也不想做这项工作，”杨金鸿说，“而且在审计工作期间绝对不做。难道你不能向上面领导反映一下，让它推迟到下个月吗？”

问题：

1．在修改工作说明以前，李林和杨金鸿忘了做什么？那个步骤为什么重要？

2．评析杨金鸿的这句话：“让人们注意工作说明的存在，可能会使一些人认为工作说明书中未规定的工作就不必去做。”

第 6 章

工作分析成果的应用

引导案例

都是工作说明书惹的祸

“玛丽，我真不知道你需要怎样的机械操作工？”高尔夫机械制造有限公司人力资源部经理约翰·安德森说道，“我已经介绍了四个人给你面试，并且这四个人看上去都大致符合所需岗位说明书的要求，你却将他们全部拒之门外。”

“符合岗位说明书的要求吗？”玛丽颇为惊讶地回答道，“可我所要招的人却是一录用就能够直接做事的人，而你介绍给我的人都不能够胜任实际操作工作，并不是我需要的人。再者，我从来就没看见你说的岗位说明书。”

闻听此言，约翰二话没说就为玛丽拿来岗位说明书的复印件。当他们将岗位说明书与现实所需岗位逐条加以对照时，才发现问题所在：原来这些岗位说明书已经严重脱离实际，也就是说，岗位说明书没有将实际工作中的变动写进去。例如，岗位说明书要求从业人员具备旧式钻探机的工作经验，而实际工作已经采用了数控机床的最新技术。因此，工人们为了更有效率地使用新机器，必须得具备更多的数学知识。

在听完玛丽描述机械操作工作所需的技能及从业人员需要履行的职责后，约翰高兴地说道：“我想我们现在能够起草一份准确描述该项工作的岗位说明书，并且以这份岗位说明书为指导，一定能够找到你所需要的合适人选。我坚信，只要我们的工作更加紧密地配合，之前那种不愉快的事情绝对不会再发生了。”

思考：工作说明书不及时更新，除了员工招聘外，还会对人力资源管理的哪些活动造成不良影响？

学习目标

- 重点掌握工作分析与工作设计、员工招聘的关系。
- 一般掌握工作分析与员工培训、绩效考核的关系。

● 了解工作分析与人力资源规划的关系。

学习导航

完善的人力资源管理制度要做到“才尽其用”，人力资源管理者的任务就是把合适的人放在合适的位置。所以，我们会根据岗位的需求与员工的能力、爱好安排每名员工的岗位，并要求这些员工在自己的位置上完成自己的工作，同时我们也会给予那些出色完成工作的员工适当的奖励和工作设计。所以，工作分析为人力资源的有效管理提供了一种方法，它可以应用到人力资源管理活动的全过程，成为激励所有员工发挥才能和维护权益的工具。本章学习导航如图 6-1 所示。

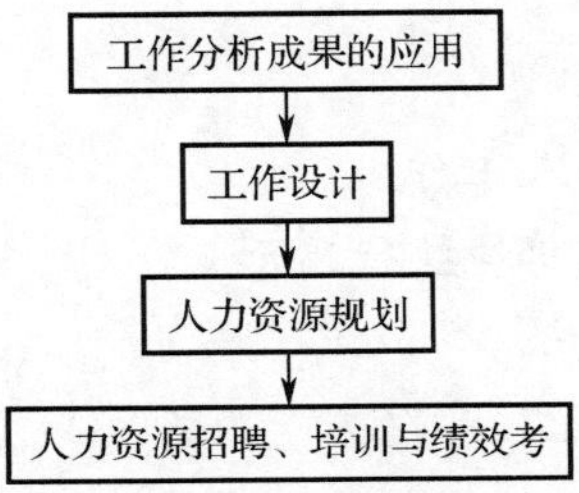

图 6-1　本章学习导航

6.1　工作设计

工作设计是指为了有效地达到组织目标与满足个人需要而进行的工作内容、工作职能和工作关系等方面的设计。也就是说，工作设计是根据组织需要，并兼顾个人的需要，规定每个岗位的任务、责任、权力及组织中与其他岗位关系的过程。工作设计问题主要是组织向其员工分配工作任务和职责的方式问题，工作设计是否得当对激发员工的积极性、增强员工的满意度及提高工作绩效都有重大影响。任何组织的有效运作都离不开构成组织的最小单元——工作的有效设计。工作分析为组织的工作设计提供了岗位信息和任职资格条件，工作设计是在工作分析提供信息的基础上，研究和分析工作如何做以促进组织目标的实现，以及如何使员工在工作中得到满足以调动员工的工作积极性。

6.1.1　工作设计的意义

工作设计对企业人力资源管理活动的改进，提高员工的积极性、责任感和满意度起着重要作用。工作设计直接影响员工的工作表现，特别是不同的工作对员工的激励作用存在实质性差异的情况下，工作设计的意义尤其重大。工作设计的意义突出表现在以下几个方面。

（1）通过工作设计，可以使工作的内容、方法、程序、工作环境、工作关系等与工作者的特性相适应，可以在很大程度上减少无效劳动，提高劳动生产率。

（2）在工作设计中，更多地考虑了人的因素对工作的影响，改变了工作单调重复和不完整的特性，实现工作的多样化，大大减少了工作人员的不良心理反应。

（3）改善了工作人员与自然环境、与机器设备的关系，改善了工作人员之间的关系，特别是工作人员与上级的关系，可以增强其工作中的自主权、责任感及主人翁意识，使其更好地融入组织文化中。

相关链接

企业员工对工作提出的 10 项要求

- 和尊重自己的人一起工作。
- 工作要有趣味性。
- 工作出色能受到表扬。
- 有机会提高自己的技能。
- 为那些能倾听自己意见的人工作。
- 有独立思考的机会，而不单纯执行指示。
- 能看到自己工作的最后成果。
- 能为有水平的经理工作。
- 不希望干太容易的活儿。
- 对所发生的情况感到十分了解。

糟糕的工作设计并不会总是导致危及身体甚至生命安全的后果，但是，在利润不断下降且全球竞争越来越激烈的情况下，企业如果不能不断地对产品和工作过程进行改进，后果将不堪设想。工作设计可以使企业的人力资源、资本资源和技术资源得到充分利用，从而使企业保持竞争优势。

6.1.2　工作设计的条件和内容

1. 工作设计的条件

从组织发展的角度，当下述状态出现时，要求组织进行工作设计。

（1）原有的工作规范已不适应组织目标、任务和体制的需要。

（2）现有的人力资源在一定时期内难以满足工作规范的要求。

（3）员工的精神需求与按组织效率原则拟订的工作规范发生冲突，影响了员工的积极性。

2. 工作设计的内容

当某一组织具备工作设计的条件时，其工作设计的主要内容包括以下几个方面。

（1）工作内容。工作内容包括工作种类、工作广度、工作自主性、工作复杂性、工作难度和深度、工作的完整性等。要考虑工作是简单重复的还是复杂多样的、工作要求的自主性程度怎样，以及工作的整体性如何等。

（2）工作职责。工作职责主要包括工作的责任、权力、方法及工作中的相互沟通和协作等。工作责任设计就是员工在工作中应承担的职责及压力范围的界定，也就是工作负荷的设定。权力与责任是对应的，责任越大权力范围越广。工作方法包括领导对下级的工作方法、组织和个人的工作方法设计等，工作方法的设计具有灵活性和多样性。沟通是一个信息交流的过程，协作是对整个组织的有机联系，组织的各环节之间必须相互合作、相互制约。

（3）工作关系。工作关系是工作中人与人之间的关系，谁是他的上级、谁是他的下级、他应与哪些人进行信息沟通等。组织中的工作关系表现为协作关系、监督关系等各个方面。

（4）工作结果与反馈。工作结果主要指工作的成绩与效果，包括工作绩效和工作者的反应；工作所提供的产出情况包括产出的数量、质量、频率等。任职者可以获得从工作结果获得的直接反馈（如能否在工作中体验到自己的工作成果）和从上、下级那里获得的对工作结果的间接反馈（如能否及时得到同级、上级、下属人员的反馈意见）。工作反馈信息使员工对自己的工作效果有全面的认识，能正确引导和激励员工，有利于工作的精益求精。

（5）任职者的反应。任职者的反应是指任职者对工作本身及组织对工作结果奖惩的态度，包括工作满意度、出勤率和离职率等。

（6）人员特性。人员特性主要包括对人员的需要、兴趣、能力、个性方面的了解，以及相应工作对人的特性要求等。

（7）工作环境。工作环境主要包括工作活动所处的环境特点、最佳环境条件及环境安排等。

6.1.3　工作设计的步骤

为了提高工作设计的效果，在进行工作设计时应按以下几个步骤进行。

（1）需求分析。工作设计的第一步就是对原有工作状况进行调查诊断，以决定是否应进行工作设计，应着重在哪些方面进行改进。一般来说，出现员工工作满意度下降和积极性较低、工作情绪消沉等情况，都是需要进行工作设计的先兆现象。

（2）可行性分析。在确认工作设计之后，还应进行可行性分析。首先应考虑该项工作是否能够通过工作设计改善工作特征；从经济效益、社会效益来看，是否值得投资。其次应考虑员工是否具备从事新工作的心理与技能准备，如有必要，可先进行相应的培训学习。

（3）评估工作特征。在可行性分析的基础上，正式成立工作设计小组，负责工作设计，小组成员应包括工作设计专家、管理人员和一线员工，由工作设计小组负责调查、诊断和评估原有工作的基本特征，分析比较，提出需要改进的方面。

（4）制定工作设计方案。根据工作调查和评估的结果，由工作设计小组提出可供选择的工作设计方案，工作设计方案中包括工作特征的改进对策及新工作体系的工作职责、工作规程与工作方式等方面的内容。在方案确定后，可选择适当的部门与人员进行试点，检验效果。

（5）评价与推广。根据试点情况及进行研究工作设计的效果进行评价。评价主要集中在三个方面：员工的态度和反应、员工的工作绩效、企业的投资成本和效益。如果工作设计效果良好，应及时在同类型工作中进行推广应用，在更大范围内进行工作设计。

6.1.4 工作设计的方法

常见的工作设计方法主要有工作轮换、工作扩大化和工作丰富化等。

1. 工作轮换

工作轮换是指在工作流程不受较大影响的前提下，将员工从一种工作岗位轮换到另一种工作岗位。企业出于解决员工对高度专业化情况下的不满情绪，或实现对管理者的培养等方面的考虑，会以“一专多能”为目标，采用工作轮换的办法进行工作设计。

这种工作设计方法不改变工作设计本身，对一般员工而言，只是缓解了员工对过分专业化的单一重复性工作的厌恶感。例如，打字员的工作经过设计会降低他们对工作的单调感和枯燥感。员工在不同岗位上轮换操作，则有助于他们提高技术技能水平和全面了解整个或局部生产过程的运行状况，具有达到“一专多能”的条件。对管理人员而言，在工作轮换过程中，能够增加对企业的全面了解并积累经验，协调人际关系，提高沟通能力，为以后的晋升做好准备。

工作轮换可采取的措施主要有以下几种。

（1）让员工先后承担不同的但是内容相似的工作；

（2）使员工有不同的技能（一专多能），为员工提供一个全面发展的机会；

（3）管理人员进行的工作轮换则是一种学习、培训的机会，为晋升做好准备。

2. 工作扩大化

工作扩大化是指通过增加工作内容，使员工的工作变化增加，要求更多的知识和技能，从而提高员工的工作兴趣。工作扩大化的做法是扩展一项工作包括的任务和职责，但是这些工作与员工以前承担的工作内容非常相似，只是一种工作内容在水平方向上的扩展，不需要员工具备新的技能。这种工作设计导致高效率，是因为不必把产品从一个人手中传给另一个人而节约时间。此外，由于完成的是整个产品，而不是在一个大件上单单从事某一项工作，这样在心理上也可以得到安慰。但是，工作扩大化并没有实质性地改变员工工作的枯燥性和单调性。

工作扩大化的途径主要有两个：纵向工作扩大化和横向工作扩大化。纵向工作扩大化是指增加需要更多责任、更多权力或更多自主权的任务或职责。横向工作扩大化是指增加属于同阶层责任的工作内容，以及增加目前包含在工作岗位中的权力。

相关链接

马丁·所罗门：有效培训模式的特点

在 20 世纪 60 年代，扩大工作范围盛行一时。它增加了所设工作岗位的工作内容。具体来说，工作者每天所做的工作内容增多了。如果说过去做一道工序，现在则扩大为做多道工序。盛行了一段时间之后，工作者对增加了一些简单的工作内容仍不满足。其原因在于扩大工作范围与轮换工作虽然增添了工作者的工作内容，但是在“参与、控制与自主权”方面没有增加任何新东西，因此必须寻求新的专业化与分工方式。

3. 工作丰富化

工作丰富化是指在工作中赋予员工更多的责任、自主权和控制权。工作丰富化使员工自主地运用多种技能全面、完整地完成工作任务并得到反馈，从而提高员工的积极性。工作丰富化与工作扩大化、工作轮换都不同，它不是水平地增加员工工作的内容，而是垂直地增加工作内容。这样员工会承担更多重的任务、更大的责任，员工有更大的自主权和更高程度的自我管理，还有对工作绩效的反馈。

工作丰富化是以员工为中心的工作再设计（Employee-Centered Work Redesign），它是一个将公司的使命与职工对工作的满意度联系起来的概念。它的理论基础是赫茨伯格的双因素理论。它鼓励员工参加对其工作的再设计，这对组织和员工都有益。在工作设计中，员工可以提出对工作进行某种改变的建议，以使他们的工作更让人满意，但是他们还必须说明这些改变是如何更有利于实现整体目标的。运用这一方法，可使每个员工的贡献都得到认可，而与此同时，也强调了组织使命的有效完成。

（1）工作丰富化的特点。

1）对工作内容和责任层次基本的改变，旨在向员工提供更具挑战性的工作。

2）对工作责任的垂直深化。

3）员工承担更多的任务、更大的责任，有更大的自主权和更高程度的自我管理。

4）使员工在完成工作的过程中，有机会获得成就感、认同感、责任感和自身发展。

（2）工作丰富化的前提。

1）员工绩效低落的原因是激励不足。

2）不存在其他更容易的改进方法。

3）保健因素（薪酬、工作环境等）必须满足。

4）工作本身已经不具有激励潜力。

5）在技术上和经济上可行。

6）工作品质非常重要。

7）员工必须愿意接受。

（3）工作丰富化可采取的措施。

1）组成自然的工作群体，使每名员工都在自己的部门中了解全面的情况。

2）实行任务合并，让员工从头至尾完成一项工作，而不只是承担其中的某一部分。

3）建立客户关系，让员工有同客户交往的机会。

4）让员工自己来规划、控制他的工作，自己安排上下班时间与工作进度。

5）畅通反馈渠道，让员工迅速知道自己的绩效。

应用案例

- 给员工尽可能多的自主性和控制权。例如，维修部经理允许维修人员自己订购零件和保管存货。
- 让员工对自己的绩效做到胸中有数。例如，主管与下属进行定期的绩效反馈面谈，并且建立渠道让员工了解同事和客户对自己的评估。
- 在一定范围内让员工自己决定工作节奏。例如，实行弹性工作时间政策。
- 让员工尽量负责完整的工作。例如，建立项目管理制度，使员工独立负责一个项目，从而接触一项工作的全部过程。
- 让员工有不断学习的机会。例如，让员工参加各种技能的培训并进行工作轮换，丰富员工所掌握的技能。
- 扩大员工的工作范围。例如，让一个原来只知道如何操作一台机器的员工操作两台或三台机器，他需要对两台或三台机器安排进度负责。

前沿话题

工作特征模型

工作特征模型，也称五因子工作特征理论，是哈佛大学教授理查德·哈克曼（Richard Hackman）和伊利诺伊大学教授格雷格·奥尔德汉姆（Greg Oldham）提出的工作特征模型。

工作特征模型是工作丰富化的核心，该模型认为可以把一个工作按照它与核心维度的相似性或差异性来描述，于是按照模型中的实施方法丰富化了的工作就具有高水平的核心维度，并可由此而创造出高水平的心理状态和工作成果。

工作特征模型的核心维度（特征）如下：

- 技能的多样性（Skill Variety），也就是完成一项工作涉及的范围，包括各种技能和能力。
- 工作的完整性（Task Identity），即工作在多大程度上需要作为一个整体来完成——从工作的开始到完成并取得明显的成果。
- 任务的重要性（Task Significance），即自己的工作在多大程度上影响其他人的工作或生活——无论是在组织内还是在工作环境外。
- 主动性（Autonomy），即工作在多大程度上允许自由、独立，以及在具体工作中个人制订计划和执行计划时的自主范围。
- 反馈性（Feedback），即员工能及时明确地知道他所从事的工作的绩效及其效率。

理查德·哈克曼和格雷格·奥尔德汉姆设计的动机与五因子的关系方程为

$$\text{Score}=\left(\frac{(V+I+S)\times A\times F}{3}\right)$$

根据工作特征模型，一个工作岗位可以让员工产生三种心理状态，即感受到工作的意义、感受到工作的责任和了解到工作的结果。

这些心理状态又可以影响个人和工作的结果，即内在工作动力、绩效水平、工作满足感、缺勤率和离职率等，从而给予员工内在激励，使员工以自我奖励为基础的自我激励产生积极循环。

工作特征模型强调的是员工与工作岗位之间心理上的相互作用，并且强调最好的岗位设计应该给员工以内在激励。

6.2　人力资源规划

广义的人力资源规划是指根据组织的发展战略、目标及组织内外环境的变化，预测未来的组织任务和环境对组织的要求，以及为完成这些任务、满足这些要求而提供人力资源的过程。狭义的人力资源规划是指对可能的人员需求、供给情况做出预测，并据此储备或减少相应的人力资源。

人力资源规划包括两个层次，即总体规划与各项业务计划。人力资源总体规划是有关计划期内人力资源开发利用的总目标、总政策、实施步骤及总预算的安排。人力资源规划所属的业务计划包括人员补充计划、人员使用计划、提升降职计划、教育培训计划、薪资计划、退休计划和劳动关系计划等。这些业务计划是总体规划的展开和具体化。

6.2.1　人力资源规划的作用

人力资源规划具有以下作用。

（1）人力资源规划有利于组织制定战略目标和发展规划。人力资源规划是组织发展战略的重要组成部分，同时是实现组织战略目标的重要保证。

（2）人力资源规划确保组织生存发展过程中对人力资源的需求。人力资源部门必须分析组织人力资源的需求和供给之间的差距，制定各种规划来满足对人力资源的需求，及时补充组织的岗位空缺。

（3）人力资源规划有利于人力资源管理活动的有序化。人力资源规划是企业人力资源管理的基础，它由总体规划和各种业务计划构成，为管理活动（如确定人员的需求量、供给量、调整职务和任务、培训等）提供可靠的信息和依据，进而保证管理活动的有序化，减少不确定性。

（4）人力资源规划有利于调动员工的积极性和创造性。人力资源管理要求在实现组织目标的同时满足员工的个人需要（包括物质需要和精神需要），这样才能激发员工持久的积极性，只有在人力资源规划的条件下，员工对自己可满足的东西和满足的水平才是可知的。

（5）人力资源规划有利于控制人力资源成本。人力资源规划有助于检查和测算人力资源规划方案的实施成本及其带来的效益。要通过人力资源规划预测组织人员的变化，调整组织的人员结构，把人工成本控制在合理的水平上，优化人力资源结构。

6.2.2 人力资源规划与工作分析的关系

人力资源规划实质上就是预测未来的组织任务和环境对组织要求，以及为完成这些任务和满足这些要求而提供人员的管理过程。从字面上理解，人力资源规划的主要功能和目的在于预测企业的人力资源需求和可能的供给，确保企业在需要的时间和岗位上获得所需的合格人员。实际上人力资源规划是一项系统的战略工程，它以企业发展战略为指导，以全面核查现有人力资源、分析企业内外部条件为基础，以预测组织对人员的未来供需为切入点，具体内容包括晋升规划、补充规划、培训开发规划、人员调配规划和工资规划等，基本涵盖了人力资源的各项管理工作。

人力资源规划的所有工作都离不开工作分析。例如，组织内什么工作岗位空缺或什么时间可能产生空缺，工作岗位对任职者的要求是什么，组织内部有无与之相匹配的员工，外部能否招募到胜任的新员工，如果组织内部进行培训，需要培训哪些方面，与该岗位相适应的薪酬标准是什么等问题，无一不与工作分析密切相关。图 6-2 系统地展示了工作分析与人力资源规划的关系。

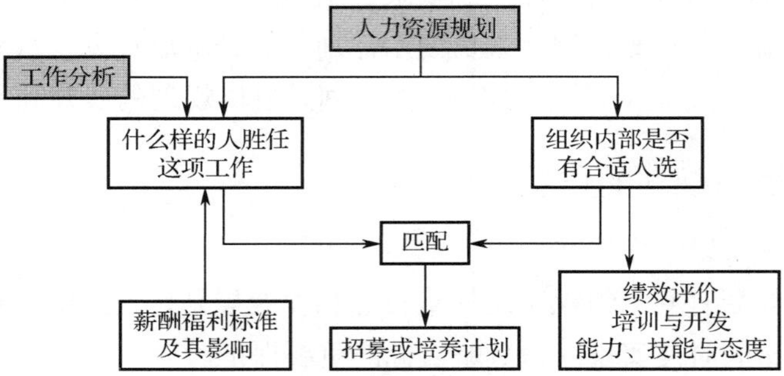

图 6-2 工作分析与人力资源规划的关系

应用案例

苏澳玻璃公司的人力资源规划

近年来苏澳玻璃公司常为人员空缺所困惑，特别是经理层次人员的空缺常使得公司陷入被动的局面。苏澳玻璃公司最近进行了公司人力资源规划。公司首先由四名人力资源部的管理人员收集和分析目前公司对生产部、市场与销售部、财务部、人力资源部四个职能部门的管理人员和专业人员的需求情况，以及劳动力市场的供给情况，并估计在预测年度，各职能部门内部可能出现的关键岗位空缺数量。

苏澳玻璃公司的四名人力资源部管理人员克服种种困难，对经理层的管理人员的岗位空缺做出了较准确的预测，制定详细的人力资源规划，使得该层次上人员空缺减少了50%，跨地区的人员调动也大大减少。另外，从内部选拔工作任职者人选的时间也减少了 50%，并且保证了人选的质量，合格人员的漏选率大大降低，使人员配备过程得到了改进。人力资源规划还使得公司的招聘、培训、员工职业生涯计划与发展等各项业务得到改进，降低了人力成本。

6.3　人力资源招聘、培训与绩效考核

6.3.1　人力资源招聘

人力资源招聘是指组织为了发展的需要，从组织内外部获取合适的人选补充组织内的岗位空缺，以实现内部人力资源合理配置的过程。也就是说，人力资源招聘的前提是组织内部存在岗位空缺的现实，那么，如何发现这个岗位、如何描述这个岗位，以及如何选择合适的人来胜任这个岗位，都需要工作分析的结果——工作说明书。

人力资源招聘是组织从“人—事”两个方面出发，挑选出最合适的人来担当某一岗位，它主要包括资格审查、初选、笔试、面试、评价中心、心理测验、体检等环节。这些活动的正常开展无一不需要工作说明书的指导。

在资格审查阶段，组织会收到应聘者的履历表，它是应聘者自带的个人介绍材料，应聘者以书面交流能力的方式证明自己的资力和经历。如何初步判断应聘者是否达到组织的要求，就需要参考工作说明书的描述。有时组织会设计一份招聘申请表，它是包含了岗位所需的基本信息并用标准化的格式表示出来的一种初级筛选表，其信息内容也来源于工作说明书。

提 示

招聘申请表与简历的区别

与简历相比，招聘申请表标准化程度高，可以使选择过程节省很多时间。另外，由于申请表是单位决定填写哪些信息，并且所有应聘者都要按表中所列项目提供相应的信息，因此所得信息针对性和有效性强，也更为可靠。

面试是人力资源招聘不可或缺的一个环节。面试是一种招聘者与应聘者双方面对面的观察、交流的互动可控的测评形式，是招聘者通过双向沟通形式了解面试对象的素质状况、能力特征及应聘动机的一种人员考试技术。它不仅可以评价出应聘者的学识水平，还能评价出其能力、人格等个性特征。因此，在面试之前，需要对面试官进行必要的培训，主要包括以下内容。

（1）回顾岗位说明书。

1）是否对判断应聘者应具备的任职资格有足够的了解；

2）是否能就该岗位的职责清晰地与应聘者沟通；

3）是否能够回答应聘者提出关于岗位信息与公司信息的问题；

4）（人力资源部门）是否对该岗位的薪酬福利标准有足够的了解。

（2）审阅应聘材料和简历及求职申请表，找出需要进一步了解的内容。

1）浏览外观及行文是否整洁、美观、有条理，可询问有关求职动机的问题；

2）注意材料中的空白或省略的内容，是否应进一步了解；

3）特别注意与应聘岗位相关的工作经历，设计进一步了解的问题；

4）思考申请人工作变动的频率和可能原因，在面试中求证；

5）审视申请人的教育背景与工作经历，询问有关职业发展方面的打算和原因；

6）对比申请人目前薪资与期望薪资的差别，可与其讨论理由。

6.3.2 人力资源培训

人力资源培训指的是创造一个环境，使员工能够在这一环境中通过学习，在知识、技能、态度方面不断提高，最大限度地使员工胜任现任或预期的岗位，进而提高员工现在和将来的工作绩效。培训的目的是使员工能够胜任本职岗位，也就是说，当员工当期或预期难以胜任岗位的要求时，就应该接受培训了。如何识别员工的培训需求呢？

（1）任务分析法。对于新员工可以使用任务分析法，即根据新员工将承担的工作任务对新员工的要求来判断人力资源培训的需求，这就需要先提供新员工岗位的工作说明书。

（2）绩效分析法。对于现有员工可以使用绩效分析法，即根据现有员工的实际绩效水平与目标绩效水平之间的差异来进行培训需求评估。工作说明书中的关键绩效指标在识别培训需求中发挥着重要作用。运用绩效分析法时，一般需要员工回答三个问题：①是否了解工作的内容和绩效标准；②如果肯做，是否能够胜任；③是否肯做。

（3）前瞻性分析法。为员工岗位的晋升做准备或者出于适应工作内容要求的变化等原因提出培训的要求。这需要提供新岗位的工作规范。

应用案例

销售员工的表现、原因及培训方案

表 现	原 因	培训方案
订单达成率低	潜在客户数量不多	优秀营销员“传、帮、带” 寻找潜在客户技巧培训 鼓舞士气培训，增强信心
	无法顺利约见客户	销售技巧培训 沟通培训
	无法有效传递产品信息	销售技巧培训 产品知识培训 商务谈判培训
	无法及时回应客户	客户关系管理培训 跨部门协调培训

由于环境的变化、技术的进步、设备的升级、产品的换代日益常态化，人力资源培训是组织永远面临的问题，主要体现在以下几方面。

（1）培训对象的全员性。培训的对象上至管理者下至普通的员工，可通过全员性的培训提高组织的整体素质水平。

（2）培训周期的终身性。单凭学校正规教育所获得的知识不能迎接社会的挑战，必须实行终身教育，不断补充新知识、新技术、新经营理论。

（3）培训方式的多样性与灵活性。培训从企业扩展到整个社会，形成学校、企业、社会的三位一体的、庞大的、完整的职工培训网。培训的方式有企业组织的培训、社会组织的业余培训、大学为企业开办的各类培训班。

（4）培训组织的计划性。组织把员工培训纳入组织的发展计划之内，在组织内设有职工培训部门，负责有计划、有组织的员工培训教育工作。管理者不仅有责任说明学习应符合战略目标、收获成果，而且也有责任来指导评估和加强被管理人员的学习。

（5）培训内容的层次性、针对性和实用性。培训的内容包括管理、经营、生产等组织内部的各个层面与环节。

6.3.3　绩效考核

绩效就是个人、群体或组织在实现组织目标方面的贡献。绩效可以说是结果，但如果某些因素（如能力、态度、勤奋等）相对于其他因素而言，对结果有明显、直接的影响，绩效的意义就与这些因素等同起来了。虽然对绩效的理解智者见智、仁者见仁，但在实践中绩效考核一直得到企业的重视和实施。

绩效考核是指考评主体对照绩效标准（工作目标），采用科学的考评方法，评定员工的工作任务完成情况、员工的工作职责履行程度和员工的发展情况，并且将评定结果反馈给员工的过程。从中可以看出，绩效标准、考核方法和考核指标是绩效考核的重要因素，绩效标准大多来源于目标管理，考核方法大多来源于实践，而考核指标则来源于工作说明书。

考核指标是考核员工的工作任务完成情况、员工的工作职责履行程度和员工的发展情况，当然和员工所从事的工作相联系。一般来说，考核指标主要来源于以下几个方面。

（1）工作者本身的态度、工作技能、掌握的知识、IQ、EQ 等；

（2）工作本身的目标、计划、资源需求、过程控制等；

（3）工作方法，包括流程、协调、组织在内的工作方法；

（4）工作环境，包括文化氛围、自然环境及工作环境；

（5）管理机制，包括计划、组织、指挥、监督、控制、激励、反馈等。

员工在工作中的每一个具体因素和细节都可能对绩效产生很大的影响。控制了这些因素就等于控制了绩效。管理者的管理目标实质上也就是这些影响绩效的因素。

绩效管理是一个完整的系统。组织、管理者和员工全部参与进来，管理者和员工通过沟通的方式将企业的战略、管理者的职责、管理的方式和手段及员工的绩效目标等管理的基本内容确定下来，在持续沟通的前提下，管理者帮助员工清除工作过程中的障碍，提供必要的支持、指导和帮助，与员工共同完成绩效目标，从而实现组织的远景规划和战略目标。绩效考核只是绩效管理的一个主要组成部分，考核的目的是绩效改进，因此也可以说工作分析结果也必然应用到绩效管理之中。

相关链接

一个好的绩效考核（管理）体系的设计要求

- 使员工知道应该做什么。
- 使员工知道如何将工作做得更好。
- 使员工具有参与意识。
- 有助于克服完成目标的障碍和提高绩效水平。
- 具有公平合理的绩效评价标准。
- 与激励机制相统一，鼓励先进。

实验实践 1　结构化面试工具的开发

实验实践背景与目的

本实验的主要内容是对职业面试中常用的结构化面试工具进行开发的技能培养。主要目的是帮助实验者进一步加深对职业面试相关理论知识的理解，熟悉和掌握这一重要的面试技术与工具，以便在未来人才选拔工作中，应用此工具并获得对用人决策的科学参考依据。

实验实践准备条件

（1）硬件条件：能提供上机条件的实验室（如果没有，多媒体教室也可操作）；打印机、复印机。

（2）软件条件：所需招聘岗位的工作分析结果（工作描述、工作规范及工作说明书等）。

实验实践步骤与过程

1．操作步骤

（1）全体同学认真研究所需招聘岗位的工作分析结果。

（2）经过讨论、论证，从工作分析结果中提炼出所需面试的内容。

（3）设定与所需面试内容相对应的面试题目，形成结构化面试题目及评判标准，同时将结果打印出来。

2．难点与注意事项

（1）是否能够获得比较全面而又准确的拟招聘岗位的工作分析结果。

（2）对于拟招聘岗位工作分析结果的提炼是否准确到位。

（3）学生能否把拟招聘岗位的面试题目和评判标准用精确的语句表达出来。

课时数：实验室 2 课时，课后 3 课时。

实验实践成果及评价

1．预期成果

（1）实验报告：每人一份“拟招聘岗位结构化面试题目”及“结构化面试评判标准”。

（2）总结讨论会纪要。

2．评价标准（0～25分）

（1）结构化面试题目编制逻辑条理、用词简练准确程度。

（2）评判标准设定清晰，不存在歧义的程度。

（3）报告提交的及时性。

（4）过程参与的积极程度。

实验实践支撑材料

什么是结构化面试：结构化面试是将普通竞聘面试过程、内容、评分标准等规范化的一种竞聘面试形式，它可以使考官较好地了解竞聘者的情况，提高评价的公平性，并对竞聘者公平地参与考试有着相对于其他竞聘面试方法的特殊优势。通过结构化面试，考官可以评价竞聘者的规划能力、组织能力、领导能力、分析理解能力、思维敏感性、诚实性、倾听技巧、行为的灵活性、口头交流能力、坚韧性、控制能力及承受压力的能力等。

结构化面试的特点：结构化面试虽然也是通过考官与竞聘者的谈话进行的，但是从形式到内容都突出了标准化的特点，以确保这种面试方法更为客观、公平与科学。结构化面试的一项主要要求是对报考相同岗位的面试者，应测试相同的面试题目，使用相同的评价标准。与一般面试相比，结构化面试使竞聘面试的评价指标、面试题目、评分标准、实施步骤等更具有规范性、结构性和精确性，并且大力培训考官，使其水平得到了大幅度提高，提高了评分的公正性，从而使面试结果更为客观、可靠、公平，使应聘同一岗位的不同竞聘者的评价结果之间具有可比性。结构化面试可为组织选择合适的人才提供可靠的依据，为实现有效地筛选录用人员、开发领导干部人才提供可靠的技术手段。

实验实践2　行为事件面试工具的开发

实验实践背景与目的

本实验的主要内容是对职业面试中常用的行为事件面试工具进行开发的技能培养。主要目的是帮助实验者进一步加深对职业面试相关理论知识的理解，熟悉和掌握这一重要的面试技术与工具，以便在未来人才选拔工作中，应用此工具并获得对用人决策的科学参考依据。

实验实践准备条件

（1）硬件条件：能提供上机条件的实验室（如果没有，多媒体教室也可操作）；打印机、复印机。

（2）软件条件：所需招聘岗位的工作分析结果（工作描述、工作规范及工作说明书等）。

实验实践步骤与过程

1．操作步骤

（1）全体同学认真研究所需招聘岗位的工作分析结果。

（2）经过讨论、论证，从工作分析结果中提炼出拟招聘岗位所需的各种能力。

（3）通过分析工作分析结果，获得与各种能力相关的关键行为。

（4）设定与这些关键行为相对应的面试题目，形成结构化行为事件面试题目及评判标准，同时将结果打印出来。

2．难点与注意事项

（1）是否能够获得比较全面且准确的拟招聘岗位的工作分析结果。

（2）对于拟招聘岗位工作分析结果的提炼是否准确到位。

（3）学生能否把拟招聘岗位的关键行为、面试题目和评判标准用精确的语句表达出来。

课时数：实验室 2 课时，课后 3 课时。

实验实践成果及评价

1．预期成果

（1）实验报告：每人一份“拟招聘岗位行为事件面试题目”及“行为事件面试评判标准”。

（2）总结讨论会纪要。

2．评价标准（0～25 分）

（1）关键行为及行为事件面试题目编制逻辑条理、用词简练准确程度。

（2）评判标准设定清晰，不存在歧义的程度。

（3）报告提交的及时性。

（4）过程参与的积极程度。

实验实践支撑材料

什么是行为事件面试：行为事件面试法（Behavioral Event Interviewing，BEI）最早是心理学家用以进行心理测评的一种方法。它通过一系列问题收集被访者在代表性事件中的具体行为和心理活动的详细信息。这些问题都类似于“您那时是怎么想的”“接下来您采取了什么措施”“您当时对他说了些什么”等，基于应聘人员对以往工作事件的描述及面试人的提问和追问，收集应聘人员在关键行为事件中的具体行为和心理活动的详细信息，然后通过对这些信息的比较分析，评价应聘人员在以往工作中表现的素质，并以此推测其在今后工作中的行为表现。

自测题

一、判断题

1．将分工很细的作业合并，由一人负责一道工序改为几人共同负责几道工序，这样的

工作设计措施属于工作丰富化。（　　）

2．“金无足赤，人无完人”体现在人员甄选的原则上是用人所长原则。（　　）

3．一般而言，保险推销员应当采用结果导向的考评方法进行考核。（　　）

4．企业招聘高级管理人才，比较有效的途径是职业介绍所。（　　）

5．人力资源规划的最终目的是预测目标。（　　）

二、单选题

1．在工作丰富化过程中，应考虑的因素有（　　）。

A．多样化和任务的压力性　　B．多样化和任务的协调性

C．趣味性和任务的塑造性　　D．多样化和任务的趣味性

2．当企业处于技术和经济快速变化的时期或萧条期时，企业的培训工作应该（　　）。

A．制订阶段性的培训计划　　B．实施长期计划

C．长期不变　　D．根据过去的经验制定

3．在直接上级和员工就绩效考核目标达成一致时，错误的做法是（　　）。

A．向员工说明部门目标和员工个人目标之间的关系

B．每一目标设定的标准和期限都要和员工达成一致

C．对完成绩效考核目标所必需的资源和支持做出承诺

D．认真倾听员工的意见，随时根据员工的想法对考核目标进行修正

4．可能会影响绩效考核的工作特征包括（　　）。

A．企业规模　　B．岗位在组织与企业中的地位

C．人员流动情况　　D．利润与产值完成情况

5．人力资源部经理准备将一员工提升为车间主任，这一规划属于人力资源规划中的（　　）。

A．补充规划　　B．培养开发计划　　C．晋升计划　　D．配备规划

三、多选题

1．工作纵向扩大化包括（　　）。

A．生产工人参与计划制订

B．生产工人自行决定生产目标

C．生产工人用多项操作代替单项操作

D．生产工人承担部分经营管理人员的职能

2．相对于内部招聘而言，外部招聘的不足之处是（　　）。

A．工作背景　　B．进入角色慢　　C．易造成“近亲繁殖”

D．招聘成本高　　E．筛选难度大、风险大

3．员工个人绩效差距分析必须将重点放在（　　）上。

A．难以保证招聘质量　　B．工作者

C．工作结果　　D．工作者行为
E．结果反馈

4．（　　）是与培训解决问题能力相适应的培训方法。

A．演示法　　B．案例分析法　　C．文件筐法
D．课题研究法　　E．商务游戏法

5．人员配置分析涉及的内容包括（　　）。

A．人员使用效果分析　　B．人与事质量配置分析
C．人与事结构配置分析　　D．人与生产资料配置分析
E．人与工作负荷是否合理状况分析

四、简答题

1．简述工作设计的意义。
2．简述工作任务特性的五个维度。
3．简述工作分析与人力资源规划的关系。
4．简述工作分析与人力资源招聘的关系。
5．简述工作分析与人力资源培训的关系。

五、案例分析题

机场人员在面对大量不耐烦的旅客和堆积如山的行李进行超负荷工作时，他们经常会不知所措。例如，现有的一个主要问题是 X 光屏幕监视员的工作设计方式。这个工作是重复性的，毫无疑问员工会变得厌烦、劳累，屏幕监视员注意力容易不集中。考虑到 X 光屏幕监视员注意力不集中会带来严重的安全问题，甚至灾难性的后果，航空公司应该考虑评价现有的工作设计的合理性。重新设计这份工作，使它变得更加有趣，而且使工作人员更加具有工作积极性。

问题：你认为应如何设计这份工作？

第7章

岗位评价准备

引导案例

A公司的岗位评价

A公司是一家服装加工企业。创业初期，依靠家族成员的努力，公司发展迅速。几年后，员工由原来的十几人发展到几百人，业务收入也由原来的每月十几万元发展到每月上千万元。企业大了，人也多了，但公司老总明显感觉到，员工的积极性越来越差。

公司老总王明思因此事整日忧心忡忡，为此特意报名参加了一个知名的EMBA课程班。在学习成功企业经营管理方面的书籍时，王总意识到大多数公司都通过岗位评价促使企业做到高效率，效率提高了，才能保证公司支付高薪水。他想，公司发展了，以前家族式的管理方式确实应该考虑变革了，通过岗位评价建立新的薪酬制度，一方面可以对老员工的付出给予回报，另一方面可以吸引高素质人才加入公司，建立起现代企业管理制度。为此，王总要求公司人力资源部在公司内展开岗位评价，建立新的薪酬制度。

人力资源部接到公司总经理下达的任务，迅速投入到岗位评价工作中，在一周内向王总提交了岗位评价方案，王总在召开了几次高层会议后，迅速地在员工中推行了此方案。

半年过去了，员工对新的岗位评价结果抱怨越来越多，许多有经验的员工跳槽到其他公司，公司的效率甚至比以前还低。王总陷入了两难的困惑境地，不知道哪里出了问题。

思考：A公司推行岗位评价后，为什么效率比以前还低了？

学习目标

- 重点掌握岗位分类的基本功能、基本原则和基本方法。
- 重点掌握标杆岗位的选择原则和评价要素。
- 一般掌握岗位评价委员的组织构成、工作原则和内容。

学习导航

岗位评价是根据工作分析的结果，按照一定标准，对工作的性质、强度、责任、复杂性及所需的任职资格等因素的差异程度，进行综合评估的活动。岗位评价确立了企业内部各岗位之间的重要性，为岗位工作制度的确立提供了依据。但如何开展岗位评价工作是一个复杂而艰辛的工作。本章从如何准备岗位评价工作、如何组建岗位评价组织、如何制订岗位评价计划、如何选择并评价标杆岗位四个方面介绍如何做出岗位评价前期准备。本章学习导航如图 7-1 所示。

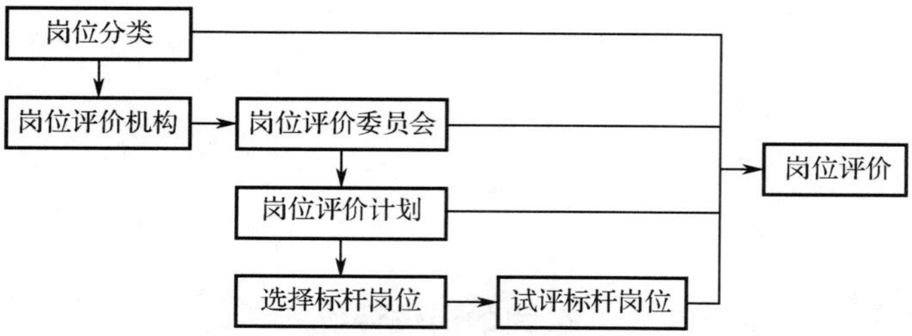

图 7-1　本章学习导航

7.1　岗位分类

岗位分类是指将所有的工作岗位（岗位），按其业务性质分为若干职组、职系（从横向来讲），然后按责任大小、工作难易程度、所需教育程度及技术高低分为若干职级、职等（从纵向来讲），对每个岗位给予准确的定义和描述，制成岗位说明书，以此作为对聘用人员管理的依据。

（1）职系（Series）。一些工作性质相同，而责任轻重和困难程度不同，所以有职级、职等不同的岗位系列。简言之，一个职系就是一种专门职业（如机械工程职系）。

（2）职组（Group）。工作性质相近的若干职系综合即成为职组，也叫职群。例如，人力资源管理和劳动关系职组包括 17 个职系。

（3）职级（Class）。职级是分类结构中最重要的概念。指将工作内容、难易程度、责任大小、所需资格皆相似的岗位划为同一职级，实行同样的管理使用与报酬。每个职级的岗位数并不相同，小到一个，多到几千个。

（4）职等（Grade）。工作性质不同或主要职务不同，但其困难程度、职责大小、工作所需资格等条件充分相同的职级的归纳称为职等。同一职等的所有岗位，不管它们属于哪个职系的哪个职级，其薪金报酬相同。

岗位分类结构应建立在科学化和系统化的基础之上，它以岗位为基本元素，以职系、职组为横坐标，以职级、职等为纵坐标，交叉构造而成。

7.1.1　岗位分类的基本功能

现代企事业单位人力资源管理的一项最基本任务就是通过合理的用人制度和用人方法，实现人员、任务和工具的合理结合，做到人与岗之间的相互匹配。通过岗位分类分级，可以理顺复杂的岗位之间的关系，统一岗位名称，对同类同级人员采用统一的标准进行管理，从而简化人力资源管理工作，提高管理效率。除了与岗位评价相同的功能外，岗位分类还具有以下作用。

（1）岗位分类明确了个人职业发展路线。一个组织建立了科学的岗位分类制度，当员工进入该组织时，就能够清晰地了解各个岗位之间的晋升线路，明确自身在岗位中应具有的各种能力要求，结合自身条件，员工可以有意识、有计划地进行自我锻炼和岗位选择，找寻一条适合自身发展的个人职业发展道路。例如，员工可以选择在自己所在的职系领域内做一名技术专家，也可以发掘和培养自身在管理方面的潜质，跨职系做一名管理人员。随着企事业单位对人力资源管理工作的重视，越来越多的企事业单位帮助员工制订职业发展计划，以最大限度地开发人力资源。岗位分类作为基础工作，为上述过程的实现提供了重要前提。

（2）岗位分类为组织的定编、定岗、定员提供了依据。任何组织都是由众多的工作岗位构成的，组织的冗员势必成为组织发展的包袱，通过岗位分类可以对组织内的岗位进行科学合理的分类，明确职组、职系、岗位和岗级等，明确岗位间的关系和岗位价值，为组织定编、定岗、定员工作提供可靠的依据。

7.1.2　岗位分类的基本原则

“因事设职”是岗位分类的总原则。具体而言，岗位分类有以下四个基本原则。

1．系统原则

岗位的设置和划分不能孤立地、局部地去看，而应该从各岗位的相互联系、从总体上去把握。一般而言，任何系统都具有五个特征。

（1）集合性。由两个或两个以上相互区别的要素组成。

（2）相关性。各要素间相互联系，相互作用。

（3）目的性。任何系统都为一定的目的而存在。

（4）整体性。一个系统是由两个或两个以上要素构成的有机整体。尽管每个要素都可以独立成为一个子要素，但是各子要素间又是紧密联系不可分割的统一体。

（5）环境适应性。任何系统都必须适应外部环境条件及其变化，与其他有关的系统相互联系，构成一个更大的系统。

任何一个完善的组织机构都是相对独立的系统。因此，在考虑该组织机构的岗位设置时，应从系统论出发，把每个岗位放在该组织系统中，从总体上和相互联系上分析其独立存在的必要。凡是促进组织具备系统五个特征的岗位就应该设立，反之就不应该设立。

2．最低岗位数量原则

最低岗位数量是指一个组织机构为了实现其独立承担的任务而必须设置的岗位数。岗位设置超过这个数量就会造成岗位虚设、机构膨胀、人浮于事；岗位设置低于这个数量，则造成岗位短缺、人手不足，影响组织目标的实现。

最低岗位数量原则确保组织机构的高效率和高效益。

3．整分合原则

整分合原则是指一个组织必须在整体规划下明确分工，在分工的基础上进行有效的合作，以增强整个组织的效应。在进行岗位分类时，应以组织的总目标和总任务为核心，从上至下层层分解为一个个具体的分目标、分任务和子目标、子任务，直至分解落实到每个岗位上，然后对这些岗位从下至上进行综合，层层保证，确定各岗位上下间的隶属关系和左右间的协调合作关系，以确保组织系统的整体功能。

4．能级原则

“能级”是从原子物理中借用的概念，指原子中的电子处在各个定态时的能量等级。在岗位分类中的“能级”概念，是指一个组织系统中各个岗位的功能等级。功能大的岗位，在组织中所处等级就高，其能级就高；反之，功能小的岗位，在组织中的级别就低，其能级也低。岗位分类时，应依据能级原则来分析、评估不同岗位的各自能级，使其各就其位、各得其所。

7.1.3 岗位分类的基本方法

1．工作岗位横向分类的步骤与方法

工作岗位横向分类的步骤如下。

（1）将企事业单位内全部岗位，按照工作性质划分为若干大类，即职门。

（2）将各职门内的岗位，根据工作性质的异同继续进行细分，把业务相同的工作岗位归入相同的职组，即将大类细分为中类。

（3）将同一职组内的岗位再次按照工作性质进行划分，即将大类下的中类再细分为若干小类，把业务性质相同的岗位组成一个职系。

工作岗位横向分类的方法如下。

（1）按照岗位承担者的性质和特点，对岗位进行横向区分。

（2）按照岗位在企业生产过程中的地位和作用分类。

2．工作岗位纵向分级的步骤与方法

工作岗位纵向分级的步骤如下。

（1）按照预定的标准进行岗位排序，并划分出岗级。

（2）统一岗位等。

工作岗位纵向分级的方法如下。

（1）选择岗位评价要素。

（2）建立岗位要素指标评价标准表。

（3）按照要素评价标准对各岗位打分，并根据结果划分岗级。

（4）根据各个岗位的岗级统一归入相应的岗位等。

3．管理性岗位纵向分级的方法

管理性岗位纵向分级方法如下。

（1）精简企业组织结构，加强定编、定岗、定员管理。

（2）对管理岗位进行科学的横向分类。

（3）评价要素的项目分档要多，岗级数目也应多于直接生产岗位的岗级数目。

（4）在对管理岗位划岗归级后，应对管理岗位岗级统一列等。

7.2　岗位评价委员会

7.2.1　岗位评价委员会的组织构成

常见的岗位评价委员会组织构成主要有以下几种。

1．岗位评价指导委员会

岗位评价指导委员会从组织层面对岗位评价工作加以指导和把握。一般由组织的高层管理人员和工会代表组成，其主要责任就是审查、批准岗位评价方案，对岗位评价的整个过程加以控制，并适时检查方案执行的进度，同时承担对所有程序和结果的协调工作。

2．岗位评价实施委员会

岗位评价实施委员会一般参照岗位分析小组提出的建议，依照工作的重要程度进行排序。由于该工作涉及面广，对组织成员影响较大，所以对成员的选择必须谨慎。所选择人员应取得管理层和工人双方的信任，同时需要拥有过硬的技术能力。完成岗位评价工作需要大量的时间和精力。因此，所选择的成员应有足够的时间投入到评价实施委员会的工作中。

3．分析小组

分析小组的组织构成将直接影响岗位评价工作的成效。该小组中需要一位资深的专家负责起草基本方案，并给分析人员和各委员会成员给予适当的培训。通常可以通过聘请外部专家或者咨询公司组建分析小组。各委员会将依照分析小组所提供的数据进行决策。因此分析小组的领导成员必须能对分析结果进行技术层面的解释和评价。

4．申诉委员会

岗位评价建立了新的工作架构，无论所采用的评价程序和方法多么严谨和科学，等级的变化总会引起一部分人员对现有评价结果的不满或反对。通过申诉委员会来决定有争议的岗位评价是否合适。其成员的构成应独立于组织高层而工作，以体现所做出决策的公平性和公正性。

7.2.2 岗位评价委员会的工作原则

岗位评价委员会的工作原则主要有以下几个。

1．战略性原则

岗位评价委员会的工作必须从组织的战略目标及实际现状出发，选择能促进组织生产和管理工作发展的评价方案。由于市场环境的不断变化，组织中同一岗位对组织的贡献大小也在发生变化，因此组织的价值将随之不断变化。例如，当组织处于创业期时，组织的战略方向锁定在市场开拓上，此时对组织价值贡献最大的岗位将是市场销售或开拓岗位，组织内的各项制度和策略将向之倾斜。因此，在岗位评价委员会的工作过程中必须保证组织战略目标的实现，在做出决策时必须与组织战略一致。

2．员工参与性原则

岗位评价委员会的工作面向整个组织，是对组织的一次变革。在这个过程中，势必影响到员工的利益。因此，岗位评价委员会的工作必须得到整个组织成员的支持，简单地认为岗位评价委员会的工作是服务于组织高层的做法，将会出现适得其反的结果。由于岗位评价结果与员工收益相关，同时员工本人也是对本职工作最了解的人。因此，让员工适当地参与岗位评价委员会的工作，不但可以增加透明度和公正性，也有利于提高结果的合理性，同时还有利于员工对岗位评价结果的认可。

3．标准化原则

在岗位评价过程中，同一组织内不同工作间的评价体系、评价方法和评价程序存在差异，岗位评价委员会应对上述内容做出统一规定，以此为评价工作中共同遵守的准则和依据。在这个过程中将涉及要素选择的统一、要素分级的统一、评价方法的统一和数据处理的统一等内容，以此保证评价工作的公平性和可比性。

4．实用性原则

组织都有其自身的特点，对于一个组织而言，最先进的岗位评价体系并不一定是最好的。建立一套科学的趋于完美的岗位评价体系是岗位评价委员会所遵循的首要目标。但要实现或达到这种水平，可能需要大量翔实的数据收集和众多专业人员的参与，需要较长的时间和大量资金的支持。因此，岗位评价委员会在工作过程中需着眼于组织的实际情况，选择能满足自身组织岗位评价需要且实用有效的方法或体系。

5. 公开原则

岗位评价委员会的工作决定了岗位在组织中的地位和贡献大小，同时影响员工的收益。如果在工作结果未经公开的情况下就开始在组织内部进行调整，势必引起员工的广泛猜忌和不满，将严重打击员工的工作积极性及对组织的满意度。因此，岗位评价委员会的工作必须向组织中的所有受到影响的员工公开。同时，公开工作成果可以帮助员工加深对组织战略目标和价值取向的理解和认同。

7.2.3 岗位评价委员会的工作内容

岗位评价委员会是评价工作的组织与执行机构，在进行岗位评价前都应该建立相应的岗位评价委员会负责完成岗位评价工作。岗位评价有科学的评价标准、评价指标和评价方法，但是岗位评价并非完全精确的科学，其依赖于人的判断。在具体的评价过程中需要由人对岗位进行判断和评估。因此，岗位评价会不可避免地出现一些主观判断上的错误。岗位评价委员会的工作是为了保证岗位评价工作能尽可能做到科学，减少人为因素在岗位评价过程中的影响。

岗位评价委员会的主要工作是根据岗位评价方案对所有岗位进行评价，并负责处理员工对评价结果的申诉处理和岗位评价的日常维护。岗位评价委员会对岗位的评价一般在员工自评以后进行。由于岗位评价确定的是岗位的价值排序，将在组织内建立一个新的岗位结构，这个岗位结构体现的是岗位在组织中的相对价值，是建立新的工资机构的基础，因此需要一个客观公正的机构做最后的评价。岗位评价委员会以一个统一的尺度对所有岗位进行评价，最大限度地降低偏差，保证最后结果的公正性，同时也提高组织对岗位评价结果的可接受性。岗位评价委员会以集体商量的形式，依据评价指标、评价标准，把握一个尺度对所有岗位逐一进行评价。对评价结果进行数据处理后，按照岗位的分类、岗位分档进行处理并形成整个组织的岗位评价文件，包括新的岗位价值结果、各序列岗位结果、每个岗位的分级情况等。

建立了新的岗位机构后，员工的岗位结构会发生变化，由此员工可能会产生疑问，为此岗位评价委员会应建立相应的申诉受理程序，由员工依据上述程序向岗位评价委员会提出自己的意见。岗位评价委员会对员工的申诉进行处理，并做出相应的解释。如果员工的申诉意见正确合理，还需要对岗位评价结果进行调整，重新制定岗位评价文件。

7.3 岗位评价计划

7.3.1 确定岗位评价指标与标准

1. 岗位评价指标

岗位评价指标，也称岗位评价因子或评价项目，是评价过程中对评价对象各个方面或各个要素定量化的过程。只有通过评价指标，评价工作才具有可测量性和可操作性。同时，正确选择合理的评价指标，才能达到科学、全面评价的目的。

选择评价指标时，大多数工作评价指标都是由技能、责任、努力程度和工作环境四大类组成的。同样也可以从各项工作的工作流程的输入、处理、输出及工作环境或工作条件的角度，提炼出对各项工作具有代表性的抽象化指标。由于组织各自的不同特点，岗位评价委员会可以依据组织的现状将上述指标分为更多、更具针对性的具体指标。在评价指标的选择过程中应遵循以下标准。

（1）定义清晰，无歧义。每个评价指标都应有明确、清晰的定义，方便评价人员掌握各评价指标，减少人为因素造成的理解误差。清晰的评价指标能够被准确无误地理解，没有模棱两可的感觉。

（2）全面系统，无遗漏。评价指标必须能够全面反映评价岗位的特性，同时系统地揭示出岗位之间存在的相关联系。不能忽略岗位要素中的关键内容。

（3）准确独立，无重叠。作为一个评价指标系统，各指标之间必然存在一定的联系，指标之间相互影响和交叉将对评价结果产生误差。因此，在确定评价指标时，要注意尽量避免指标之间的重叠设置，保证各指标有准确的外延和内涵及指标的独立性。

2. 岗位评价标准

岗位进行评价必须建立一个统一的标准。没有一个统一的标准，岗位评价缺乏比较依据，比较结果无法体现公正性。评价指标标准由相关部门或者企业进行制定，包括指标定义和各级指标的评价标准。指标定义指对评价指标进行定义，给出其含义，包括标题和对标题词或短语意思的正式表达。同时，评价指标还必须分成若干等级，从高到低，不同等级其标准也不同。依据上述标准，评价人员才能根据不同等级的定义来评判岗位属于哪个级别，以此对岗位进行评价。各级指标的评价标准能够使评价人员比较容易地区分不同等级之间的差异，以便进行评价，同时有助于评价人员对评价指标的判断趋于一致。

在清晰定义评价标准的基础上，应对各级评价指标赋予相应的权重，通过量化方式实现对岗位的准确评价。权重是一个相关概念，每个指标对应一个权重。某个指标的权重是指该指标在整个评价体系中的相对重要程度，对各评价指标差异的区分就是通过权重不同来实现的。在岗位评价中，一级评价指标、二级评价指标的权重确定是一个十分重要的环节。在确定权重时，首先，注意企业的性质。在一些高科技企业中，强调技术，对技术的要求较高，因此与技术、研发、营销等相关的指标权重应相对较高，而在一些劳动密集型企业中，与操作相关的指标权重相对较高。其次，权重需要反映企业的价值取向。岗位分类本身体现岗位的不同价值，不同岗位的排序，其权重也应随之改变。不同的序列反映岗位在组织中地位不同。因此，权重的高低需要考虑岗位序列因素，以及企业的价值观对评价指标的影响。

7.3.2　获取与岗位相关的信息

进行岗位评价先要确定哪些岗位需要评价。因此，对企业的岗位进行梳理，列出需要进行评价的岗位目录，保证不会遗漏任何需要评价的岗位。一般来说，如果企业岗位较少，可以将所有岗位都纳入评价范围；如果企业的岗位较多，可以选出有代表性的岗位进行评估，然后逐渐扩展到其他岗位。

在确定需要评价的岗位后，应对岗位的相关信息进行调查。岗位调查的内容主要包括岗位的目的、岗位在整个业务流程中的地位和作用、岗位职责和权限、岗位与其他部门或岗位的关系、岗位任职资格条件等。

1. 岗位的目的、地位和作用

从组织整个业务流程和组织架构方面对该岗位进行分析，主要包括岗位在组织中所处的地位、设置该岗位的目的、岗位在整个业务流程中发挥的作用等。

2. 岗位的职责和权限

岗位职责和岗位权限是获取岗位信息的重点。一个岗位必定会有与之相对应的职责和权限。岗位的主要职责，具体的任务性质、内容、形式，操作步骤和方法，完成岗位任务所使用的设备、工具和操作对象，以及岗位任务在数量、质量和效率方面的规定等，都是该部分调查的主要内容。

3. 岗位的工作关系

工作关系是指为保证岗位工作正常进行而必须与其他岗位发生的联系，包括岗位的直接上级、企业内部同级部门的相关人员、岗位的直接下属，或需要对其提供指导或帮助的对象，以及企业外部的相关合作部门或岗位等之间建立的工作关系。

4. 任职资格和条件

这是对岗位负责人从事岗位工作的基本素质要求的调查。包括从事岗位工作所需的学历、知识、工作经验、个人能力要求（环境适应力、判断力、语言表达能力、综合分析能力）、专业技能及个人内在要素（如性格）等。

5. 岗位工作环境

岗位工作环境是岗位负责人从事岗位工作时所处的环境的总称。岗位工作环境调查一般包括工作场所的温度、湿度、粉尘、噪声、危险性等基本内容。如果有其他特殊需求，还可以增加其他内容。

7.3.3　岗位评价培训

岗位评价是一项非常复杂且专业性较强的工作。因此，在正式评价前还需要对评委进行培训，使评委对岗位评价有更清晰、准确的认识。一般需要进行以下几个方面的培训。

1．理解评价指标

评委对评价表各项指标理解的差异，会直接影响岗位评价工作的质量。因此，必须与委员就具体的评价指标进行充分的讨论，以取得共识。

2．确定评价规则

岗位评价中，评委对各个岗位的各项评价指标的理解不同，误差的存在是必然的，必须事先确定一个明确的方差值作为标准，评价结果的方差低于设置的标准认为通过。如果高于方差，但平均分合理，则不予讨论，否则需予以讨论并重新打分。

3．阅读岗位说明书

岗位说明书是评委了解岗位工作内容、职责并据此进行打分的重要工具。因此在岗位评价前，必须仔细阅读岗位说明书，必要时可由人力资源部门相关负责人对所有岗位进行介绍，确保评委对各岗位有充分和深入的认识，熟悉每一个岗位的具体工作职责，从而保证打分的准确性。

4．强调评价过程纪律

由于评价结果往往影响到岗位薪酬水平的确定，对组织的影响较大。因此，必须强调岗位评价过程中的纪律，确保评价工作顺利有效地进行。在这个过程中，首先保证评委独立打分，不得与他人讨论。由于每个人对岗位的认识和理解存在差异，如果在打分过程中与他人讨论，势必影响打分结果，造成评委在对不同岗位进行打分的过程中前后评价标准不一致，从而影响最后评价结果的有效性。其次强调保密原则。由于岗位评价结果对组织的重要影响，在整个岗位评价过程中必须强调保密原则。整个岗位评价过程都应该是封闭的，在打分过程中，不得随意使用通信工具，更不能将评价过程中使用的资料随意带出。在正式评价结果发布以前，任何人员都不应向其他人员谈论岗位评价的相关事宜，以免使组织出现不必要的混乱。

5．选择恰当的培训内容

由于每个组织的需求不同，不同企业进行岗位评价的思路和方案就有很大区别，同时由于评委构成的复杂性，必须选择恰当的培训内容对评委进行培训。培训的内容可以依据实际情况进行选择，大致可以分为以下几个方面。

（1）对于整个岗位评价流程和安排方面的培训；

（2）对于岗位评价对象的背景知识的培训；

（3）有关沟通技能和相应的观察、记录能力的培训；

（4）文字表达能力的培训等；

（5）有关岗位评价知识的培训，这种培训主要针对企业内部岗位评委而言。

通过上述的培训，培训人员应具有以下能力：

（1）具备岗位评价相关知识；

（2）熟悉岗位评价工作，并能采用各种方法得到所需资料；

（3）具有与专家、管理人员及各类员工面谈的能力，并能全面观察和记录与岗位评价有关的资料和信息；

（4）具有分析、比较、综合的能力。

7.4 试评标杆岗位

在大型组织中，由于工作众多，很难同时对所有岗位进行评价。因此，需要先选择一部分标杆岗位进行评价，然后与外部组织的薪酬水平进行对比。标杆岗位是指那些在大多数组织中都存在，且工作职责和任职资格条件差异不大的一般化的工作。

7.4.1 标杆岗位的选择原则

所选择的标杆岗位的工作内容或职责是长期以来相对稳定且被大多数人熟知和认可的岗位，同时，应是所有组织中通常都有的工作，且具有代表性的工作，可以与非标杆岗位进行比较。标杆岗位选择通常有三个原则。

（1）数量恰当。标杆岗位的数量应结合组织的实际情况进行选定。标杆岗位的选择中，通常根据劳动力市场来确定工资水平的工作，一般进行岗位评价时，需要在组织中选择10%～15%的标杆岗位进行岗位评价，其他没有作为标杆岗位的工作，则其相对价值将通过与标杆岗位的评价结果相对比而得出。过多地选择标杆岗位的数量就起不到精简的作用，造成岗位评价过程烦琐，过少的非标杆岗位就很难依据标杆岗位的评价结果进行比较，有些岗位的价值就不能得到准确的测定。

（2）利于比较。对标杆岗位的选择是进行岗位评价的基础，之所以选择标杆岗位是因为通过对标杆岗位的评价可以为整个组织的岗位价值建立一个标杆。所有组织中的非标杆岗位通过与标杆岗位的价值进行横向比较，进而明确各岗位的价值，建立清晰的价值体系。

（3）具有代表性。标杆岗位的选择必须能代表岗位所包括的职能特性和要求。不能因为某几个岗位的重要性而将其全部作为标杆岗位，也不能因为某几个岗位不重要而将其忽略，不将其列入标杆岗位。标杆岗位必须从职能特性和要求角度入手，将具有代表性的岗位列入其中，不能刻意地增加，同时也绝不能忽略任何一个岗位。需注意的是，同一个部门价值最高和价值最低的岗位都要选取。

7.4.2 标杆岗位的评价要素

标杆岗位的评价要素因选用的评价方法不同而存在差异。通常标杆岗位评价要素分为劳动责任、劳动技能、劳动心理、劳动强度和劳动环境五类，也称为岗位评价五要素。在结合具体企业特点的基础上，通常选取表 7-1 中所包含的要素作为标杆岗位的评价要素。

表 7-1　标杆岗位评价要素

A 知识水平与能力	
评估要素	要素定义
A1 专业知识	
A1-1 专业技术知识技能	为顺利履行工作职责所需具备的专业技术、知识、素质和能力要求
A1-2 最匹配学历要求	顺利履行工作职责所要求的最适宜的学历要求，其判断基准按正规教育水平判断
A2 相关知识	
A2-1 管理知识技能	为顺利履行工作职责需具备的管理知识素质和能力的要求
A2-2 知识多样性	在顺利履行工作职能时需要使用多种学科专业领域知识。判断基准在于广博而不在于精深
A3 一般能力	
A3-1 语言应用能力	工作所要求实际运用的文字知识程度，演讲与口才的能力
A3-2 计算机知识	工作所要求的计算机知识的水平。判断以常规使用的最高程度为基准
A4 综合能力	
A4-1 综合能力	顺利履行工作职责具备的多种知识素质、经验和能力的总体要求
B 岗位所要求经验、经历的丰富程度	
评估要素	要素定义
B1 工作经历丰富程度	
B1-1 工作经验	工作在达到基本要求后，还必须运用某种随经验不断积累才能掌握的技巧。判断基准是掌握这种必需的技巧所花费的实际工作时间
B2 从事本岗位或相关岗位的工作时间	
B2-1 熟练期	具备工作所需的专业知识的一般劳动力需要多长时间才能胜任本职工作
B3 专业训练难度或专业资质等级要求	
B3-1 专业训练难度或专业资质等级要求	工作所需要的专业训练的难度或所需的专业资质等级要求
B4 岗位的灵活性和创新性难度	
B4-1 工作的灵活性	工作需要灵活处理事情的程度。判断基准取决于工作职责要求
B4-2 创新和开拓	顺利进行工作所必需的创新与开拓的精神和能力的要求

续表

C 工作复杂程度	
评估要素	要素定义
C1 工作内容复杂程度	
C1-1 工作复杂性	在工作中履行职责的复杂程度。其判断基准根据所需判断分析、计划等水平而定
C1-2 脑力劳动辛苦程度	在工作中所需注意力集中程度的要求。根据集中精力的时间、频率等进行判断
C2 工作任务繁重程度	
C2-1 工作紧张程度	工作的节奏、时限、工作量、注意力转移程度和工作所需对细节的重视所引起的工作紧迫感
C3 工作环境因素	
C3-1 职业病或危险性	因工作所造成的身体疾病，或工作本身可能对任职者身体所造成的危害
C3-2 工作地点稳定性	是否经常变换工作地点，主要根据出差时间的长短进行判断
C4 工作中突发事件频度	
C4-1 工作均衡性	工作每天忙闲不均和处理突发事件的频度
C4-2 工作时间特征	工作要求的特定起止时间
D 岗位涉及人际关系的频度与难度	
评估要素	要素定义
D1 与公司外界人士交往的频度与重要性	
D1-1 外部协调的责任	在正常工作中需维持密切的工作关系，以便顺利开展工作方面所负有的责任，其责任大小以对方工作重要性为判断标准
D2 与其他部门的配合频度与重要性	
D2-1 部门间协调责任	在正常工作中，需要与之合作共同顺利开展业务的协调活动。其责任大小以所协调对象所在层次、人员数量及频繁程度和失调后果大小为判断基准
D2-2 工作的协调活动范围	在工作中处理问题所涉及的与其他部门或岗位协调和沟通的复杂性和范围
D3 部门内人员协作频度与难度性	
D3-1 部门内指导监督的责任	在正常权力范围内所拥有的正式指导监督职责。其责任的大小根据所监督指导人员的数量（所有下属的数量）确定

续表

E 对组织目标的影响程度和工作中的责任	
评价要素	要素定义
E1 对组织目标的影响程度和工作中的责任	
E1-1 工作结果的责任	对工作结果承担多大的责任。以工作结果对公司影响的大小为判断责任大小的基准
E1-2 决策的层次	在正常工作中需要参与决策，其责任大小以所参与决策的层次高低为判断基准
E2 岗位对公司整体工作完成情况的影响	
E2-1 风险控制的责任	在不确定的条件下，为保证投资、项目实施，以及公司正常经营所担负的责任，该责任大小以失败后损失影响的大小为判断标准
E2-2 直接成本/费用控制的责任	正确工作状态下，在因工作疏忽而可能造成的成本、费用等额外损失方面所承担的责任
E3 工作压力大小程度	
E3-1 工作压力	工作本身给任职人员带来的压力。根据决策迅速性、工作常规性、任务多样性、工作流动性及工作是否被时常打断进行判断
E4 岗位责任的考核明晰程度	
E4-1 组织人力资源的责任	在正常工作中，对人员的考核、工作分配、激励等具有法定的权力

表 7-1 中所列出的评价要素是一般企业所共有的和常用的因素。在实际应用中，应根据所评价对象的实际情况与被评价方进行充分沟通。通常应与被评价方组成项目小组共同完成本部分工作。根据评价对象的实际情况，去掉明显对被评价方不适用的或用处不大的因素，添加一些能够体现被评价方员工贡献和价值取向的关键因素。同时，评价因素的总数也没有固定的数值，但过多或者过少都会给评价工作带来一定的困扰。

7.4.3 标杆岗位的试打分

采用评分法对岗位进行评价需要对企业所有岗位的所有评价因素进行打分，但在进行正式打分之前，需要对标杆岗位进行试打分。在这个过程中，一方面要依据前面介绍的部分选择合适的标杆岗位，另一方面需要做好标杆岗位试打分的相关工作。

在进行试打分前，应统一专家的认识，其实打分过程也是让专家在动手过程中亲自体会因素定义深刻含义的过程。专家组对照职务说明书，对标杆岗位的不同因素分别进行打分。因素得分乘以权重之后加总，可以得到岗位的总分。通过对标杆岗位的试打分，专家组成员可以基本熟悉岗位评价的流程。还可以发现问题并及时进行解释，消除专家组成员对评价表中各项指标理解的过大差异，建立合理的打分标准。

在具体的操作过程中，进行评价前应宣读岗位说明书，岗位说明书最好每个专家一份，以便评价过程中进行查阅。对每个标杆岗位的每个因素都应该仔细评价，每项因素与权重比值的标准差是否超过专家经验值、均值分布是否合理、总分排序是否合理等。如果某个岗位得分结果离差过大，则说明大家对该岗位的理解存在较大分歧，为了得到比较准确的结果，需要重新打分。标杆岗位的打分结束后，专家组要对“标杆岗位”的得分结果进行综合分析，投票选出若干大家公认结果不合理的项目，并重新进行评价。大多数专家一致认为标杆岗位的得分能够符合企业的价值取向后就可以进入正式评价阶段。

先打出关键岗位的标杆的目的是确定公司薪酬分布情况，在接下来的评价过程中，尤其是在按部门对各个岗位分别评价时，需要参照标杆岗位的打分进行比较。因此，标杆岗位试打分必须准确。

实验实践　标杆岗位的选择与试评

实验实践背景与目的

本实验的主要内容是对岗位评价前期准备工作中的标杆岗位的选择和试评工作进行培训。主要目的是帮助实验者进一步加深对岗位评价工作相关理论知识的理解、熟悉，以及掌握在标杆岗位选择和试评中应用的技术和工具，以便在未来岗位评价工作中应用相关技术和工具获取岗位评价的科学参考和依据。

实验实践准备条件

（1）硬件条件：提供上机条件的实验室（如果没有，多媒体教室也可）；打印机、复印机。

（2）软件条件：标杆岗位试打分要素与定义分级表、岗位说明书。

实验实践过程

1．操作步骤

（1）将标杆岗位打分要素与定义分级表、岗位说明书发给全体同学。依据标杆岗位的选择原则确定标杆岗位，同时依据岗位打分要素及定义分级表对所选标杆岗位进行打分。

（2）将全体同学随机分为两组，任选一组作为专家组，另一组作为操作组。对打分结果进行评价。完成一轮后，将上述两组对调再重复一遍上述操作。

（3）全体同学依据上述两次操作过程完成标杆岗位评价报告。

2．难点与注意事项

（1）专家组成员应反复研读每一项指标的定义，岗位评价定义表中的各项因素是否符合无重复、无遗漏原则。如果出现对两个因素的理解有交叉的现象，需要加深对每个因素概念的界定和理解。专家组成员对每项指标的明确含义的理解应该在反复讨论的基础上得到统一。

（2）教师主持过程中要避免引导，主持人只陈述事实性问题，如宣读岗位说明书、宣读打分结果，推进标杆岗位评价的进展，如组织专家组讨论每项分数是否合理，在不能取得一致时组织举手表决，少数服从多数。

实验实践成果及评价

1．预期成果

（1）实验报告：标杆岗位评价报告。

（2）总结讨论会纪要。

2．评价标准（每项 0～20 分）

（1）能准确把握标杆岗位的选择原则。

（2）对标杆岗位的选择有理有据，结论恰当。

（3）标杆岗位打分、计算过程正确。

（4）报告提交及时。

（5）过程参与的积极程度。

实验实践支撑材料

员工能力素质表（见表 7-2）、能力素质评分对应表（见表 7-3）、结果等级对应表（见表 7-4）。

表 7-2　员工能力素质表

	A 高	B 目标	C 低	D 差
A．人际交往能力				
1．关系建立	易与他人建立可依赖的、积极发展的长期关系	能够与他人建立可依赖的长期关系	较为自我，不易与他人建立长期关系	刚愎自用，不易与他人相处，自我封闭
2．团队合作	善于与他人合作共事，相互支持，充分发挥各自的优势，保持良好的团队工作氛围	能够与他人合作共事，相互支持，保证团队任务的完成	团队合作精神不强，对工作有影响	不能与他人很好地合作，独断专行
3．解决矛盾	巧妙地、建设性地解决不同矛盾	能够解决已发生的矛盾，不致对工作产生大的负面影响	解决矛盾手法生硬，影响工作顺利进行	遇到矛盾不知如何解决
4．敏感性	对他人较关心，容易感知别人想法，体谅他人，领会他人的请求，并付之于适当的言行	能关心他人，体谅他人，领会他人的请求，有时能帮助想办法解决	有时能关心他人，体会他人的苦衷	不太关心他人，对他人的需求毫无感觉
B．影响力				
1．团队发展	易与他人沟通，积极促进团队协作，在团队中是自然的核心人物，并能引导团队达到组织目标	能够根据公司要求努力促进团队的协作和沟通，使工作能够顺利开展	尚能与他人合作，但协调不善，影响工作	无法与人协调

续表

	A 高	B 目标	C 低	D 差
2. 说服力	能够表述自己的主张、论点及理由，比较容易说服别人接受某一看法与意见	能说服下级、同事、上级接受某一看法与意见	说服别人比较困难	无法说服别人，或咄咄逼人，或逃避退让
3. 应变能力	待人处世很灵活，善于审时度势，很容易适应岗位、岗位或管理的变化所带来的冲击，并能顺应其变化很快适应环境，取得主动	待人处世较灵活，能够根据公司要求，认可公司变化所带来的冲击，并能顺利地完成转变	对公司的变化或角色的转变不太适应，工作开展有困难	待人处世刻板，适应性差
4. 影响能力	能积极影响他人的思维方式和发展方向	能以自己积极的言行带领大家努力工作	有时能影响他人	对他人几乎无影响力或完全操纵利用他人
		C. 领导力		
1. 评估	能合理评价他人的技能和绩效，使下属心服口服，并能使下属明确努力方向	能较为合理地评价他人的技能和绩效，指出其不足	能够按公司要求对他人做出评估	无法正确评估他人
2. 反馈和培训	善于了解下属需要，通过一对一的反馈和培训以帮助他人成长和发展	能够根据实际情况，通过培训和反馈帮助他人成长和发展	不能很好地利用反馈和培训的手段	对下属的工作无反馈和培训
3. 授权	善于分配工作与权力，并能积极传授工作知识，引导下属完成任务	能够顺利分配工作与权力，有效传授工作知识，完成任务	欠缺分配工作、权力及指导下属的方法，任务进行偶有困难	不善于分配工作与权力，缺乏指导员工的方法，内部时有不服怨言
4. 激励	了解他人的需求，善于引导下级积极主动地工作，用奖励和表彰等方式提高积极性，并使员工积极努力地工作	有制度，能够利用奖励和表彰等方式提高员工积极性	有一定的制度，但不能充分发挥作用，无改进措施，员工积极性不高	工作主要靠命令与指示
5. 建立期望	善于与员工沟通，给下属订立明确合理的工作目标和标准，并建立合理的期望	能够与员工沟通，给下属订立明确的期望目标和标准	能够给下属订立工作标准和分配任务	无法给员工建立期望

续表

	A 高	B 目标	C 低	D 差
6．责任管理	能够充分与下属沟通，督导员工的工作进展，及时反馈和培训，让下属对自己的工作担负责任	能够与下属沟通，注重过程管理，指导和协助员工完成任务	虽能与员工沟通，但缺乏对员工的指导和协助	放任自流
		D．沟通能力		
1．口头沟通	简明扼要，具有出色的谈话技巧，易于理解	抓住要点，表达意图，陈述意见，不太需要重复说明	语言欠清晰，但尚能表达意图，有时需反复解释	含糊其词，意图不明确
2．倾听	能够很好地倾听别人的倾诉，很快明白倾诉人的想法和要求	能够注意倾听，力求明白	能够倾听，有时一知半解	不注意倾听，常常不知对方所云
3．书面沟通	表达清晰、简洁，易于理解，无可挑剔	几乎不需修改补充，比较准确地表达意见	文章不够通顺，但尚能表达清楚主要意图	文理不通，意图不清，需做大修改
		E．判断决策能力		
1．战略思考	能透过现象看本质，把握组织面临的挑战和机会，兼顾短期和长远目标	能够根据现状了解组织面临的挑战和机会	主要忙于事务性工作，有时也会注意公司的前景和对策等问题	对公司的将来不太关心，也不注意工作上可能出现的机会和挑战
2．创新能力	工作中能不断提出新想法、新措施，善于学习，注意规避风险，锐意求新，在工作中有较大创新	工作中能够努力学习，提出新想法、新措施与新的工作方法并有风险意识	按部就班，很少提出新想法、新措施与新的工作方法	因循守旧，墨守成规
3．解决问题的能力	能迅速理解并把握复杂的事务，发现明确关键问题，找到解决办法	问题发生后，能够分辨关键问题，找到解决办法，并设法解决	发生问题能够想办法解决，但有时抓不住关键	遇到问题束手无策
4．推断评估能力	对所做决策有良好的权衡和判断评估	大致能做出正确的判断和评估	对事物有大概的判断和评估，缺乏方法和手段，结果不能十分可信	对日常工作经常判断失误，耽误工作进程

续表

	A 高	B 目标	C 低	D 差
5．决策能力	善于确定决策时机，提出可行方案，合理权衡，优化选择，对困难的事处理果断得当	善于确定决策时机，提出可行方案，但在权衡、选择时偶有失当，大多数日常事务处理果断得当	能够确定决策时机，但很少提出可行方案，常求助于幕僚	遇事优柔寡断，缺乏主见
F．计划执行能力				
1．准确性	能够按照计划严格执行，并确保在每个细节上减少差错	能按照计划执行，比较注意细节，偶有差错发生但能迅速改正	能大致按计划执行，不太注意细节，偶有差错发生	工作无计划，随意，常出差错
2．效率	时间和资源的利用达到最佳，工作效率高，完成任务速度快、质量高、效益好	工作效率尚可，能分清主次，能够按时完成工作，基本保证质量	工作效率较低，需要别人帮助才能完成任务	工作不分主次，效率低，经常完不成任务
3．计划与组织	具有极强的制订计划的能力，能自如地指挥调度下属，通过有效的计划提高工作效率，以最佳的结果为目的	能根据公司的要求，制订相应的程序和计划，在权限范围内配置资源，明确目标和方针，以及确保供应的保障	制订计划和组织实施有难度，需要别人帮助方能进行	做事无计划，缺乏组织能力
G．客户服务				
1．了解客户需求	善于与客户沟通，准确、敏锐地把握客户的真实需求，有广泛的人际关系	能够与客户沟通，了解客户需求，为推销产品而维持良好的关系	能够与客户沟通，为推销产品而努力，但不能准确、敏锐地把握客户的真实需求	与客户沟通有困难，不能很好地了解客户需求
2．客户管理	通过完善的客户管理控制客户信用风险，引导双方关系，提高销售成功率	有较好的客户管理，能够引导客户期望，注意客户信用	有简单的客户管理，能够与客户建立关系，未能分析客户资信状况	无客户管理，不了解客户信用状况
3．谈判能力	有较高的谈判技巧，善于把握对方风格，控制情绪，引导谈判进程，成功率高	掌握一定的谈判技巧，积极促成谈判成功	谈判中表现努力，但不够灵活耐心，有时因谈判技巧不足而无法促成谈判成功	无谈判技巧，致使谈判失败

续表

	A 高	B 目标	C 低	D 差
4. 市场开拓能力	系统地分析市场状况，研究潜在客户，善于发现新业务机会，不断总结市场开拓经验，积极联络老客户、发展新客户	有市场开拓能力，能够收集市场信息、竞争对手情况，维持老客户、开发新客户	有市场开拓意识，能够开发新客户，但不注意总结经验，市场开拓方法的研究和掌握不足	无市场开拓精神，不掌握市场开拓方法，不能够维持老客户和开发新客户

表 7-3　能力素质评分对应表

等级	A	B	C	D
定义	远超出基本标准	达到基本标准	接近基本标准	远低于基本标准
得分（分）	100	75	50	0

表 7-4　结果等级对应表

等级	优	良	中	基本合格
定义	超越岗位常规要求	完全符合岗位常规要求	符合岗位常规要求	基本符合岗位常规要求，但有所不足
得分(分)	90 以上	80 ~ 89	70 ~ 79	60 ~ 69

说明：

（1）公司员工能力要素打分结果换算为得分，A 为 100 分，B 为 75 分，C 为 50 分，D 为 0 分，并据此计算出各要素得分的平均值。

（2）最终结果等级分为四级，分别是优、良、中、基本合格。如平均分在 90 分以上则为优，80～89 分为良，70～79 分为中，60～69 分为基本合格。

（3）根据员工的能力素质测评结果确定其在该职等薪级中的具体等级。

（4）在确定各岗位不同薪级员工数量时，应符合强制分布法原则，其中优不得超过该岗位员工总人数的 10%，优与良之和不得超过该岗位员工总人数的 40%。

自测题

一、判断题

1. 岗位分类结构应建立在科学化和系统化的基础之上，它以职系为基本元素，以岗位、职组为纵坐标，以职级、职等为横坐标交叉构造而成。（　）

2. 岗位评价指标也称为岗位评价因子或评价项目，是评价过程中对评价对象各个方面

或各个要素定量化的过程。（　　）

3．职等是分类结构中最重要的概念，指将工作内容、难易程度、责任大小、所需资格皆相似的岗位划为同一职级，实行同样的管理使用与报酬。（　　）

4．“因人设职”是岗位分类的总原则。（　　）

5．岗位评价指导委员会从组织层面对岗位评价工作加以指导和把握。（　　）

二、单选题

1．工作性质完全相同的岗位系列称作（　　）。

A．岗级　B．岗等　C．岗类　D．岗系

2．划分职类、职群、职系的依据是（　　）。

A．工作繁简难易　B．工作的责任轻重

C．所需人员资格条件　D．工作性质

3．关于工作分析成果文件的说法，正确的是（　　）。

A．工作描述是对人的要求，它界定了工作对任职者各方面的要求

B．工作规范是对岗位本身的内涵和外延加以规范的描述性文件

C．工作规范主要涉及工作任职者实现在做什么及如何做等内容

D．岗位说明书包括工作描述和工作规范两个部分

4．组织的纵向结构指的是（　　）。

A．职能结构　B．部门结构　C．层次结构　D．职权结构

5．（　　）是个体从事工作活动的单元。

A．职责　B．职务　C．任务　D．职权

三、多选题

1．岗位分析的方法有（　　）。

A．访谈法　B．问卷调查法　C．观察法　D．关键事件法

2．常见的岗位评价委员会组织构成有（　　）。

A．岗位评价指导委员会　B．岗位评价实施委员会

C．分析小组　D．申诉委员会

3．岗位评价委员会的工作原则包括（　　）。

A．战略性原则　B．系统原则　C．公开原则　D．整分合原则

4．岗位评价培训包括（　　）。

A．组织评价委员会　B．阅读岗位说明书

C．强调评价过程纪律　D．理解评价指标

5．标杆岗位的评价要素包括（　　）和劳动环境。

A．劳动责任　B．劳动技能　C．劳动心理　D．劳动强度

四、简答题

1．岗位分类的基本方法有哪些？

2．如何选择标杆岗位？

3．如何组建岗位评价委员会？

4．如何获取岗位评估信息？

5．如何完成标杆岗位的试打分？

五、案例分析题

M 股份有限公司是一家高科技企业。由于人力资源管理职能上的缺位，导致目前人力资源管理非常混乱，员工士气低迷，不满意倾向增加，一些优秀员工逐步流失。同时，公司还处在一个十分特殊的阶段：经过十年的发展，公司正由初创期向成长期转变；第一代领导层刚退休，新的领导层还没有形成一个核心，在员工中的威信还不高；与 N 集团下属企业的重组在给企业带来机遇的同时，更多地带来了挑战，两种企业文化至今未能实现有机融合，原 M 公司的一些关键人员已经开始流失。

M 公司需要一种科学的方法来衡量岗位间的价值，从而确定一个公平合理的并对员工有良好激励作用的薪资结构。2018 年 6 月，M 公司员工调查问卷显示，一半多的 M 公司员工认为目前的薪酬体系没有实现内部公平、外部公平和自我公平。究其深层次原因，员工对薪酬普遍不满是现有薪酬结构不合理、不透明的结果。M 公司需要一种更为科学的方法来界定薪酬体系，以提高员工对收入水平的满意度和收入分配的公平感，实现更充分的激励作用。

问题：

1．运用你所学的知识分析上述解决方案的合理性和可行性。

2．如何才能解决 M 公司目前所面临的困境？具体步骤有哪些？

第8章

岗位评价的方法及其操作过程

引导案例

××贸易公司的岗位评价方法选择

××贸易公司是某国有大型贸易集团的二级子公司，业务发展稳定，收益良好，员工平均收入远高于市场薪资水平。由于市场环境面临比较大的变化，公司战略出现较大调整，因此组织结构进行了相应调整，设置了许多新岗位，以提高企业对市场的反应速度。与此同时，公司设计了相应的人力资源管理体制，以推进组织结构的变革。公司在各岗位说明书编制完毕的基础上，进行了岗位评价，并以岗位评价的结果为基础设计岗位薪酬。

但是，基于下述原因，公司最终选择使用岗位排列法。

（1）进行岗位评价工作的资源有限。由于正处于业务繁忙期，公司部分应该参加岗位评价委员会的业务骨干正在外地出差，无法及时赶回。

（2）由于组织结构进行了较大调整，出现了很多新设的岗位，参加岗位评价的员工不可能对岗位性质有充分的了解，而且岗位本身存在因业务需要进行调整的可能性。

（3）岗位评价的目的是解决薪酬问题，而薪酬问题的核心是解决内部公平性问题。一方面因为薪酬水平远高于市场水平，外部公平性几乎不必考虑；另一方面因为是国有企业要达到将原有薪酬水平拉开距离的目的，必须让尽可能多的员工参与岗位评价，而这种评价主要是为了比较岗位的相对重要程度。

（4）岗位数量较少，而且岗位的层次比较清晰，可以明确地界定出高层、中层部门经理、主管和普通员工四个层级。

评价人员推荐并使用了岗位排列法对岗位进行评价，并较好地达到了预定的目标。在评价过程中，在岗位评价委员会人员选择、评价考虑因素、评价前的培训和答疑、评价过程控制、评价结果处理等环节采取了严格的控制，并保持评价过程的公开性，保证评价综合了公司内部大多数人的意见和建议，使员工对岗位评价结果有较大的认同度，从而为后续的薪酬设计奠定了良好的基础。

思考：公司为什么选择岗位排列法？有没有更好的方法？

学习目标

- 重点掌握岗位评价的各种基本方法。
- 一般掌握要素计点法和海氏三要素评价法的操作和应用。
- 了解国际岗位评价法的操作和应用。

学习导航

岗位评价的方法有很多种，有的简便易行，有的较为复杂，不同的评价方案各有其特点。本章主要介绍岗位参照法、岗位排列法、岗位分类法、因素比较法、要素计点法、海氏三要素评价法及国际岗位评价法等岗位评价方法。实际评价中采用何种岗位评价方案，应根据不同组织的特点和需要进行选择。本章学习导航如图 8-1 所示。

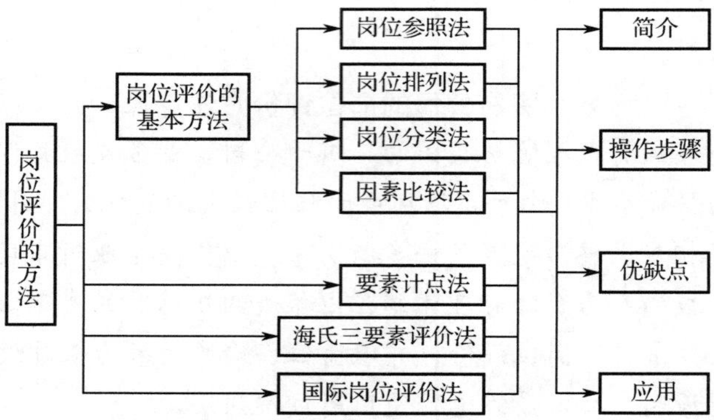

图 8-1　本章学习导航

8.1　岗位评价的基本方法

8.1.1　岗位参照法

岗位参照法是利用已有工资等级的岗位来对其他岗位进行评价。评定人员将各岗位的资料、数据收集齐全后，选择并确定若干个标准工作岗位作为参照系数，通过与标准工作岗位的比较对各工作岗位进行综合评价。

1. 岗位参照法的操作步骤

（1）成立岗位评价小组。

（2）评价小组选出几个具有代表性并且容易进行评价的岗位，对这些岗位采用合适的方法进行评价。

（3）如果企业已经有评价过的岗位，则直接选出具有被员工认同岗位价值的岗位即可。

（4）将通过步骤（2）和步骤（3）选出的岗位定为标准岗位。

（5）评价小组根据标准岗位的工作职责和任职资格要求等信息，将类似的其他岗位归类到这些标准岗位中。

（6）将每组中所有岗位的岗位价值设置为本组标准岗位价值。

（7）在每组中，根据每个岗位与标准岗位的工作差异，对这些岗位的岗位价值进行调整。

（8）最终确定所有岗位的岗位价值。

当企业已经有了一套合理的岗位价值序列，又有新增岗位需要进行岗位价值评估时，就可以参照标准岗位进行评价了。

2．岗位参照法的优缺点及应用范围

（1）岗位参照法的优点。通过选择、评价标准岗位价值，再推广到所有岗位，可大大节省岗位评价所花费的时间、精力和成本，且评价的结果具有较高的准确性。

（2）岗位参照法的缺点。标准岗位的选择具有一定的难度，其他岗位在与标准岗位相比照时，也需要一定的精确度和说服力。

（3）应用范围。由于岗位参照法中需要企业以已经评价好的标准岗位为参照标准来进行岗位评价，因此这种方法通常作为一种辅助的岗位评价方法应用于企业实践中。

8.1.2　岗位排列法

岗位排列法是一种非量化的简单的工作评价方法。这种简单的岗位评价方法依据“工作复杂程度”等总体指标对每个岗位的相对价值进行排序，通常只对各部门或职族内的岗位进行排列。排列法包括以下三种方法。

1．简单排列法

简单排列法，也称序列法，是一种最简单的岗位评定方法。它由评价人员凭自己的工作经验主观地进行判断，根据岗位的相对价值按高低次序进行排列。采用简单排列法时，将每个工作岗位作为一个整体考虑，并通过比较简单的现场写实观察，或者凭借一些相关的岗位信息进行相互比较。其具体步骤如下。

（1）由有关人员组成评价小组，并做好各项准备工作。

（2）了解情况，收集有关岗位方面的资料、数据。

（3）评价人员事先确定评判标准，对本企事业单位同类岗位的重要性逐一做出评判，最重要的排在第一位，再将较重要的、一般性的岗位逐级往下排列。

（4）将经过所有评价人员评定的每个岗位的结果加以汇总，得到序号和。然后将序号和除以参加评价人数，得到每个岗位的平均排序数。最后，根据平均排序数的大小，按照评定出的岗位相对价值，按从大到小或从小到大的顺序做出排列。简单排列法示例如表 8-1 所示。

表 8-1　简单排列法示例

岗 位 编 号	01001	01002	01003	01004	01005
评价人员 A	1	2	3	4	5
评价人员 B	3	2	1	5	4
评价人员 C	2	1	4	3	5
评价人员 D	4	1	2	3	5
评价人员 E	1	3	2	5	4
合　计	11	9	12	20	23
平 均 值	2.2	1.8	2.4	4	4.6
岗 位 排 序	2	1	3	4	5

在实际应用的过程中，一些企事业单位为了提高岗位排列法的准确性和可靠性，还采用了多维度的排列法，如从岗位责任、知识经验、技能要求、劳动强度、劳动环境等多个维度进行评价，从而使岗位排列法的结果在信度和效度上明显提高。岗位综合排列法示例如表 8-2 所示。

表 8-2　岗位综合排列法示例

<table>
<tr><th></th><th>评价指标</th><th>01001</th><th>01002</th><th>01003</th><th>01004</th><th>01005</th></tr>
<tr><td rowspan="5">岗位五项指标初评结果</td><td>岗位责任</td><td>1</td><td>2</td><td>4</td><td>3</td><td>5</td></tr>
<tr><td>知识经验</td><td>2</td><td>1</td><td>3</td><td>5</td><td>4</td></tr>
<tr><td>技能要求</td><td>3</td><td>2</td><td>1</td><td>4</td><td>5</td></tr>
<tr><td>劳动强度</td><td>4</td><td>3</td><td>5</td><td>2</td><td>1</td></tr>
<tr><td>劳动环境</td><td>2</td><td>5</td><td>4</td><td>1</td><td>3</td></tr>
<tr><td colspan="2">合计</td><td>12</td><td>13</td><td>17</td><td>15</td><td>18</td></tr>
<tr><td colspan="2">岗位排序</td><td>1</td><td>2</td><td>4</td><td>3</td><td>5</td></tr>
</table>

2．交替排列法

交替排列法，也称两极排列法，是简单排列法的进一步推广。可以按照下列步骤进行岗位评价。

例如，某公司销售部有 10 个管理岗位，即 A、B、C、D、E、F、G、H、I 和 J 等。

（1）按照岗位相对价值的衡量指标（如岗位的责任程度），从 10 个岗位中选择最突出的岗位，将其代码填写在排序表第一的位置上，同时选出程度最低或最差的岗位，并将其代码填写在排序表最后的序号位置上，如表 8-3 所示。

表 8-3　交替排列法示例

排　　序	1	2	3	4	5	6	7	8	9	10
岗位代码	D①	A②	C③	H④	F⑤	E⑤	G④	I③	J③	B①

注：表中圈码表示选择的先后顺序。

（2）由于 10 个管理岗位中，相对价值最高与最低的岗位 D 和 B 已经被列入表第一和最后的位置上，然后从余下的 8 个管理岗位中挑选出相对价值最高者和最低者，并将其代码分别填写在表 8-3 中。

（3）从剩下的 6 个岗位中，选择相对价值最高与最低的岗位 C 和 I，将其代码填入表 8-3 中。

（4）依次类推，最后完成该部门管理岗位的排序工作。

与简单排列法相比，交替排列法提高了岗位之间的整体对比性。

3. 配对比较法

配对比较法也称成对比较法或两两比较法等。其基本步骤是，首先将每个岗位按照所有要素（如岗位责任、劳动强度、环境条件、技能要求等）与其他所有岗位一一进行对比，如表 8-4 所示，然后将各个评价要素的考评结果整理汇总，求得最后的综合考评结果，如表 8-5 所示。

表 8-4　配对比较法示例

岗位代码	A	B	C	D	E	F	排序
A	0	+	+	+	+	+	6
B	−	0	+	+	−	+	4
C	−	−	0	−	−	+	2
D	−	−	+	0	−	+	3
E	−	+	+	+	0	+	5
F	−	−	−	−	−	0	1
汇总	−5	−1	+3	+1	−3	+5	

注：用表纵列岗位与横行岗位对比，以横行岗位作为对比基础，比本岗位（如 A 岗）责任大（或高或重）者画上正号“+”，比本岗位责任小（或差或低）者画上负号“−”。本表以横行岗位为对比的基础。如果以纵列岗位为对比的基础，所得结果正好相反。

表 8-5　配对比较法统计汇总

岗位评价要素	A	B	C	D	E	F
岗位责任	6	4	2	3	5	1

续表

岗位评价要素	A	B	C	D	E	F
劳动强度	5	6	1	2	4	3
知识水平	6	5	4	2	3	1
技能要求	5	4	6	3	2	1
劳动环境	5	6	1	4	3	2
社会心理	6	5	3	2	4	1
排序号汇总	33	30	17	16	21	9
岗位级别排序	6	5	3	2	4	1

从上述比较过程来看，岗位评价人员将需要评价的每个岗位两两比较，然后根据所得的结果按照评价值的大小排列出各个岗位的高低顺序。

配对比较法是在同一时间内仅在两对岗位之间进行比较，而不像其他排列法那样需要同时在许多岗位之间进行比较。与其他排列法一样，如果涉及的岗位不多，配对比较法简便易行，能快速及时地完成岗位评价的任务。因此，岗位评价人员更喜欢采用配对比较法。

成对比较法的一个特殊问题是，当一个部门的岗位数目很多时，成对的比较次数会明显增加。需要配对比较的次数等于 $N(N-1)\div2$。如果某个部门有 30 种不同的岗位，就需要对岗位进行 435 次［$(30\times29)\div2$］配对比较。因此，配对比较法更适合较小范围内的岗位评价工作。

4．岗位排列法的优缺点及应用范围

（1）岗位排列法的优点。简单易行，操作时花费的时间比其他方法少，费用成本低。

（2）岗位排列法的缺点。岗位排列法完全凭借评价人员的知识和经验主观地进行评价，缺乏严格的、科学的评判标准，使评价结果弹性大，容易受到其他因素的干扰。其次，不能找出工作之间的相对价值，不能确定价值差异的大小，因而无法据此确定基本报酬的具体数额。最后，要做出正确的排序，必须使评价人员对每个需要评价的工作细节了如指掌，而要做到这一点难度是较大的。

（3）应用范围。岗位排列法简单易行，但缺乏精确性，所以它适用于结构稳定的公司、实力单薄的小公司，以及缺乏时间和财力做规划工作的公司。

8.1.3 岗位分类法

岗位分类法也称描述法。它将岗位按总体工作内容分为不同的职类，在每个职类中，按岗位工作内容的复杂程度、难易程度将不同的岗位分为不同的等级，再根据岗位的工作内容，将不同的岗位归入不同的类、级中，最终确定不同类、级的薪酬比率。通过建立工作的类别，确定工作的种类，建立工作的等级。在不同的难易程度间建立可比性，就像在图书馆的分类系统中，通过图书的索引号很快确定书籍的位置。岗位分类法就像一个多层书架，每层代表一个等级。例如，把最贵的书放到最上面的一层，把最便宜的书放到最下面的一层。而每个工作岗位就像一本书，我们的目标就是将这些书分配到书架的各个层次上。结果看到的是不同价值的工作岗位分布情况。

在岗位分类法中，最关键的一项工作是确定等级标准。各等级标准应明确反映各种工作在技能、责任等要素上存在的不同水平。在确定不同等级要求之前，要选择构成工作基本内容的基础因素，但如何选择因素或选取多少则依据工作性质来决定。在实际测评时，不能把岗位分解成各构成要素，而要作为整体进行评定。岗位分类与企业单位以外的职业分类标准存在密切的联系。各类职业分类标准是以企业单位、国家机关岗位分类为基础制定的。一旦这类标准建立，企业单位在进行岗位分类时，便可依据、参照或执行这类标准。

1．岗位分类法的操作步骤

（1）岗位分析。与其他方法一样，岗位分析是基础的准备工作。由企业的专门人员组成评定小组，收集各种有关的资料、数据，写出调查报告。

（2）岗位分类。按照生产经营过程中的各类岗位的作用和特征，首先将全部岗位划分为若干大类。其次在划分大类的基础上，进一步按每个大类中各种岗位的性质和特征划分为若干种类。最后根据每个种类中反映岗位性质的显著特征，将岗位划分为若干小类。

（3）建立等级结构和等级标准。由于等级数量、等级结构与组织结构有明显的关系，因此这个步骤比较重要和复杂。它包括以下三个方面。

① 确定等级数量。等级数量取决于工作性质、组织规模、功能的不同和有关人力资源政策。不同企业根据各自的实际情况选择一定的等级数量，并没有统一的规定和要求。但是，无论对单个岗位还是对组织整体，都要确定等级数量。

② 确定基本因素。通过这些基本因素测评每个岗位的重要程度。

③ 确定等级标准。因为等级标准为恰当区分工作重要性及确定岗位评价结果提供了依据，所以它是这一阶段的核心。在实际操作中，一般从确定最低和最高的等级标准开始。

例如，美国联邦政府的岗位分类系统按以下报酬要素制定等级说明书：①工作的复杂程度和灵活度；②接收和实施的监督；③所需的判断能力；④要求的创造力；⑤人际工作关系的目的；⑥经验；⑦责任；⑧要求的知识水平。美国联邦政府岗位等级定义示例如表 8-6 所示。

表 8-6　美国联邦政府岗位等级定义示例

等　级	定　义
GS—1	包括只需照章办事，处于直接监督之下，只需很少或几乎无须独立判断的岗位： （1）办公室、商业、财务方面最简单的例行工作； （2）在专业、科研、技术等领域中几乎不具有技术色彩的基础性工作
GS—2	包括具有以下特征的岗位： （1）在直接监督之下，从事需要有限的独立判断能力的工作，如办公室、业务、财务等例行工作，在专业、科研、技术等领域中需要有限范围稍具有技术特征的工作，要略做些需经培训或需要经验的工作； （2）从事具有同等重要性、难度、责任及要求相近资格的工作

续表

等　级	定　义
GS—3	包括具有以下特征的岗位： （1）在直接或全面监督下，办公室、业务、财务方面有一定难度和要负担一定责任的工作或专业、科研、技术等领域类似的从属性技术工作，并符合以下任何一种条件： ① 受过一定训练或具备一定经验； ② 掌握某种特定的专业知识； ③ 需要根据既定的政策、程序和技术进行一定的独立思考。 （2）具有同等重要性、难度和责任，并有类似资格要求的岗位

（4）岗位测评和列等。等级标准确定后，就根据这些标准对岗位测评和列等，将工作说明书与等级标准逐一进行比较，并将工作岗位列入相应等级，从而评定出不同系统、不同岗位之间的相对价值和关系，最终形成企业岗位价值等级结构。

2．岗位分类法的优缺点及应用范围

（1）岗位分类法的优点。

1）比较简单，所需经费、人员和时间也相对较少。这种方法在工作内容不太复杂的部门能在较短时间内得到满意的结果。

2）由于等级标准都参照了特定因素，因此其结果比岗位排列法更准确、客观。当出现新的工作或工作变动时，按照等级标准很容易确定其等级。

3）由于等级的数量及等级与组织之间的相应关系在各个工作列等之前就已经确定，因此采用岗位分类法分出的等级结构能如实反映组织结构的情况。

4）由于岗位分类法应用比较灵活，适应性强，因此为劳资双方谈判、解决争端留有余地。

（2）岗位分类法的缺点。

1）由于确定等级标准困难，因此对不同系统的岗位评价存在相当大的主观性，从而导致许多争议。

2）岗位分类法对岗位评价也是比较粗糙的，只能得出一个岗位应归在哪个等级中的结果。岗位之间价值的量化关系到底是怎样的并不很清楚。因此，岗位分类法应用到薪酬体系中时会遇到一定的困难。

（3）应用范围。岗位分类法的适用性有一定局限，适用于岗位性质大致类似、可进行明确分组且改变工作内容的可能性不大的岗位。

8.1.4 因素比较法

因素比较法是一种量化的工作评价技术，是选择多种因素并按所选定的多种因素分别对工作岗位进行排序的一种岗位评价方法。在某种程度上，因素比较法是岗位排列法进一步改良的结果。在岗位排列法中，只需要将工作的整体进行考虑、排序，而因素比较法侧重于选择多种报酬因素，按每种因素分别比较排列一次，设置一个具体的报酬金额，然后计算出每种工作在各种报酬因素上的报酬总额，并把它作为这种工作的报酬水平。

1．因素比较法的操作步骤

（1）认真进行岗位分析。对岗位进行认真的分析，通过所得的结果获取相关信息。在岗位说明书中尤其要注意体现岗位评价决定使用的指标因素，如身体条件、心理要求、技能要求、岗位职责与岗位环境等。

（2）选择基准岗位。在每类岗位中选择一些关键性的岗位作为基准岗位。这些基准岗位应该是组织中普遍存在的、工作内容相对稳定的，而且其所得到的薪酬应是公平合理的、大多数人公认的。基于这些基准岗位的薪酬，对其他岗位的薪酬水平进行调整和确定。

（3）选择共同的报酬因素。从基准岗位中找出一系列共同的报酬因素。通常选择的因素有工作技能、脑力劳动、体力劳动、岗位职责与岗位条件。当然，在实际使用时，只需选择组织中最重要的一些因素即可。

（4）排序各因素。对每个基准岗位的影响因素加以比较，按重要程度的高低进行排序。其排序方法与上述介绍的岗位排列法完全一致。

（5）分配各因素。将每个基准岗位的工资总额按所选的影响因素进行分解，分配到对应的报酬因素上。

（6）汇总工资水平。将组织中尚未评定的其他岗位在每个报酬因素上分别与基准岗位相比较，确定待评定岗位在每个因素上的工资。将分布在各个因素上的工资相加汇总，即得到待评定岗位的工资水平。

例如，在某公司的一次工作评价中有五个因素对工作进行评价，A、B、C 是基准岗位，A、B、C 工资分别为 1 000 元、2 000 元、4 000 元，X 是待评价岗位。首先将 A、B、C 按照五个因素进行排序，然后将 X 与这三个基准岗位进行比较，得出结果，如表 8-7 所示。

表 8-7　因素比较法的应用

因素 工资率	工作技能	脑力劳动	体力劳动	岗位职责	岗位条件
100 元/月	A				A
200 元/月			A	B	
300 元/月		A		A	X
400 元/月	B				B
500 元/月	X	B	B		
600 元/月		X	X	C	
700 元/月				X	
800 元/月	C	C			
900 元/月			C		C

由表 8-7 可知，待评价岗位 X 的工资为：500+600+600+700+300=2700（元/月）。

2．因素比较法的优缺点

（1）因素比较法的优点。

1）评价结果较为公正。因素比较法把各种不同工作中的相同因素相互比较，然后将各种因素的工资累计，减少了主观性。

2）耗费时间少。进行评定时，所选定的影响因素较少，从而避免了重复，简化了评价工作的内容，缩短了评价时间。

3）减少了工作量。由于因素比较法是先确定标准岗位的系列等级，然后以此为基础分别对其他各类岗位进行评定，大大减少了工作量。

（2）因素比较法的缺点。

1）各影响因素的相对价值在总价值中所占的百分比完全是评价人员的直接主观判断，这必然会影响评定的精确度。

2）操作起来相对比较复杂，而且很难对员工做出解释，尤其当因素注上货币值时很难说明其理由。

8.2 要素计点法

8.2.1 要素计点法简介

要素计点法，也称评分法或点数法，是目前应用最广泛、最精确、最复杂的岗位评价方法。

要素计点法也是一种量化的岗位评价方法。它包括确定某个组织中的报酬要素，将各报酬要素分成不同的等级，将每个等级赋分，然后将需要评价的工作与各项报酬要素进行对比，确定岗位在各项报酬要素上的得分，最终将各岗位的总分进行比较，从而形成需要评价的岗位的相对价值体系。

要素计点法的优点主要表现在以下两个方面。

（1）要素计点法利用图表和评价尺度进行评价工作，提供了比较精确的评价标准，因此，评价结果比较可靠、有效，且不易受人的主观影响。设计的评价尺度及其定义的说明适用于岗位评价。由于它是若干评定要素综合平均的结果，而且有较多的专业人员参与评价，评价结果往往是很接近的，从而大大提高了评价的准确性。

（2）要素计点法设计的工作分等与分数值，对职工基本是公平合理的。各工作所分配的分数值互有差别，可以比较价值差距的大小，便于对不同的工作进行横向比较，而且不难将这些分数值换算成货币值，所以将工作评价应用于工资管理，也更容易被员工理解和接受。

要素计点法的缺点主要表现在以下两个方面。

（1）建立要素计点法的评价方案比较困难。工作分析员在编写因素及其等级定义时，要求具有相当的技能。对每个因素指定适当的加权和分配每个等级的分数值，或易或难工作都要求仔细的研究。所以，因素经常没有定义或建立分数没有定义说明。

（2）要素计点法的工作量大，较为费时费力，设计成本比较高，在选定评价项目及给定权数时还带有一定的主观性。

要素计点法适于生产过程复杂，岗位类别、数目多的大中型企事业单位。

8.2.2　要素计点法的操作步骤

要素计点法的具体操作步骤如下。

（1）选择基准岗位进行工作分析，或者对需要进行评价的所有工作进行工作分析，收集有关信息，制定工作说明书等。

（2）选择报酬要素。获得相关的工作信息后，从工作分析的结果中确定工作岗位的共同要素作为报酬要素。这个工作很重要，因为一旦选定了报酬要素，这个要素就是组织要为之付出报酬的因素。

选择报酬要素时要注意几点：首先，所选报酬要素必须对评价的所有岗位来说具有共通性，不能选择那些只适用于小部分岗位的报酬要素；其次，报酬要素必须是与被评价岗位相关的，必须能够涵盖企业愿意为之支付报酬的与岗位要求有关的所有主要内容；再次，报酬要素之间尽可能不要出现交叉和重叠，以免由于某些报酬要素被重复计算，从而出现评分不科学、不合理的问题；最后，报酬要素的数量要适当，便于计算和管理。报酬要素过多会加大岗位评价者的负担，且对评价结果的有效性没有太多帮助；而报酬要素过少，则不能囊括企业所有岗位的付酬因素。

（3）定义各报酬要素。选择报酬要素需要进行准确的定义，使工作评价人员能按报酬要素的定义对所评价的工作进行区分。

一般来说，不同企业要素的分析往往也不相同，但可以归纳为四大类，即智能、责任、体能及工作环境。然后根据各企业的需要细分为细小要素，如将智能细分为知识、技能、经验；将责任细分为对他人安全、对财物与业务监督；将体能细分为心力、体力；将工作环境细分为工作场所、危险性等。

岗位评价的要素虽然很多，但一般采用 17 种，如表 8-8 至表 8-24 所示。

1）要素名称：知识。

要素定义：担任派定作业必须具备的基本知识。这种知识可由学校教育或在作业训练中获得，其程度（等级）的高低可与相当的学校相比较。

表 8-8　要素程度、说明及评分（1）

程　度	说　明	评分（分）
1	相当于小学二年级文化程度：①粗识文字；②整数加减；③作业知识	25
2	相当于小学毕业程度：①简易汉语；②四则计算；③作业知识	50
3	相当于初中毕业程度：①普通汉语；②简易数学（包括比例、乘方、开方、简易代数、平面几何）；③作业知识	75
4	相当于高中或中技毕业程度：①应用汉语；②简易外文；③数学（包括代数、三角、平面几何）；④作业知识	100

2）要素名称：技能、作业方法。

要素定义：使用设备和物（资）料担任派定作业，必须经过的操作或作业步骤。它的繁简难易的考虑可以用学习该项作业方法达到基本要求所需的时间长短而定。

表 8-9　要素程度、说明及评分（2）

程　度	说　明	评分（分）
1	所有作业方法都是简单的，经过口头指示或示范后，约需经过一个月内的作业集中训练就能担任	20
2	所有作业方法需经过三个月以内的作业集中训练就能担任	40
3	所有作业方法稍微复杂或精细，约需经六个月以内的作业集中训练就可担任	60
4	所有作业方法比较复杂或精细，约需经一年到两年以内的作业集中训练方能担任	80
5	所有作业方法非常复杂或精细，约需经两年以上的作业集中训练方能担任	100

3）要素名称：技能、设备。

要素定义：了解所用设备的构造及性能。其程度的高低可以根据设备构造中繁简程度及其性能的难易而定。

表 8-10　要素程度、说明及评分（3）

程　度	说　明	评分（分）
0	担任作业不需要用任何设备	0
1	最简单的设备，如榔头、十字镐、安全带、慢刀、水桶、毛笔、钢笔、铅笔等	6
2	简单的设备，如虎钳、手锯、检验器、打结器、手推车、算盘等	12
3	稍微复杂的设备，如混合器、电钻、分段开关、保险箱等	18
4	复杂设备，如打字机、织布机、单相与三相感应电动机、自动计算机	24

续表

程　度	说　明	评分（分）
5	最复杂精细的设备，如制冷机、内燃机、50HP 以上空气压缩机、浓度测量仪、蒸馏塔	32

4）要素名称：技能、物（资）料。

要素定义：对于物（资）料的正确鉴别与选用，以期产品或成果符合标准。至于程度的高低可以从辨别或应用物（资）料的难易而定。

表 8-11　要素程度、说明及评分（4）

程　度	说　明	评分（分）
0	不需使用物（资）料	0
1	不需对使用物（资）料进行选择或鉴别	4
2	使用物料通常只需要从外表的显著特征就可以鉴别选用，或使用资料通常需要经过初步分析才可应用	9
3	使用物料有时无法从它的外表特征做出决定，必须了解规格、性质、用途，而且需用其他鉴别方法才能鉴别选用，或使用资料经分析、整理与计算才能使用	14
4	使用物料除了解其性质与用途外，特别需要明了其成分，才能鉴别使用	20

5）要素名称：经验。

要素定义：担任派定作业，除达到基本规格要求外，还须运用某种感触、判断，或超出基本要求的规格标准等技巧。这种技术是自担任派定作业后，再经过一段实际操作时间才能得到的。其程度的高低可根据规格要求的宽、严、精、粗情形所需经过实际操作时间的长短而定。

表 8-12　要素程度、说明及评分（5）

程　度	说　明	评分（分）
1	A 一个月、B 两个月、C 三个月	5、7、10
2	D 六个月、E 九个月、F 一年	15、17、20
3	G 两年、H 三年	25、30
4	I 四年、J 五年	35、40
5	K 六年、L 七年以上	45、50

6）要素名称：对他人安全责任，警觉程度。

要素定义：作业时，在操作中为避免伤及他人必须提高小心留意的程度。其程度的高低可根据其注意作业安全规章的深浅而定。

表 8-13　要素程度、说明及评分（6）

程　　度	说　　明	评分（分）
0	并没有使他人受伤的可能性	0
1	不用工具设备的作业，或触及物料很轻作业还不致伤及别人	2
2	作业时，只要遵守特别安全规程，就能避免伤及他人	4
3	作业时，须遵守特别安全规程，才能避免伤及他人	6
4	作业本身带有危险性，除遵守各种安全规章外，还需谨慎小心从事，才能避免伤及他人	8
5	作业本身危险性极大，他人无法防范，除遵守各种安全规章外，还需谨慎小心从事，才能避免伤及他人	10

7）要素名称：对他人安全责任，严重程度。

要素定义：作业时，由于不慎致使他人受伤的可能性及严重程度。其程度的高低可按以往发生次数的多寡，以及在通常情形下受伤的严重程度而定。

表 8-14　要素程度、说明及评分（7）

程　　度	说　　明	评分（分）
0	并没有使他人受伤的可能性	0
1	使他人受伤的可能性极小，即使发生伤害也属轻微，不需休息疗养	2
2	使他人受伤的可能性时常发生，且伤害轻微，不需休息疗养，或使他人受伤的可能性虽然很少发生，但伤害严重，需休息疗养一周	4
3	使他人受伤的现象常有发生，且伤害较重，需休息疗养一周，或使他人受伤的现象虽然很少发生，但伤害严重，需休息疗养一月	6
4	使他人受伤的现象常有发生，且伤害严重，需休息疗养一月，或使他人受伤的现象虽然很少，但伤害致残疾	8
5	危险性工作，须有相当周密的安全措施，如有意外，则受伤极其严重，以致死亡	10

8）要素名称：对财物与业务的责任，财产设备。

要素定义：作业时，由于使用保养不慎，以致机器、设备、资金、有价证券、房屋等可能发生损失。其程度的高低可根据损失部分或必须修复与更新购置的费用而定。

表 8-15　要素程度、说明及评分（8）

程　度	说　明	评分（分）
1	500 元以下	4
2	501 ~ 2500 元	8
3	2501 ~ 10000 元	12
4	10001 ~ 25000 元	16
5	25001 元以上	20

9）要素名称：对财务与业务的责任，物（资）料制品。

要素定义：作业时，由于物（资）料选用、保管或编制不当，或制品没有达到要求的精确标准，可能发生浪费或损失的情形。其程度的高低可根据浪费或损失数量的金额多少而定。

表 8-16　要素程度、说明及评分（9）

程　度	说　明	评分（分）
1	300 元以下	4
2	301 ~ 1500 元	8
3	1501 ~ 4000 元	12
4	4001 ~ 10000 元	16
5	10001 元以上	20

10）要素名称：对财务与业务的责任，公共关系。

要素定义：作业时，需要与内外有关人员接触，应负建立良好公共关系的责任。其程度的高低可根据接触范围的大小及其影响严重程度而定。

表 8-17　要素程度、说明及评分（10）

程　度	说　明	评分（分）
1	与本单位有关人员接触，偶尔相处不善以致妨碍作业的进行	4
2	与本企业一两个单位接触，合作不善以致发生延误，妨碍作业的进行	9
3	与本企业各单位或外界接触，需密切联系，否则将使得合作发生影响，或使局部作业脱节	14
4	常与外界接触，为了完成任务，需充分联系与合作，否则影响企业信誉或业务发展	20

11）要素名称：监督、所予监督。

要素定义：对所属职工作业分配及作业时，有关作业方法与作业安全等项，应负督导、考核等责任。其程度的高低可根据对所属职工监督范围的大小而定。

表 8-18　要素程度、说明及评分（11）

程　度	说　明	评分（分）
0	不监督属员，只对自己负责	0
1	对属员作业程序与方法仅负督导责任	6
2	对属员作业负分配、督导责任	12
3	对属员作业负分配、督导分配责任	20

12）要素名称：监督、所受监督。

要素含义：作业时，受上级主管人员监督情况。其程度的高低可根据受上级监督范围的大小及严宽的程度而定。

表 8-19　要素程度、说明及评分（12）

程　度	说　明	评分（分）
1	严密监督：有关工作程序和方法，都由上级详细规定，遇到疑难问题可随时请示上级解决，工作成果须受上级详细审核	4
2	一般监督：派工作时，上级仅指示要点，工作进行中，上级并不常来指导，但遇到疑难时，可直接或间接请示，工作成果仅受上级做要点的审核	12
3	一般指导：派工作时，上级只要求完成任务，至于工作方法与程序都由自己决定，工作成果仅受上级做原则性的审核	20

13）要素名称：体能、心力。

要素定义：作业时必须消耗心神、视力或听觉的情形。其程度的高低可根据该作业的情形及持续时间的长短而定。

表 8-20　要素程度、说明及评分（13）

程　度	说　明	评分（分）
1	作业时心力平常，心神与视力、听力随便	6
2	作业必须集中心神，或视力、听力专注的时间占全部时间的 10%～25%	12
3	作业时必须集中心神或视力或听力，专注时间占全部时间的 26%～50%，或必须高度集中心力，其注意时间占全部时间的 10%～25%	18
4	作业时必须高度集中心力，其专注时间占全部时间的 26%～50%，或必须集中心力，其专注时间占全部时间的 51%以上	24
5	作业时必须高度集中心力，其专注时间占全部时间的 51%以上	30

14）要素名称：体能、体力。

要素定义：作业时，必须运用举重、背、负、拉、推、锤、抛、谈话、吹气等。其体力的大小可根据作业时最大的用力量及持续时间长短而定。

表 8-21　要素程度、说明及评分（14）

程　度	说　明	评分（分）
1	用力在 10 公斤以下，它的时间占全部作业时间的 50%以下	8
2	用力在 10 公斤以下，它的时间占全部作业时间的 51%以上，或用力 11～20 公斤，其时间占全部作业时间的 50%以下	16
3	用力在 11～20 公斤，它的时间占全部作业时间的 51%以上，或用力 21～50 公斤，其时间占全部作业时间的 50%以下	24
4	用力在 21～50 公斤，它的时间占全部作业时间的 51%以上	32
5	用力在 51 公斤以上，它的时间占全部作业时间的 10%以上	40

15）要素名称：体能、体力（作业姿势）。

要素定义：作业时，必须运用坐、立、跑、步行、攀登、踢、伏卧、蹲伏、仰视、弯腰、偏腰、倒悬等姿势。其程度的高低可根据各姿势是否平衡及运用时间的长短而定。

表 8-22　要素程度、说明及评分（15）

程　度	说　明	评分（分）
1	姿势随便	4
2	站立、久坐，其时间占全部时间的 51%以上	8
3	站立、攀登、踢、踏、爬、跑、弯腰、伏卧等平衡姿势，其时间占全部时间的 25%～50%	12
4	站立、攀登、踢、踏、跑、弯腰、伏卧等平衡姿势，其时间占全部时间的 51%，或仰视、蹲伏、偏弯、倒悬等不平衡姿势，其时间占全部作业时间的 25%～50%	16
5	仰视、蹲伏、偏弯、倒悬等不平衡姿势，其时间占全部作业时间的 51%以上	20

16）要素名称：工作环境、工作场所。

要素定义：作业时的工作场所，对工作人员的身心是否舒适，或已影响身心健康的。其程度的高低可根据该场所有无影响身心感觉不舒适的要素和其他感受的程度而定。

表 8-23　要素程度、说明及评分（16）

程　度	说　明	评分（分）
1	尚属舒适	8

续表

程　度	说　明	评分（分）
2	不舒适，且置身其中的时间占全部时间的 11%～25%	14
3	不舒适，且置身其中的时间占全部时间的 26%～50%，或工作场所极不舒适，且置身其中的时间占全部时间的 11%～25%	20
4	不舒适，且置身其中的时间占全部时间的 51%，或工作场所极不舒适，且置身其中的时间占全部时间的 11%～25%	26
5	极不舒适，且置身其中的时间占全部时间的 51%	32
6	容易使工作人员患职业病	40

17）要素名称：工作环境、危险性。

要素定义：作业时，工作环境或作业本身具有不可避免遭到意外伤害的情形。其程度的高低可根据以往发生次数的多少及在通常情形下受伤的严重程度而定。

表 8-24　要素程度、说明及评分（17）

程　度	说　明	评分（分）
0	无伤害的可能性	0
1	伤害的可能性极小，即使发生伤害，也是轻微的，不需休息疗养	8
2	常发生伤害，但是轻微的，不需休息疗养，或伤害发生虽少，但较重，需要一周时间休息疗养	16
3	伤害常发生，且较重，需一周时间疗养，或伤害发生虽少，但伤害严重，需一个月时间疗养	24
4	伤害常有发生，且属伤害严重，需一个月时间疗养，或伤害虽少，但其伤害可造成残废或死亡	32
5	危险性极大，没有周密安全措施，如遇意外，则受严重伤害，以致死亡	40

（4）确定报酬要素中的不同等级。这项工作可按组织内的实际情况将各要素划分等级，为同一要素中的各等级赋分。这个过程类似于在量尺上确定标准的量度位置，使各项工作按此等级精确地进行界定得分。各报酬要素的等级数量取决于组织在报酬要素中的差别程度。在同一报酬要素的不同等级间可采用算术等级法和几何平均法，为不同程度的级别确定得分。至于等级多少，必须根据要素的复杂性而定，但以明确区分各等级间的不同为原则，一般以 4～8 级为合适。对每个要素的等级，都应有明显的界限和详细的定义，作为岗位评价的尺度。划分的方法如表 8-8 至表 8-24 所示。

（5）确定各要素在总体评分体系中的权重。各报酬要素在总体评价方案中的权重分配是影响工作评价结果的重要部分。通常报酬要素的权重由工作评价委员会预先赋予或通过统计方法获得。在工作评价委员会赋分方法中，需要按如下步骤进行：①仔细回顾报酬要素的定义和报酬要素中的等级；②工作评价人员按重要程度对报酬要素进行排序；③不同的工作评价人员在报酬要素的重要程度排序上达成一致；④工作评价人员按 100%的权重各自在报酬要素中进行分配；⑤工作评价人员在权重分配的方案中达成一致。这种权重的分配方法反映了工作评价委员会对各报酬要素在工作评价中重要程度的看法。

（6）确定各要素及各要素等级的点数。这是对第四步所划定的评价等级分配点数。通常情况下，将所有各项评价要素最低级别的点数之和定为 100，用 100 乘以要素所占比重，即各要素最低等级点数。然后可用等差或等比的方式确定各要素其他等级的点数，还可使用变动比率的等比方式，如表 8-25 所示。

表 8-25　要素及其比重、点数分配

评价要素及比例 / 点数 / 要素等级	熟练度		努力				危险度
	基础知识	实务知识	思考力	交涉力	约束力	负荷	
	20%	25%	20%	15%	10%	5%	5%
1	20	25	20	15	10	5	5
2	40	50	40	30	30	15	15
3	60	75	60	45	50	25	25
4	80	100	80	60	—	—	—
5	100	125	100	75	—	—	—

（7）进行评价。按照已经制定好的标准，确定被评价的工作在各报酬因素上所处的等级，将等级对应的点值加总，就可以得到该工作的最终评价点值。比较所有工作的最终评价点值，就可以确定该工作相对价值的大小，如表 8-26 所示。

表 8-26　对某岗位进行评价举例

要素名称	所属等级	对应点数	要素名称	所属等级	对应点数
基础知识	5	100	约束力	2	30
实务知识	4	100	负荷	1	5
思考力	4	80	危险度	1	5
交涉力	3	45	合计	H	365

（8）为了将企事业单位相同性质的岗位归入一定等级，可将岗位评价的总点数分为若干级别，如表 8-27 所示。由于该岗位总点数为 365，故属 H 级。

表 8-27　岗位评价结果分级标准举例

工　等	点数幅度	工　等	点数幅度
A 级	172 分以下	G 级	313 ~ 340 分

续表

工　　等	点数幅度	工　　等	点数幅度
B 级	173 ~ 200 分	H 级	341 ~ 368 分
C 级	201 ~ 228 分	I 级	369 ~ 396 分
D 级	229 ~ 256 分	J 级	397 ~ 424 分
E 级	257 ~ 284 分	K 级	425 ~ 452 分
F 级	285 ~ 312 分	L 级	453 分以上

（9）编写工作评价手册。在工作评价手册中，对工作评价中使用的报酬要素、报酬要素的等级进行详细说明，对工作评价的过程及后续的工作评价做出书面指引。

（10）对基准岗位进行试评。基准岗位的评定结果可根据实际情况调整各岗位工作评价的结果得分，建立基准岗位的价值体系，将其他岗位与基准岗位相对比，确定各岗位的相对价值。

8.2.3　要素计点法的应用

××银行××分行岗位评价方案

1．概述（略）

2．岗位评价原则

（1）评价的是岗位而不是目前在这个岗位上工作的人。

（2）在实际评价前必须对评价委员会的成员进行培训，以求达到对各项要素的一致理解，避免在实际评价中对意思理解的偏差。

（3）评价的是岗位的等级分数，而不是该岗位的最终工资数。

（4）参加岗位评价的委员必须独立地对各个岗位进行评价，绝对不允许互相串联、协商打分。

（5）对岗位评价的结果及时反馈到评价委员会成员，以便他们了解某岗位的评价情况、产生偏差的原因及其他成员的观念，以调整自己的思路，加深对评价表中各项要素的理解。

（6）为了保证结果及时反馈，数据处理应与评价委员会的工作同步运行，使评价工作提高效率。

（7）岗位评价结果在一定时间内处于保密状态。

（8）在岗位评价时，参与评价工作的人员与原来工作暂时隔离，以提高岗位评价的效果。

3．评价程序

岗位评价分两个阶段实施。第一阶段是在部门、支行内部进行初步评价（为第二阶段评价提供参照）；第二阶段是由分行岗位评价委员会进行评价（参照第一阶段评价结果，从全局的角度进行平衡和再评价）。分行行长根据第二阶段的评价结果进行审定。各阶段评价程序如下。

（1）部门或支行范围内的评价。各部门（支行）由员工或员工代表、科长、处长对内部岗位进行评价。要求参与评价人员在进行评价时站在第三方的立场上公正地进行评价。评价的方法采用排序法，排序结果由处长签字后交分行岗位评价委员会。

（2）分行岗位评价委员会的评价。采用电子表决方法，将所有岗位排列在一起，将评分表和评分因素定义提交给参与评价的人员，参与评价的人员在评分系统中输入自己的评价结果，评分系统实时统计、分析评价结果，并将统计结果投影在会议室的屏幕上（同时反映至参与评价人员的计算机上），然后每个评委将自己的评价结果与总体统计结果的差异做出解释，在进行充分的讨论和交换意见后，再次进行评价。

（3）评价结果在相关范围内公布并征集意见，激励约束机制改革项目工作小组汇总形成报告。

（4）分行行长室讨论、审核、审定评价结果。

（5）支持需求。

1）信息科技部开发评分程序，该程序可完成以下功能：

① 根据评价层次的不同，按照决策人（员工、科长、处长、评价委员会）的操作显示岗位说明书。

② 对每一岗位的评价结果进行统计和分析。

③ 自动打印最终的评价结果和汇总表。

2）成立分行岗位评价委员会集中封闭评价。

（6）应重点做好的环节。岗位评价的具体流程如图 8-2 所示，应重点做好以下环节。

1）岗位评价委员会的组建。岗位评价委员会是岗位评价工作的主体，部门内部的评价是为岗位委员会的评价提供参考点。岗位评价委员会委员的素质和构成情况直接影响岗位评价工作的质量。岗位评价委员必须能够客观地看问题，这是衡量岗位评价工作好坏的重要指标。岗位评价委员必须对整个公司的岗位有较为全面的了解，在群众中有一定的影响力，只有这样才能使最终的评价结果具有权威性。成员的构成应对工作性质和职能划分明显不同的情况有所反映，同时适当考虑基层工作人员（职工代表）。

2）评价因素表的设计及对各项指标的理解。岗位评价委员会成员对评价表各项指标理解的差异，会直接影响岗位评价的质量。因此，必须与委员就具体指标进行充分的讨论，以取得共识。

3）“游戏规则”的确定。岗位评价中，委员对各个岗位的各项评价指标的理解是不同的，因此误差的存在是必然的。必须事先确定一个明确的方差值作为标准，评价结果的方差低于这个标准即认为通过，如高于方差、如平均分合理，则不予讨论，否则予以讨论和重新打分。

4）基准岗位的选定。基准岗位的选定是做好岗位评价工作的另一个重点。分行的岗位繁多，工作性质和工作内容都不一样，可通过选定基准岗位为评价提供一个参照系。基准岗位通过岗位评价委员会共同讨论后集体确定。

5）评价之前的岗位介绍。在岗位评价前共同阅读岗位说明书，必要时人力资源教育处做岗位介绍（岗位介绍的时间、内容有规定，岗位评价委员会主席对介绍过程进行控制）。

6）需要注意的细节。保密和后勤保障工作。

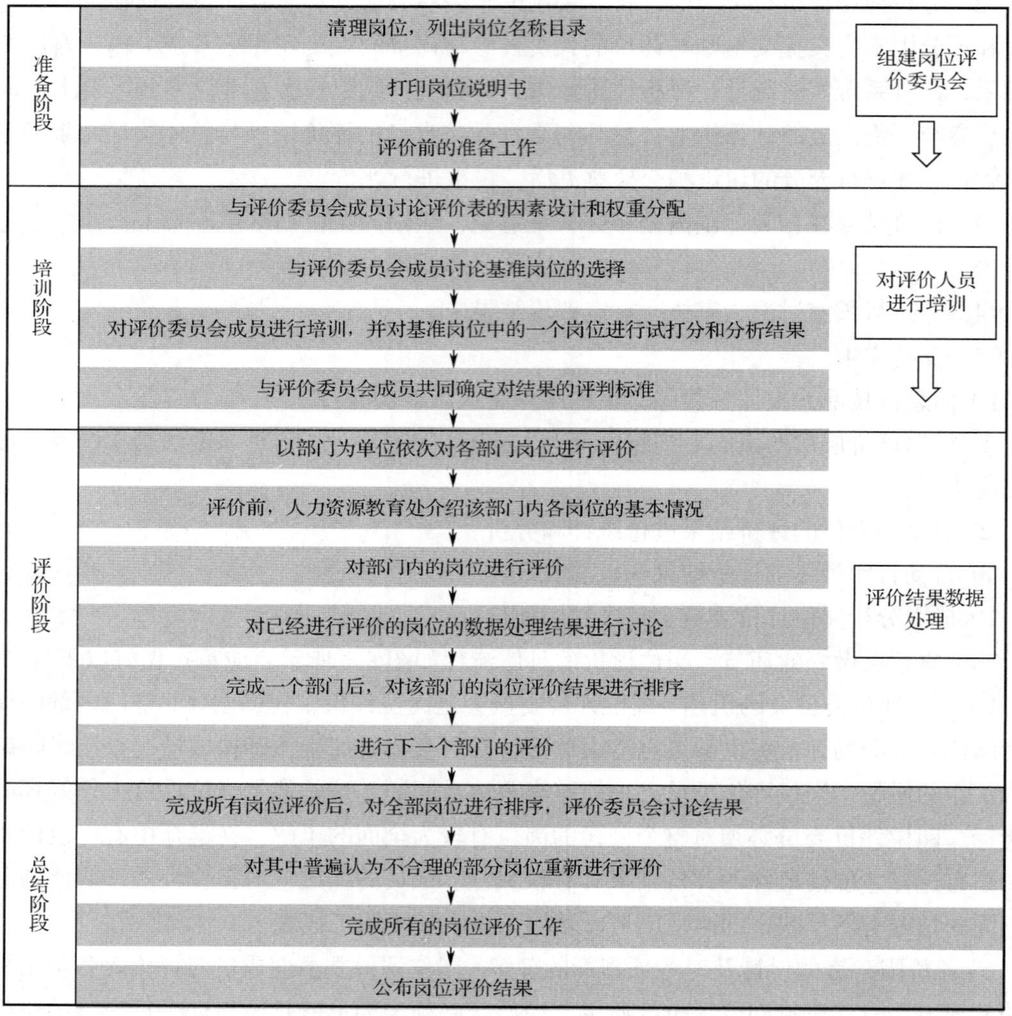

图 8-2　岗位评价的具体流程

4．评价工具

（1）要素权重表（见表 8-28）。

表 8-28　要素权重表

评价要素	要素指标	权　重
知识技能要求	学历要求	3.75%

续表

评价要素	要素指标	权　重
知识技能要求	专业理论知识精专程度	3.75%
	所需知识广度	3.75%
	工作经验的要求	3.75%
	文字能力要求	3.75%
	语言和表达能力要求	2.5%
	银行相关技能要求	3.75%
能力要求	协调能力要求	4%
	组织协调能力要求	5%
	分析思维能力要求	5%
	业务、管理创新能力的要求	6%
责任与影响程度	指导监督的责任	4%
	人力资源管理的责任	4%
	决策的责任	20%
	工作结果的责任	4%
	工作出错的后果	8%
工作强度	工作复杂程度	4.5%
	工作负荷程度与工时利用程度	3.5%
	工作环境开放程度	2%
特殊因素	市场因素	5%

（2）要素定义、分级及点数分配。

1）知识技能要求。

要素 1：学历要求（见表 8-29）。

定义：顺利履行工作职责所要求的最低学历，判断基准按相当于正规教育的水平。

表 8-29　学历要求的等级、说明及点数

等　级	说　明	点　数
1	高中或中专	38
2	大学专科	76
3	大学本科	114
4	研究生以上	152

要素 2：专业理论知识精专程度（见表 8-30）。

定义：在顺利履行工作职责时，对岗位相关的理论专业知识的精专程度要求。

表 8-30　专业理论知识精专程度的等级、说明及点数

等　级	说　明	点　数
1	了解与岗位相关的理论知识	38
2	熟练掌握与岗位相关的理论知识	76
3	熟练掌握、运用与岗位相关的理论知识，解决岗位相关疑难问题	114

要素 3：所需知识广度（见表 8-31）。

定义：在顺利履行工作职责时，需要使用多种学科、多个专业领域的知识。判断的基准在广博而不在精深。

表 8-31　所需知识广度的等级、说明及点数

等　级	说　明	点　数
1	偶尔使用其他学科知识	38
2	较频繁地使用其他学科的一般知识	76
3	频繁综合使用其他学科知识	114
4	岗位要求经常变换知识领域	152

要素 4：工作经验的要求（见表 8-32）。

定义：工作达到基本要求后，还必须随经验的不断积累才能掌握的技巧。判断基准是掌握技巧所需花费的时间。

表 8-32　工作经验要求的等级、说明及点数

等　级	说　明	点　数
1	不需要	38
2	3 个月之内	76
3	3 ~ 6 个月	114
4	7 ~ 12 个月	152
5	1 ~ 2 年	190
6	3 ~ 5 年	228
7	6 ~ 8 年	266
8	8 年以上	304

要素 5：文字能力要求（见表 8-33）。

定义：工作中所需要的实际文字能力要求。

表 8-33　文字能力要求的等级、说明及点数

等　级	说　明	点　数
1	不需处理文字材料	38
2	常需撰写便条、一般通知、备忘录、简报	76
3	常需撰写报告、汇报文件、总结（非个人）	114
4	需撰写全行性文件或研究报告	152
5	需拟定合同或法律文件	190

要素 6：语言和表达能力要求（见表 8-34）。

定义：中文进行口头交流和外语能力的要求。

表 8-34　语言和表达能力要求的等级、说明及点数

等　级	说　明	点　数
1	工作中口头交流不够频繁，对口头交流能力要求不高，无外语能力要求	25
2	工作中口头交流频繁，需较好的口头表达能力，需掌握柜面英语，工作中偶尔使用英语等外语	50
3	较好的语言表达能力，英语水平较高，工作中使用外语的机会较多	75

要素 7：银行相关技能要求（见表 8-35）。

定义：工作中所需的操作技能要求。

表 8-35　银行相关技能要求的等级、说明及点数

等　级	说　明	点　数
1	银行相关技能与工作的基本无关联	38
2	银行相关技能与工作的关联性一般	76
3	银行相关技能与工作高度关联	114

2）能力要求。

要素 1：协调能力要求（见表 8-36）。

定义：在正常工作中，与各方面的人打交道，保持适当的关系，以保证承担工作顺利进行的能力。

表 8-36　协调能力要求的等级、说明及点数

等　　级	说　　明	点　　数
1	工作中仅与本部门同事协调	40
2	工作中与本部门、其他部门员工协调，或与柜面客户或与银行供应商打交道，协调属于常规性的	80
3	工作中与其他部门负责人发生联系，或与目标客户或与政府部门发生联系，协调是较为广泛的，协调不力会在一定范围产生不利影响	120
4	工作中与各部门负责人的联系密切。协调频繁或与目标客户、政府部门的联系广泛密切，联系或协调的问题涉及重大问题、重要决策，协调不力会对本行产生重大影响	160

要素 2：组织协调能力要求（见表 8-37）。

定义：工作中依据目标做出计划，并以适当的方式利用和调用各种资源以达成目标的能力要求。

表 8-37　组织协调能力要求的等级、说明及点数

等　　级	说　　明	点　　数
1	工作中无须组织协调	50
2	工作中承担一定的组织协调职责，范围仅限于分理处（储蓄所）或科内或专业条线	100
3	组织协调的范围为分行部门和专业条线	150
4	组织协调的范围为管辖支行全行	200
5	组织协调的范围为分行全辖	250

要素 3：分析思维能力要求（见表 8-38）。

定义：以系统的逻辑思维理解、分析和解决问题的能力要求。

表 8-38　分析思维能力要求的等级、说明及点数

等　　级	说　　明	点　　数
1	工作中涉及的问题较为简单，仅需一般的分析思维能力	50
2	工作中涉及的问题较复杂，需要较好的分析思维能力	100
3	工作中涉及的问题复杂，需要优秀的分析思维能力	150
4	工作中涉及的问题很复杂，需要高层次的分析思维能力	200

要素 4：业务、管理创新能力的要求（见表 8-39）。

定义：工作中发现新事物、提出新见解、解决新问题的能力要求。

表 8-39　业务、管理创新能力要求的等级、说明及点数

等　级	说　明	点　数
1	全部工作为程序化、规范化的，无须创新	60
2	工作基本规范化，偶尔需要创新	120
3	工作中时常需要创新	180
4	工作性质本身即为创新性的	240

3）责任与影响程度。

要素 1：指导监督的责任（见表 8-40）。

定义：在正常权力范围内所执行的正式指导、监督责任。责任大小根据所监督、指导人员的数量和层次进行判断。

表 8-40　指导监督责任的等级、说明及点数

等　级	说　明	点　数
1	不指导、监督任何人	40
2	担任基层团队副职，协助监督、指导基层员工	80
3	担任基层团队主要负责人，监督、指导本团队全体员工；或者在分行机关管理部门任职，对辖内支行条线人员承担指导、监督责任	120
4	担任支行、部门副职（含助理），对分管工作负有指导、监督责任	160
5	担任支行、部门正职（含主持工作副职），对承担工作负有全面指导、监督责任	200

要素 2：人力资源管理的责任（见表 8-41）。

定义：在工作中对人员选拔、使用、考核、工作分配和激励等具有的权利与责任。

表 8-41　人力资源管理责任的等级、说明及点数

等　级	说　明	点　数
1	对他人不负有人力资源管理的责任	40
2	仅对一般员工有工作分配、考核、激励的责任	80
3	对一般员工具有选拔、聘用、管理的责任	120
4	对科长以下人员有任免决策权	160
5	对中层干部有任免建议的权限	200

要素 3：决策的责任（见表 8-42）。

定义：在正常工作中需要参与的决策，其责任大小以参与决策的层次为判断基准。

表 8-42　决策责任的等级、说明及点数

等　级	说　明	点　数
1	工作中做出的决定不会影响他人	200
2	工作中做出的决定影响范围限于本科室或部门	400
3	工作中做出的决定影响支行、部门或本专业条线	600
4	工作中需与多个部门负责人共同协商制定大的决策，决策影响的范围涉及全行	800
5	参与最高层决策	1000

要素 4：工作结果的责任（见表 8-43）。

定义：在工作不发生差错的情况下，工作结果对整体经营管理目标的影响程度。

表 8-43　工作结果责任的等级、说明及点数

等　级	说　明	点　数
1	只对个人的工作结果负责	40
2	需对自己所监督、指导的工作结果负责	80
3	对分理处（储蓄所）或科的工作结果负责	120
4	对整个部门（或支行）的工作结果负责	160
5	对整个公司的工作结果负责	200

要素 5：工作出错的后果（见表 8-44）。

定义：工作出错的后果大小和对整体的影响大小。

表 8-44　工作出错后果的等级、说明及点数

等　级	说　明	点　数
1	工作出错极易发现和纠正	80
2	工作出错能被发现和纠正，及时处理后造成的不良影响较小	160
3	工作出错虽被发现和纠正，但不良后果会明显感觉到	240
4	工作出错的后果较严重，损失较大	320
5	工作出错会影响企业的生存，且无法挽回	400

4）工作强度。

要素 1：工作复杂程度（见表 8-45）。

定义：工作的复杂程度和履行职责的难易程度。判断基准根据所需要的判断、分析、

计划水平而定。

表 8-45 工作复杂程度的等级、说明及点数

等 级	说 明	点 数
1	简单、独立地工作，对他人影响很小	45
2	仅需简单的指示即可完成工作，不需要计划和独立判断	90
3	需进行专门的训练才可胜任，大部分时间只需一种专业技能，需少量计划和独立判断	130
4	工作中需运用多种专业技能，经常做独立判断和计划，需要相当强的解决问题的能力	175
5	工作要求高度的判断力和计划性，要求积极地适应不断变化的环境和问题	225

要素 2：工作负荷程度与工时利用程度（见表 8-46）。

定义：工作中的负荷与工时利用程度。

表 8-46 工作负荷程度与工时利用程度的等级、说明及点数

等 级	说 明	点 数
1	工作量较少	35
2	工作忙闲不均，但有规律性，但工时利用程度有限，工作总量明显不够	70
3	工作中虽忙闲不均，工时未完全得到利用，但忙的时间较长，工作总量尚可	105
4	工作紧张，工作负荷大，工时充分得到利用	140

要素 3：工作环境开放程度（见表 8-47）。

定义：工作环境的舒适程度、开放程度和自由活动程度。

表 8-47 工作环境开放程度的等级、说明及点数

等 级	说 明	点 数
1	工作场所为较舒适的室内环境，工作环境较为开放，活动无严格的限制	20
2	工作场所为较舒适的室内环境，工作环境相对封闭（如分理处），工作时间不能外出	40
3	工作场所虽为室内环境，但封闭，不舒适，不能外出	60
4	大部分时间在室外工作	80

5）特殊因素。

因素：市场因素（见表 8-48）。

定义：相关的岗位在市场上的紧缺程度。

表 8-48　市场因素的等级、说明及点数

等　级	说　明	点　数
1	岗位所需人员在市场上有充足的来源	50
2	岗位所需人员在市场上紧缺且该岗位属于本行关键岗位	100

8.3　海氏三要素评价法

8.3.1　海氏三要素评价法简介

海氏三要素评价法（Hay Group），也称“指导图表-形状构成法”（Hay Guide Chart-Profile Method of Job Evaluation），是由美国工资设计专家艾德华 · 海于 1951 年研究开发出来的。它是国际上使用最广泛的一种岗位评价方法之一。其有效地解决了不同职能部门的不同职务之间相对价值的相互比较和量化的难题，被企业界广泛接受。据统计，世界 500 强的企业中有 1/3 以上的企业岗位评价时都采用了海氏三要素评价法。海氏三要素评价法主要适用于对管理岗位和专业技术岗位进行测评。

海氏三要素评价法是要素计点法的一种衍变形式，属于要素计点法的一种。这种评价法认为，所有职务所包含的最主要的付酬要素有三种，即知识技能水平、解决问题的能力和承担的职务责任。三个要素之间的关系体现在：在岗位中解决所面对的问题，即投入“知识技能”用以“解决问题”这一生产过程，获得最终的产出“应负责任”，如图 8-3 所示。

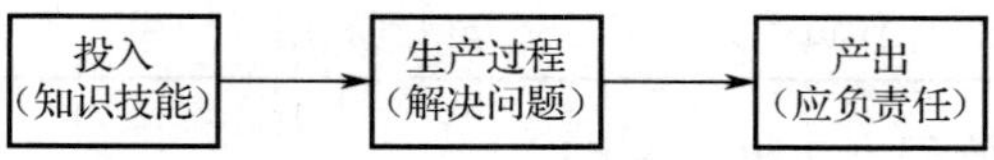

图 8-3　海氏三要素之间的关系

海氏三要素评价法对所评价的岗位按照以上三个要素及相应的标准进行评价打分，得出每个岗位的评价分，即岗位评价得分等于知识技能得分与解决问题得分及应负责任得分的和。其中知识技能得分和应负责任得分及最后的评价得分都是绝对得分，解决问题得分是相对得分（百分值），在经过调整后为最后得分时才是绝对得分。

海氏三要素中，每个付酬要素又分别由数量不等的子要素构成，从而形成了海氏三要素评价体系。具体如下所述。

1．知识技能

知识技能（Know-How，KH）是指使绩效达到可接受程度所必须具备的专门业务知识及相应的实际操作技能。它包括三个子要素，分别是专业知识技能（Specialized Know-How）、

管理技能（Managerial Know-How）和人际关系技能（Human Relations Skills）。

（1）专业知识技能。对该岗位要求从事的职业领域理论、实际方法与专门知识的理解。该子要素分为 8 个等级，从基本的（第一级）到权威专门的（第八级）技能，如表 8-49 所示。

表 8-49　专业知识技能的等级、说明及岗位举例

等　级	说　　明	岗 位 举 例
A．基本的	熟悉简单工作程序	复印机操作员
B．初步业务的	能同时操作多种简单的设备以完成一个工作流程	接待员、打字员、订单收订员
C．中等业务的	对一些基本的方法和工艺熟练，需具有使用专业设备的能力	人力资源助理、秘书、客户服务员、电气技师
D．高等业务的	能应用较为复杂的流程和系统，此系统需要应用一些技术知识（非理论性的）	调度员、行政助理、拟稿人、维修领班、资深贸易员
E．基本专门技术	对涉及不同活动的实践所相关的技术有相当的理解，或者对科学的理论和原则基本理解	会计、劳资关系专员、工程师、人力资源顾问、中层经理
F．熟悉专门技术	通过对某一领域的深入实践而具有相关知识，或者掌握了科学理论	人力资源经理、总监、综合部门经理、专业人士（工程、法律等方面）
G．精通专门技术	精通理论、原则和综合技术	专家（工程、法律等方面）、CEO、副总、高级副总裁
H．权威专门技术	在综合技术领域成为公认的专家	公认的专家

（2）管理技能。为达到所要求绩效水平而具备的计划、组织、执行、控制、评价的能力和技巧。该子要素分为五个等级，从起码的（第一级）到全面的（第五级）技能，如表 8-50 所示。

表 8-50　管理技能的等级、说明及岗位举例

等　级	说　　明	岗 位 举 例
Ⅰ．起码的	仅关注活动的内容和目的，而不关心对其他活动的影响	会计、分析员、一线督导和经理、业务员
Ⅱ．相关的	决定部门各种活动的方向、活动涉及几个部门的协调等	主任、执行经理
Ⅲ．多样的	决定一个大部门的方向，或对组织的表现有决定性的影响	助理副总、副总、事业部经理
Ⅳ．广博的	决定一个主要部门的方向，或对组织的规划、运作有战略性的影响	中型组织 CEO、大型组织的副总
Ⅴ．全面的	对组织进行全面管理	大型组织的 CEO

（3）人际关系技能。该职务所需要的沟通、协调、激励、培训、关系处理等主动而活跃的活动技巧。该子要素分为三个等级，从基本的（第一级）到关键的（第三级）技能，如表 8-51 所示。

表 8-51　人际关系技能的等级、说明及岗位举例

等　级	说　明	岗位举例
1. 基本的	对多数岗位在完成基本工作时均需基本的人际沟通技巧，基本沟通技巧要求在组织内与其他员工进行礼貌和有效的沟通，以获取信息和澄清疑问	会计、调度员、打字员
2. 重要的	理解和影响人是此类工作的重要要求。此种能力既要理解他人的观点，也要有说服力以影响他人行为和改变观点或者改变处境，对于安排并督导他人工作的人，需要此类的沟通能力	订货员、维修协调员、青年辅导员
3. 关键的	对于需理解和激励人的岗位，需要最高级的沟通能力。需要谈判技巧的岗位的沟通技巧也属于此等级	人力资源督导、小组督导、大部分经理、大部分一线督导、CEO、助理副总、副总

2. 解决问题的能力

解决问题的能力（Problem Solving，PS）是在工作中发现问题，分析诊断问题，提出、权衡与评价对策，做出决策等的能力。这一能力要素最为重要的关联要素是知识技能要素。它包括两个子要素，即思维环境（Thinking Environment）和思维难度（Thinking Challenge）。

（1）思维环境。思维环境是指环境对职务行使者的思维的限制程度。该子要素分为八个等级，从高度常规性的（第一级）到抽象规定的（第八级），如表 8-52 所示。

表 8-52　思维环境的等级及说明

等　级	说　明
A. 高度常规性的	有非常详细和精确的法规和规定作指导并可获得不断的协助
B. 常规性的	有非常详细的标准规定并可立即获得协助
C. 半常规性的	有较明确定义的复杂流程，有很多的先例可参考，并可获得适当的协助
D. 标准化的	有清晰但较为复杂的流程，有较多的先例可参考，可获得协助
E. 明确规定的	对特定目标有明确规定的框架
F. 广泛规定的	对功能目标有广泛规定的框架，使某些方面有些模糊、抽象
G. 一般规定的	为达成组织目标和目的，在概念、原则和一般规定的原则下思考，有很多模糊、抽象的概念
H. 抽象规定的	依据商业原则、自然法则和政府法规进行思考

（2）思维难度。思维难度描述了为了得出结论、做出决策、提供解答或发现新事物而进行的思维努力的特征。该子要素分为五个等级，从重复性的（第一级）到无先例的（第五级），如表 8-53 所示。

表 8-53　思维难度的等级及说明

等　级	说　明
1．重复性的	特定的情形，仅需对熟悉的事情做简单的选择
2．模式化的	相似的情形，仅需对熟悉的事情进行鉴别性选择
3．中间型的	不同的情形，需要在熟悉的领域内寻找方案
4．适应性的	变化的情形，要求分析、理解、评估和构建方案
5．无先例的	新奇的或不重复的情形，要求创造新理念和富有创意的解决方案

3．所负责任

所负责任（Accountability，AC）是职务行使者的行动对工作最终结果可能造成的影响及承担责任的大小。它包括三个子要素，即行动的自由度（Freedom to Act）、职务对后果形成的作用（Job Impact）和职务责任的程度（Magnitude）。

（1）行动的自由度。行动的自由度是指职务能在多大程度上对其工作进行个人性指导与控制。该子要素分为九个等级，从自由度最小的第一级（有规定的）到自由度最大的第九级（一般性无指导的），如表 8-54 所示。

表 8-54　行动的自由度的等级、说明及岗位举例

等　级	说　明	岗位举例
A．有规定的	此岗位有明确工作规程或者有固定的人督导	体力劳动者、工厂工人
B．受控制的	此岗位有直接和详细的工作指示或者有严密的督导	普通维修工、一般文员
C．标准化的	此岗位有工作规定并已建立了工作程序并受严密的督导	贸易助理、木工
D．一般性规范的	此岗位全部或部分有标准的规程、一般工作指示和督导	秘书、生产线工人、大多数一线文员
E．有指导的	此岗位全部或部分有先例可依或有明确规定的政策，也可获督导	大多专业岗位、部分经理、部分主管
F．方向性指导的	仅就本质和规模，此岗位有相关的功能性政策，需决定其活动范围和管理方向	某些部门经理、某些总监、某些高级顾问
G．广泛性指导的	就本质和规模，此岗位有粗放的功能性政策和目标，以及宽泛的政策	某些执行经理、某些副总助理、某些副总

续表

等　级	说　明	岗位举例
H．战略性指导的	有组织政策的指导，法律和社会限制，组织的委托	关键执行人员、某些副总、CEO
I．一般性无指导的	根据内外环境确定组织目标，并找寻实现途径	董事会、股东会

（2）职务对后果形成的作用。职务对后果形成的作用是岗位最终结果的特征。该子要素分为四个等级，如表 8-55 所示。

表 8-55　职务对后果形成的作用的等级、说明及岗位举例

等　级	说　明	岗位举例
A．后勤	这些岗位由于向其他岗位提供服务或信息对职务后果形成作用	某些文员、数据录入员、后勤员工、内部审计、门卫
B．辅助	这些岗位由于向其他岗位提供重要的支持服务而对结果有影响	工序操作员、秘书、工程师、会计、人力资源经理
C．分摊	此岗位对结果有明显的作用	介于辅助和主要之间
D．主要	此岗位直接影响和控制结果	督导、经理、总监、副总裁

（3）职务责任的程度。职务责任的程度是指组织受到岗位基本目的影响的程度，可能造成经济性正负后果。该子要素分为四个等级，分别是微小、少量、中量和大量，每级都有相应的金额下限，具体数额要视企业具体情况而定。

海氏三要素评价法将三种付酬要素的各子要素进行结合，形成三张海氏工作评价指导表，如表 8-56、表 8-57 和表 8-58 所示。

表 8-56　知识技能水平表

		管理技能														
		Ⅰ．起码的			Ⅱ．相关的			Ⅲ．多样的			Ⅳ．广博的			Ⅴ．全面的		
人际技能		基本的	重要的	关键的	基本的	重要的	关键的	基本的	重要的	关键的	基本的	重要的	关键的	基本的	重要的	关键的
专业知识技能	A. 基本的	50	57	66	66	76	87	87	100	115	115	132	152	152	175	200
		57	66	76	76	87	100	100	115	132	132	152	175	175	200	230
		66	76	87	87	100	115	115	132	152	152	175	200	200	230	264
	B. 初步业务的	66	76	87	87	100	115	115	132	152	152	175	200	200	230	264
		76	87	100	100	115	132	132	152	175	175	200	230	230	264	304
		87	100	115	115	132	152	152	175	200	200	230	264	264	304	350

续表

		管理技能														
		Ⅰ. 起码的			Ⅱ. 相关的			Ⅲ. 多样的			Ⅳ. 广博的			Ⅴ. 全面的		
人际技能		基本的	重要的	关键的	基本的	重要的	关键的	基本的	重要的	关键的	基本的	重要的	关键的	基本的	重要的	关键的
专业知识技能	C. 中等业务的	87	100	115	115	132	152	152	175	200	200	230	264	264	304	350
		100	115	132	132	152	175	175	200	230	230	264	304	304	350	400
		115	132	152	152	175	200	200	230	264	264	304	350	350	400	460
	D. 高等业务的	115	132	152	152	175	200	200	230	264	264	304	350	350	400	460
		132	152	175	175	200	230	230	264	304	304	350	400	400	460	528
		152	175	200	200	230	264	264	304	350	350	400	460	460	528	608
	E. 基本专门技术	152	175	200	200	230	264	264	304	350	350	400	460	460	528	608
		175	200	230	230	264	304	304	350	400	400	460	528	528	608	700
		200	230	264	264	304	350	350	400	460	460	528	608	608	700	800
	F. 熟悉专门技术	200	230	264	264	304	350	350	400	460	460	528	608	608	700	800
		230	264	304	304	350	400	400	460	528	528	608	700	700	800	920
		264	304	350	350	400	460	460	528	608	608	700	800	800	920	1056
	G. 精通专门技术	264	304	350	350	400	460	460	528	608	608	700	800	800	920	1056
		304	350	400	400	460	528	528	608	700	700	800	920	920	1056	1216
		350	400	460	460	528	608	608	700	800	800	920	1056	1056	1216	1400
	H. 权威专门技术	350	400	460	460	528	608	608	700	800	800	920	1056	1056	1216	1400
		400	460	528	528	608	700	700	800	920	920	1056	1216	1216	1400	1600
		460	528	608	608	700	800	800	920	1056	1056	1216	1400	1400	1600	1840

表 8-57　解决问题的能力表（%）

		思维难度				
		1. 重复性的	2. 模式化的	3. 中间型的	4. 适应性的	5. 无先例的
思维环境	A. 高度常规性的	10 ~ 12	14 ~ 16	19 ~ 22	25 ~ 29	33 ~ 38
	B. 常规性的	12 ~ 14	16 ~ 19	22 ~ 25	29 ~ 33	38 ~ 43
	C. 半常规性的	14 ~ 16	19 ~ 22	25 ~ 29	33 ~ 38	43 ~ 50
	D. 标准化的	16 ~ 19	22 ~ 25	29 ~ 33	38 ~ 43	50 ~ 57
	E. 明确规定的	19 ~ 22	25 ~ 29	33 ~ 38	43 ~ 50	57 ~ 66
	F. 广泛规定的	22 ~ 25	29 ~ 33	38 ~ 43	50 ~ 57	66 ~ 76
	G. 一般规定的	25 ~ 29	33 ~ 38	43 ~ 50	57 ~ 66	76 ~ 87
	H. 抽象规定的	29 ~ 33	38 ~ 43	50 ~ 57	66 ~ 76	87 ~ 100

表 8-58　所负责任表

职务大小责任等级		1．微小的				2．少量的				3．中量的				4．大量的			
职务对后果形成的作用		间接		直接		间接		直接		间接		直接		间接		直接	
		后勤	辅助	分摊	主要	后勤	辅助	分摊	主要	后勤	辅助	分摊	主要	后勤	辅助	分摊	主要
行动的自由度	A. 有规定的	10	14	19	25	14	19	25	33	19	25	33	43	25	33	43	57
		12	16	22	29	16	22	29	38	22	29	38	50	29	38	50	66
		14	19	25	33	19	25	33	43	25	33	43	57	33	43	57	76
	B. 受控制的	16	22	29	38	22	29	38	50	29	38	50	66	38	50	66	87
		19	25	33	43	25	33	43	57	33	43	57	76	43	57	76	100
		22	29	38	50	29	38	50	66	38	50	66	87	50	66	87	115
	C. 标准化的	25	33	43	57	33	43	57	76	43	57	76	100	57	76	100	132
		29	38	50	66	38	50	66	87	50	66	87	115	66	87	115	152
		33	43	57	76	43	57	76	100	57	76	100	132	76	100	132	175
	D. 一般性规范的	38	50	66	87	50	66	87	115	66	87	115	152	87	115	152	200
		43	57	76	100	57	76	100	132	76	100	132	175	100	132	175	230
		50	66	87	115	66	87	115	152	87	115	152	200	115	152	200	264
	E. 有指导的	57	76	100	132	76	100	132	175	100	132	175	230	132	175	230	304
		66	87	115	152	87	115	152	200	115	152	200	264	152	200	264	350
		76	100	132	175	100	132	175	230	132	175	230	304	175	230	304	400
	F. 方向性指导的	87	115	152	200	115	152	200	264	152	200	264	350	200	264	350	460
		100	132	175	230	132	175	230	304	175	230	304	400	230	304	400	528
		115	152	200	264	152	200	264	350	200	264	350	460	264	350	460	608
	G. 广泛性指引的	132	175	230	304	175	230	304	400	230	304	400	528	304	400	528	700
		152	200	264	350	200	264	350	460	264	350	460	608	350	460	608	800
		175	230	304	400	230	304	400	528	304	400	528	700	400	528	700	920
	H. 战略性指引的	200	264	350	460	264	350	460	608	350	460	608	800	460	608	800	1056
		230	304	400	528	304	400	528	700	400	528	700	920	528	700	920	1216
		264	350	460	608	350	460	608	800	460	608	800	1056	608	800	1056	1400
	I. 一般性无指引的	304	400	528	700	400	528	700	920	528	700	920	1216	700	920	1216	1600
		350	460	608	800	460	608	800	1056	608	800	1056	1400	800	1056	1400	1840
		400	528	700	920	528	700	920	1216	700	920	1216	1600	920	1216	1600	2112

利用海氏三要素评价法评价三种主要付酬要素方面不同的分数时，还必须考虑各岗位的“形状构成”，以确定该要素的权重，进而据此计算出各岗位相对价值的总分，完成岗位评价活动。职务的“形状”主要取决于知识技能和解决问题的能力两要素相对于职务责任这一要素的影响力的对比与分配。职务形态构成如图 8-4 所示。

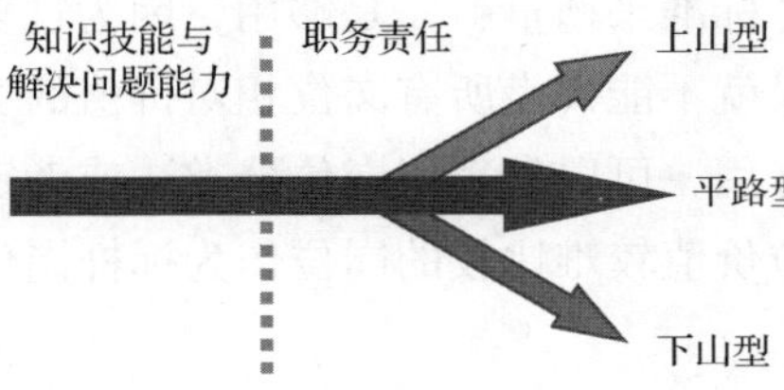

图 8-4　职务形态构成

根据三种职务的“职务形态构成”，赋予三种职务三个不同要素以不同的权重，即分别向三个职务的知识技能、解决问题能力两要素与责任要素指派其重要性的一个百分数，这两个百分数之和正好为 100%。根据一般性原则，可以粗略地确定“上山型”“下山型”“平路型”两组因素的权重分配分别为（40%+60%）、（70%+30%）和（50%+50%）。

综合加总时，可以根据企业不同岗位的具体情况赋予两者权重。岗位评价的最终结果可用公式表示为

$$W_i = \gamma[f_i(T,M,H)\cdot Q] + \beta[f_i(F,I,R)]$$

式中，W_i 为第 i 种岗位的相对价值；$f_i(T, M, H)\cdot Q$ 为第 i 种岗位人力资本存量使用性价值，即该岗位承担者所拥有的知识技能水平（人力资本存量）实际使用后的绩效水平；T 为专业理论知识（科学知识、专门技术及操作方法等）；M 为管理诀窍（计划、组织、执行、控制及评价等管理技巧）；H 为人际技能（有关激励、沟通、协调、培养等人际关系技巧）；Q 为解决问题能力；$f_i(F,I,R)$为第 i 种岗位人力资本增量创新性价值，即该岗位承担者利用其主观能动性进行创新所获得的绩效水平；F 为行动自由度；I 为职务对后果形成的作用（行为后果影响）；R 为职务责任（风险责任）；γ、β 分别表示第 i 种岗位人力资本存量使用性价值和增量创新性价值的权重。

γ 与 β 之和等于 1，一般情况下，γ、β 的取值大致有三种情况。

1）$\gamma < \beta$，“上山型”：此岗位的责任比知识技能与解决问题的能力重要，如公司总裁、销售经理、负责生产的干部等。

2）$\gamma = \beta$，“平路型”：知识技能和解决问题的能力在此类职务中与责任并重，平分秋色，如会计、人力资源等职能干部。

3）$\gamma > \beta$，“下山型”：此类岗位的职责不及知识技能与解决问题的能力重要，如科研开发、市场分析干部等。

8.3.2　海氏三要素评价法的操作步骤

（1）选择标杆岗位。规模大的企业岗位往往比较多，如果所有的岗位参加测评，一方

面会耗费大量的人力、物力；另一方面评价者往往会因为被评价的岗位过多而敷衍了事，或者因为岗位较多而难于对不同岗位进行区分，这样会使岗位评价工作出现较大的偏差。因此，在进行海氏测评前，应对所有的被测岗位进行归类，并从每类中选出标杆岗位来参加测评。

选择标杆岗位一般以三个标准来衡量：一是够用，因为过多就起不到精简的作用，如果过少，标杆的岗位测评结果就不能代表所有岗位相对价值的变化规律，有些岗位价值就不能得到应有的评价；二是好用，可以先采用岗位分类法或者定性的排序法，对不同岗位进行横向比较，从中选出岗位价值较难比较的岗位作为标杆岗位；三是中用，标杆岗位一定要能够代表所有的岗位。

（2）准备标杆岗位的岗位说明书。岗位说明书是岗位测评的基础。科学的、完善的岗位说明书能大大提高岗位测评的有效性。没有详细的岗位说明书做基础，测评者就只能凭主观印象对岗位进行打分，测评者的主观性就会增大。

最好的方式是让所有的测评者都参与标杆岗位的工作分析或者工作分析的讨论，通过这种方式，测评者能对岗位价值做出更为客观的判断。当然，这种方式耗费的人力、物力较多，耗费的时间也会较长。

（3）成立岗位测评小组。岗位测评小组成员的素质及总体构成情况将直接影响岗位测评工作的质量。因此，岗位测评小组成员的选择非常关键。岗位测评小组成员必须符合以下条件：

1）客观公正的品格。企业中大多数同事认为测评人员为人正直，能一贯公正客观地处理问题，在测评时能尽可能摆脱部门利益、小团体利益和个人利益。

2）熟悉岗位测评的方法、流程和技巧。在岗位测评工作开始前，要对测评小组的所有成员进行培训，不参加岗位测评培训，就不能入选岗位测评小组。

3）在公司工作的时间较长，对公司的整体情况（特别是岗位情况）有较全面的了解。

4）在群众中有一定的威信和影响力，这样才能使岗位测评结果更具有权威性。在岗位测评小组成员的构成上，不能全部由中、高层管理者组成，必须适当考虑基层员工。

（4）对岗位测评小组成员进行培训。海氏三要素评价法是一门比较复杂的测评技术，涉及很多测评技巧。在测评前，测评者一定要经过系统的培训，对海氏三要素评价法的设计原理、逻辑关系、评分过程、评分方法非常熟悉才能从事测评工作。经过培训之后，选出若干个标杆岗位进行对比打分，培训人员要详细阐述打分的过程，同时选择一名测评人员做演示，直到所有的测评人员完全清楚为止。

（5）对标杆岗位进行测评。在正式测评之前，可先选择部分标杆岗位进行测试，对测试结果进行统计分析，测试结果满意后再进行正式测评工作。如果一开始就正式开展测评工作，而测评结果因为测评者没有完全掌握测评技巧而不理想时，再进行第二轮测评会遭到多数测评成员的质疑或者反对。

（6）对标杆岗位进行正式测评打分并建立岗位等级。正式测评结束后，统计岗位的得分也很有技巧性。统计出各标杆岗位的平均分后，可算出每位评分者的评分与平均分的离差，剔除离差较大的分数。因为有些测评者为了本部门的利益或对有些岗位不熟悉而导致评分有较大偏差，在统计最后得分时务必通过一些技术处理手段将这种偏差降低到最低限度。

（7）各标杆岗位最后得分出来后，按分数从高到低将标杆岗位排序，并按一定得分数差距（级差可根据划分等级的需要而定）对标杆岗位分级，然后将非标杆岗位价值与标杆岗位价值对比分析后，套入相应的岗位等级。

8.3.3　海氏三要素评价法的应用

下面以××公司“小车司机班班长”“产品开发工程师”和“营销副总”三个岗位进行评价，以全面了解海氏三要素评价法。

（1）根据知识技能水平表（见表 8-56）对小车司机班班长、产品开发工程师和营销副总三个职务做相应的知识技能要素的相对价值评价。

1）营销副总在企业中全面主管营销事务，而营销工作往往是企业中最难应付的工作，需要很高的管理技巧，因此在管理技巧方面应是全面的，选 V；营销副总要精通营销管理的各项专门知识，并要在下属当中树立自己的权威性，方可充分调动广大营销人员的积极性，因此在专业知识方面应是权威、专门、技术的，选 H；在人际技巧方面，它需要熟练的人际技能，这是关键，选 3。因此，营销副总的知识技能要素价值分为 1400。

2）产品开发工程师负责企业的研发工作，要求有很高的专业知识，因此在专业知识方面应是精通专业技术的，选 G；在管理技巧方面，因其主要工作是独立开展研究工作，无须管理或很少有开展管理活动的必要，应为起码的，选 I；在人际技能方面，应为基本的，选 1。因此，产品开发工程师的知识技能价值分为 304。

3）小车司机班班长在专业知识方面没有太多的要求，只需高等业务的，选 D；在管理技巧方面，管理一批司机，工作简单，只需起码的，选 I；在人际技能方面，小车司机文化虽然不高，但均是为企业高级管理人员提供服务的，长期与高管人员在一起，因此在某种程度上有一定特权，应付起来不太容易，需要最高一级（关键的）的人际处理技巧，选 3。因此，小车司机班班长的知识技能要素价值分为 175。

（2）根据解决问题能力表（见表 8-57）对小车司机班班长、产品开发工程师和营销副总三个职务做相应的解决问题能力要素的相对价值评价。

1）营销副总是企业市场的开拓者，每天都要面对瞬息万变的市场独立做出营销决策，很多情况下企业都缺乏明确的政策指导，其思维环境属“抽象规定的”，选 H；为了占领市场，营销副总需要开展高度的创造性工作，这些工作在企业无先例可循，其思维难度属“无先例的”，选 5。因此，营销副总解决问题能力评价为技能的 87%。

2）产品开发工程师在产品开发过程中受到行业规范、各种技术标准等的限制，其思维环境属于“广泛规定的”，选 F；但由于产品开发属于高度创新性的活动，其思维难度属于“无先例的”，选 5。因此，产品开发工程师解决问题能力评价为技能的 66%。

3）小车司机班班长属于最基层管理者，管理活动受到企业各种规章制度和上级约束，其思维环境属于“标准化的”，选 D；其管理不需要太多的创造性，基本上是“模式化的”，选 2。因此，小车司机班班长解决问题能力评价为技能的 25%。

（3）根据所负责任表（见表 8-58）对小车司机班班长、产品开发工程师和营销副总三个职务做相应的职务责任要素的相对价值评价。

1）营销副总在企业内地位很高，享有广泛授权，行动自由度高，属“战略性指导的”，选 H；全面主管企业的营销工作，所起的作用是最高的第四级“主要的”；决策有时直接决定企业的生死存亡，其职务责任是“大量的”。因此，营销副总所负责任要素的整体评分为 1056。

2）产品开发工程师的行动自由度比较大，属于“方向性指导的”，选 F；职务责任不大，只有少量的影响；对后果形成的责任比较大，因为其对企业新产品开发和企业进一步发展有直接影响，因此属于“分摊的”。因此，产品开发工程师所负责任要素的整体评分为 264。

3）小车司机班班长自由度小，属于第三级“标准化的”，选 C；由于是小车司机班的带头人，所起的作用是最高的第四级“主要的”；职务责任级别太低，对经济后果的责任也属最低“微小的”。因此，小车司机班班长所负责任要素的整体评分为 57。

（4）根据海氏三要素评价体系，营销副总属于“上山型”，该职务的责任比知识技能与解决问题能力重要；产品开发工程师属于“下山型”，该职务的责任不及知识技能与解决问题能力重要；小车司机班班长属于“平路型”，知识技能和解决问题能力与责任并重。由此得到：

营销副总评价总分=（1400+1400×87%）×40%+1056×60%=1680.8

产品开发工程师评价总分=（304+304×66%）×70%+264×30%=432.448

小车司机班班长评价总分=（175+175×25%）×50%+57×50%=137.875

按照上面步骤可以对××公司的岗位进行全面评价，以达到对公司不同岗位价值的评价。

8.4 国际岗位评价法

8.4.1 国际岗位评价法简介

国际岗位评价法（International Position Evaluation，IPE）最早是由欧盟组织开发的适用于欧盟内部的通用性岗位评价方法，目前在世界各地多个组织中得到了广泛应用，具有较强的操作性和适应性。2000 年，总部在美国的全球最大的人力资源管理咨询公司——美世咨询公司将岗位评估工具升级到第三版，成为目前市场上最简便、适用的评估工具。它不但可以比较全球不同行业不同规模的企业，还适用于大型集团企业中各个分子公司的岗位比较。

国际岗位评价法实行四因素打分制。这四个因素包含了不同岗位要求的决定性因素。每个因素可再分成两至三方面，每个方面又有不同程度和比重之分。评估过程十分简单，只需为每个方面选择适当的程度，决定该程度相应的分数，然后把所有分数加起来即可。具体来说，IPE 共有四个因素、10 个纬度、104 个级别、总分 1225 分。评估的结果可以分成 48 个级别。其中这套评估系统的四个因素是指影响（Impact）、沟通（Communication）、创新（Innovation）和知识（Knowledge）。IPE 四因素及其子因素说明如表 8-59 所示。

表 8-59　IPE 四因素及其子因素说明

因素	说　明	子 因 素	说　明
影响	岗位在其职责范围内、操作中所具有的影响性质和范围，并以贡献作为修正	组织规模	组织的规模由组织的销售额和员工数来决定
		影响范围	影响的范围主要分为五个层次
		影响程度	指岗位施加的影响的程度
沟通	本因素着眼于岗位所需要的沟通技巧。首先，决定任职者所需的沟通类型，然后选定对岗位最困难和具挑战性的沟通的描述后决定	沟通方式	进行沟通所采取的形式
		沟通范围	主要是指沟通是在内部还是在外部进行
创新	本因素着眼于岗位所需的创新水平，首先确定对岗位期望的创新水平，然后决定创新水平的复杂程度。明确岗位的要求：识别并改进程序、服务和产品，或者开发新的思想、方法、技术、服务或产品	创新能力	主要指创新的举措在多大程度上是独立自主想出来的，共分为六个级别
		创新的复杂性	指待解决的问题的性质，共分为四个级别
知识	知识是指工作中为达到目标和创造价值所需要的知识水平，知识的获得可能是通过正规教育或者工作经验，首先指定应用知识的深度，然后指出该岗位是属于团队成员、团队领导还是多个团队经理，最后确定应用知识的区域。本因素是关于岗位所要求的知识的性质，以完成目标和创造价值	知识程度	在岗人所需具备的知识的程度，共分为八个级别
		知识宽度	岗位要求运用知识的宽度或环境，反映了岗位知识运用所覆盖的地理范围，共分为三个级别
		所担任的团队角色	岗位要求以何种方式应用知识：将知识运用到自己的工作中，通过领导一个团队来运用知识，还是通过领导多个团队来运用知识，包括三种角色

1．影响

（1）组织规模。组织规模是指岗位所处的组织规模，此规模数在准备阶段已经确定。组织内所有的岗位均按照确定的相同大小的组织规模进行评估。为了确定组织规模的级别，需要进行以下操作。

1）确定本身属于哪个类型的组织。

2）用组织类型旁的数字（见表 8-60）乘以组织的销售额、资产或成本/预算。

3）用经济表所列每个程度的范围，根据组织已调整的销售额或资产选择级别。

4）人员表。根据员工总数目选择程度水平，将基于经济表和人员表的级别相加后除以 2，再上下调整组织规模（组织规模表另外提供）。如需调整，应向经济表中取得的比重倾斜。

5）根据企业的（调整后）销售额和员工数（见表 8-61）得到两个对应的级别，最后的组织规模级别取这两个级别的平均数。

表 8-60　组织类型调整表

组织类型基于销售额或费用收入	倍　数
制造和销售	20
商业服务	20
投资银行	20
组装和销售	8
保险	8
销售	5
零售	5
贸易	4
基于成本/预算	
制造业	20
研究和开发	20
政府服务	20
基于资产	
零售或商业银行	1
地产/物业	1

表 8-61　组织规模对照表

等级	表 A（经济数，单位：人民币万元）		表 B（员工数）	
	最低限	最高限	最低限	最高限
1	<46	46	<10	10
2	46	93	10	25
3	93	185	25	50
4	185	371	50	100

续表

等级	表 A（经济数，单位：人民币万元）		表 B（员工数）	
	最低限	最高限	最低限	最高限
5	371	742	100	200
6	742	1483	200	400
7	1483	2967	400	800
8	2967	5192	800	1400
9	5192	9086	1400	2500
10	9086	15901	2500	4000
11	15901	27827	4000	7000
12	27827	48697	7000	12000
13	48697	73045	12000	18000
14	73045	109568	18000	27000
15	109568	164352	27000	40000
16	164352	246528	40000	60000
17	246528	369792	60000	100000
18	369792	554688	100000	150000
19	554688	832032	150000	225000
20	832032	>832032	225000	>225000

（2）影响范围。影响范围的等级及说明如表 8-62 所示。

表 8-62　影响范围的等级及说明

等级	该岗位所影响的区域	该岗位如何施加影响	具体说明
交付性影响	本岗位	根据特定的标准和说明施加影响	岗位要求根据既定的规则、标准、流程等进行工作，交付产品或服务。多数非专业岗位属于交付性岗位
操作性影响	相关岗位	为了达到操作目标和服务标准而施加影响	在既定的目标下工作并独立交付工作成果。多数专业岗位属于操作性岗位。大多数基层管理岗位因主要负责战术的执行，也属于操作性岗位
战术性影响	业务单元/部门	根据组织策略，明确新产品、工艺和标准，或制订中短期运作计划	岗位要求通过确立组织的各种标准，并开发和实现新产品、流程，制订中期运作计划（通常是 12～18 个月）来支持组织整体战略的实现。某些战术性岗位参与对经营策略的建议

续表

等级	该岗位所影响的区域	该岗位如何施加影响	具体说明
战略性影响	组织	根据组织的远见，建立和实施着眼于长远的（通常为 3～5 年）经营策略	岗位要求直接建立和实施影响组织长期发展的（通常达到 3～5 年）公司级的主要的长期经营策略
远见性影响	集团	领导一个组织发展、执行并达到它的使命、远见和价值	岗位要求领导整个组织制定和实现组织的使命、远景和目标

（3）影响程度（岗位贡献）。影响程度的等级及说明如表 8-63 所示。

表 8-63　影响程度的等级及说明

等　级	说　明
有限	对运作结果，仅有难以辨别的贡献，即难以辨别对完成结果的贡献，主要是协调性质
部分	对结果的取得具有易于辨别的贡献，但通常是间接的贡献，即通常为对非直接业绩的达成有易于辨别的贡献
直接	直接并清楚地影响行动路线，导致结果的取得
重要	第一线或根本的、权威性的显著贡献
主要	对完成主要业绩起到重要的、决定性的作用

（4）影响层级。根据表 8-62 和表 8-63 可以确定影响层级，影响层级的等级如表 8-64 所示。

表 8-64　影响层级的等级

等级		影响范围				
		交付性	操作性	战术性	战略性	远见性
1		有限				
2		部分				
3		直接				
4		重要	有限			
5	影响程度	主要	部分			
6			直接			
7			重要	有限		
8			主要	部分		
9				直接		

续表

等级		影响范围				
		交付性	操作性	战术性	战略性	远见性
10				重要	有限	
11				主要	部分	
12					直接	
13					重要	有限
14					主要	部分
15						直接
16						重要
17						主要

（5）影响点数。影响层次结合组织规模确定影响点数，如表 8-65 所示。

表 8-65　影响点数

影响的等级		组织规模																			
		1	2	3	4	5	6	7	8	9	10	11	12	13	14	15	16	17	18	19	20
	1	5	5	5	5	5	5	5	5	5	5	5	5	5	5	5	5	5	5	5	5
支付性	2	15	15	15	15	15	15	15	15	15	15	15	15	15	15	15	15	15	15	15	15
	3	25	25	25	25	25	25	25	25	25	25	25	25	25	25	25	25	25	25	25	25
	4	36	38	40	42	44	46	48	50	52	54	56	58	60	62	64	66	68	70	72	74
操作性	5	42	47	52	57	62	67	72	77	82	87	92	97	102	107	112	117	122	127	132	137
	6	53	60	67	74	81	88	95	102	109	116	123	130	137	144	151	158	165	172	179	186
	7	59	67	75	83	91	99	107	115	123	131	139	147	155	163	171	179	187	195	203	211
战术性	8	76	85	94	103	112	121	130	139	148	157	166	175	184	193	217	226	235	244	253	262
	9	83	93	103	113	123	133	143	153	163	173	183	193	203	228	238	248	258	268	278	288
	10	100	112	124	136	148	160	172	184	196	208	220	232	264	276	288	300	312	324	336	348
战略性	11	107	121	135	149	163	177	191	205	219	233	247	281	295	309	323	337	351	365	379	393
	12	124	140	156	172	188	204	220	236	252	268	309	325	341	357	373	389	405	421	437	453
	13	131	149	167	185	203	221	239	257	275	318	336	354	372	390	408	426	444	462	480	498
远见性	14	143	163	183	203	223	243	263	283	333	353	373	393	413	433	453	473	493	513	533	553
	15	151	173	195	217	239	261	283	335	357	379	401	423	445	467	489	511	533	555	577	599
	16	164	188	212	236	260	284	308	367	391	415	439	463	487	511	535	559	583	607	631	655
	17	172	198	224	250	276	302	328	389	415	441	467	493	519	545	571	597	623	649	675	701

2. 沟通

（1）沟通方式。沟通方式的等级及说明如表 8-66 所示。

表 8-66　沟通方式的等级及说明

沟通方式	说　　明	具体说明	沟通的预期效果
传达	通过表达、建议、手势或外表来沟通信息	只需要获得或者提供信息，不需要对信息进行加工	理解信息
接受和交流	通过灵活和折中的办法与他人达成一致	根据不同的时间、地点、情景，灵活地表述和解释事实、事件、政策等，使对方理解	理解事实、操作、政策
影响	在需要劝说时，不需通过直接行使指令就能进行变革	说服他人接受已确定的概念、观点和方法，沟通过程中可能需要根据对方的反馈对沟通内容进行少量的调整	接受概念、操作、方法
商议	通过探讨和妥协控制沟通，达成协议。商议的问题是短期经营性的、中期战术性的，或者有限战略性的	说服他人接受完整的方案或计划。沟通的内容可以包括短期的运作问题、中期战术性问题和具有部分战略意义的问题。沟通中需要根据实时的情况对沟通内容进行灵活的调整	通过探讨、妥协等接受整体建议和方案
长期商议	能够控制非常重要的沟通，这对整个组织具有长期战略意义	说服具有不同观点、立场和目的的人达成具有战略意义的一致意见	接受战略性协议

（2）沟通范围。沟通范围的层级及说明如表 8-67 所示。

表 8-67　沟通范围的层级及说明

层　　级	说　　明	具体说明
内部共享	在组织内部，有对某问题达成一致的共同意愿	为了达成共同的特定目标与组织内部人员进行沟通
外部共享	在组织外部，有对某问题达成一致的共同意愿	与组织外部意愿或立场相符的人员进行沟通
内部分歧	在组织内部，目标或意愿的冲突使双方难以达成一致	与组织内部目标或角色有根本性冲突的人或团体进行沟通
外部分歧	在组织外部，目标或意愿的冲突使双方难以达成一致	与组织外部目标或角色有根本性冲突的人或团体进行沟通

（3）沟通点数。确定沟通点数，如表 8-68 所示。

表 8-68　沟通点数

沟通方式	沟通范围			
	内部共享	外部共享	内部分歧	外部分歧
传达	10	15	20	25
接受和交流	25	30	35	40
影响	50	55	60	65
商议	75	80	85	90
长期商议	100	105	110	115

3．创新

（1）创新能力。创新能力的等级及说明如表 8-69 所示。

表 8-69　创新能力的等级及说明

等　级	说　明	具体说明
跟从	与既定的原则、流程或技术对比，不要求变化	岗位要求遵守既定的清晰的指导原则、流程或技术，不要求对现有的内容进行任何改变
核查	基于既定的原则、流程、技术解决个别问题	岗位要求在既定的原则、流程和技术框架下，纠正或者解决某些环节的问题
改进	加强或改进某一技术、流程中各环节的性能或效率	岗位要求对现有的流程、产品、技术进行环节性的更新、修改以持续改进，提高效率和性能
提升	提升整个现有的流程、体系或方法，做出重大改变	岗位要求对现有的流程、体系或方法进行整体性的提升，使其发生显著性的变化，以达到性能、效率提升的目标
创造或概念化	创造新的概念或方法	岗位要求创造市场上原本不存在的新方法、技术和产品。由于大多数岗位要求基于现有的基础进行提升，而很少有岗位达到这个等级
重大突破	在知识和技术方面形成并带来新的革命性的变革	岗位要求开发新的、未使用过的、科学的或技术性的思想或创新性的方法

（2）创新复杂性。创新复杂性的等级及说明如表 8-70 所示。

表 8-70　创新复杂性的等级及说明

等　级	说　明
明确的	要解决的问题通常都属于一个单独的工作领域或种类；问题的范畴得到明确的说明
困难的	问题也许只是被模糊地阐述，并要求掌握与考虑其他范畴和工作领域

续表

等级	说明
复杂的	问题需要得到全面的解决，必须考虑以下三个方面中的两个：经营、财务和人力
多维的	问题其实是多维的，需要得到从头到尾地解决，这直接影响以下三个方面：经营、财务和人力

（3）创新点数。确定创新点数，如表 8-71 所示。

表 8-71　创新点数

创新的能力	创新的复杂性			
	明确的	困难的	复杂的	多维的
跟从	10	15	20	25
核查	25	30	35	40
改进	40	45	50	55
提升	65	70	75	80
创造或概念化	90	95	100	105
重大突破	115	120	125	130

4．知识

（1）知识程度。知识程度的等级及说明如表 8-72 所示。

表 8-72　知识程度的等级及说明

等级	说明	具体说明
有限的工作知识	掌握基本工作惯例和标准的基础知识，以履行狭小范围内的工作任务	岗位需要任职者具备初级教育水平后，仅需要通过短期的入职培训（几个星期或一两个月），则可以掌握岗位需要的知识
基本的工作知识	需要掌握岗位特定的业务（商业、贸易）知识和技能，或者需要精通某种特定技术/操作	此类岗位往往需要任职者具备专科以上的教育背景，或者在缺乏专业教育背景的情形下，拥有该方面 3 年以上从业经验，才可以掌握岗位特有的技能
广泛的工作知识	需要在某个专业领域内具有多个不同方面的、广泛的知识和理论	岗位需要任职者具备学历教育后，需要一段时间（往往需要 1 ~ 3 年的实践经验）的实践后广泛了解本领域内多个方面的知识，才可以胜任此岗位。或者具备中级教育之后，通过长期实践掌握特定的技巧或操作方法

续表

等　级	说　明	具体说明
专业知识	某个特定领域具备精通的专业技能和知识，并能够基于理论整合公司的实际	岗位要求任职者具备学历教育后，通过长期实践（往往需要较长时间的实践，如 3～5 年），在某个特定领域达到精通，可以在实际中深入的应用理论。或者岗位要求任职者对一个领域内多个方面的知识原理具有宽泛了解，并需要具备以此应用和指导他人的能力，可作为企业专家
专业标准水平	宽广的技术知识，需要与某个专业领域所要求的技术性或职业道德水平一致	岗位需要具有系统、广泛、深入的专业领域的经验，或对从事差异性工作的下属有深入管理的经验
职能部门专才/组织通才	在特别的活动、领域或做法上精到的专长，或有在组织的多个管理领域的经验	岗位要求任职者具备学历教育后，通过长期实践（如需要 5～8 年），胜任此岗位需要在某个职能内多个不同方面具备深广的专业知识、实践经验，可以指导本职能内各方面的工作。或者岗位要求任职者在某个职能范围内的特定方面具备精深的专业知识，是行业专家
职能方面杰出/宽广的实际经验	在某一专业内被认同有至高无上的能力；或在组织管理多个方面有宽广而不同的经验	岗位需要任职者系统掌握多个领域内的广泛、深入的原理、概念与方法，成为解决复杂问题的专家，具有指导、发展领域内专业人才的能力
宽广和深入的实际经验	在组织管理多个层面的应用方面，有丰富而深入的经验	具有多个领域内精湛、前沿的知识技能，开拓该领域的理论、策略和方法，成为具有国内、国际声誉，能解决最具有挑战性问题的专家

（2）知识宽度。知识宽度的等级及说明，如表 8-73 所示。

表 8-73　知识宽度的等级及说明

等级	说　明	具体说明	要　点
国内	一个国家，或者具有相似经营环境的相邻国家	岗位要求只需在一个国家范围内运用知识和技能。如果岗位覆盖范围为具有相似经营环境的相邻国家（如新加坡和马来西亚），则评分也为 1。如果岗位需要在一个大洲的一部分国家（如东南亚）运用知识，则评分可为 1.5	岗位的职责范围在一个国家内
洲内	洲际地区（欧洲、亚洲、拉丁美洲）	岗位要求在一个地区内的几个国家内运用知识和技能。如果岗位覆盖范围为两个地区（如欧洲和亚洲），则评分为 2.5	岗位要求负责一个大洲内多个国家间业务的运作
全球	全球所有区域	岗位要求在全世界所有地区运用知识	岗位要求负责全球所有地区业务的运作

（3）所担任团队角色。所担任团队角色的等级及说明如表 8-74 所示。

表 8-74　所担任团队角色的等级及说明

等级	说　明	具体说明	要　点
团队成员	独立工作，没有领导他人的直接责任	岗位只需在职者独立工作，发挥专长。如果岗位要求协调相关项目活动或要求在团队中指导他人，则可给予 1.5 的评分（如项目经理）。如果岗位是室主任，但其直接下属不满三人，则给予 1.5 的评分（如企业管理室主任）	无领导他人的责任
团队领导	领导团队成员（至少三人）工作，分配、协调、监督团队成员工作	岗位要求领导一个团队，一个团队至少要有三个团队成员（个人助理和秘书不计算在内）	领导一个团队，团队内至少有三人以上
多团队经理	指导两个以上团队，决定团队的结构和团队成员的角色	岗位要求领导多个团队，每个团队由一个团队领导进行管理。如果岗位负责直接管辖一个团队，同时间接管辖另一个团队（由另一个团队领导管理），则给予 2.5 的评分。如果同时直接管理两个及以上的团队，但团队之间的工作性质相同，则给予 2.5 分的评分	领导两个以上团队

（4）知识点数。确定知识点数，如表 8-75 所示。

表 8-75　知识点数

知识的程度	知识的宽度	所担任的团队角色		
		团队成员	团队领导	多团队经理
有限的工作知识	国内	15	20	25
	洲内	25	30	35
	全球	35	40	45
基本的工作知识	国内	45	50	55
	洲内	55	60	65
	全球	65	70	75
宽泛的工作知识	国内	75	80	85
	洲内	85	90	95
	全球	95	100	105
专业知识	国内	105	110	115
	洲内	115	120	125
	全球	125	130	135
专业标准水平	国内	135	140	145
	洲内	145	150	155
	全球	155	160	165

续表

知识的程度	知识的宽度	所担任的团队角色		
		团队成员	团队领导	多团队经理
职能部门专才/组织通才	国内	165	170	175
	洲内	175	180	185
	全球	185	190	195
职能方面杰出/宽泛的实际经验	国内	195	200	205
	洲内	205	210	215
	全球	215	220	225
宽泛和深入的实际经验	国内	225	230	235
	洲内	235	240	245
	全球	245	250	255

5. 岗位评价等级表

IPE 的岗位评价等级表如表 8-76 所示。

表 8-76 岗位评价等级表 单位：分

总　　分	岗位等级	总　　分	岗位等级	总　　分	岗位等级
26 ~ 50	40	426 ~ 450	56	826 ~ 850	72
51 ~ 75	41	451 ~ 475	57	851 ~ 875	73
76 ~ 100	42	476 ~ 500	58	876 ~ 900	74
101 ~ 125	43	501 ~ 525	59	901 ~ 925	75
126 ~ 150	44	526 ~ 550	60	926 ~ 956	76
151 ~ 175	45	551 ~ 575	61	951 ~ 975	77
176 ~ 200	46	576 ~ 600	62	976 ~ 100	78
201 ~ 225	47	601 ~ 625	63	1001 ~ 1025	79
226 ~ 250	48	626 ~ 650	64	1026 ~ 1050	80
251 ~ 275	49	651 ~ 675	65	1051 ~ 1075	81
276 ~ 300	50	676 ~ 700	66	1076 ~ 1100	82
301 ~ 325	51	701 ~ 725	67	1101 ~ 1125	83
326 ~ 350	52	726 ~ 750	68	1126 ~ 1150	84
351 ~ 375	53	751 ~ 775	69	1151 ~ 1175	85
376 ~ 400	54	776 ~ 800	70	1176 ~ 1200	86
401 ~ 425	55	801 ~ 825	71	1201 ~ 1225	87

8.4.2 国际岗位评价法的操作步骤

（1）选择标杆岗位。规模大的企业岗位往往比较多，如果所有的岗位参加测评，一方面会耗费大量的人力、物力；另一方面如果岗位太多，评价者往往会因为被评价的岗位过多而敷衍了事，或者因为岗位较多而难于对不同岗位进行区分，这样会使岗位评价工作出现较大的偏差。因此，在进行 IPE 测评前，应对所有的被测岗位进行归类，并从每类中选出标杆岗位来参加测评。

（2）准备标杆岗位的岗位说明书。让所有测评者都参与标杆岗位的工作分析或者工作分析的讨论，通过这种方式，测评者能对岗位价值做出更为客观的判断。当然，这种方式耗费的人力、物力较多，耗费的时间也会较长。

（3）成立岗位测评小组。岗位测评小组成员的素质及总体构成情况将直接影响岗位测评工作的质量。

（4）对岗位测评小组成员进行培训。使小组成员都能够掌握 IPE 的基本理论和方法。

（5）对标杆岗位进行测评。在正式测评之前，可先选择部分标杆岗位进行测试，对测试结果进行统计分析，测试结果满意后再进行正式测评工作。

（6）使用岗位评估结果。

8.4.3 国际岗位评价法的应用

在进行具体岗位的评估之前，首先要确定企业的规模。可以想象一个万余人的国际性机构和一个二三十人的小公司，如果不进行调整是不能在同一个平台上进行比较的。在这个特殊的因素中，需要考虑企业的销售额、员工人数和组织类型（制造型、装配型、销售型或配送型），来放大或缩小组织规模。例如，一个带研发机构和销售部门的“全功能”制造型企业，可以获得销售额 20 倍的乘数，从而极大地放大其组织规模。销售型企业一般的乘数为 5，而配送型企业一般为 4。下面以一个销售额为 500 万元、员工人数为 100 人的贸易公司 A 中的人力资源部经理为例进行评价，以全面了国际岗位评价法的应用。

1. 确定影响点数

销售额为 500 万元的贸易公司 A,根据表 8-60 进行调整后得 A 公司的经济数应为 2000 万元，再根据表 8-61，得到 A 公司对应的企业规模级别为 7；根据员工数，A 公司对应的企业规模级别为 5，因此，A 公司对应的组织规模级别为 6［（7+5）÷2］。

人力资源部经理其职务在组织内部是在既定的目标下工作并独立交付工作成果，所以其影响范围属于操作性的；其职务性质是协调性的，所以其对组织的贡献是有限的。根据表 8-64 可以得出人力资源部经理影响的层级属于 4 级。根据表 8-65，找到该岗位对应的影响分数为 46 分。

2. 确定沟通点数

人力资源部经理的沟通方式主要采用的是“商议”方式；为了达成共同的特定目标和组织内部人员进行沟通，属于“内部共享”级别。因此，根据表 8-68，人力资源部经理的沟通点数应为 75 分。

3. 确定创新点数

人力资源部经理需要对现有的流程、体系或方法进行整体性的提升，使其发生显著性的变化，以达到性能、效率提升的目标，所以其岗位的创新能力属于“提升”级别；其所涉及的问题是多维的，需要得到从头到尾地解决，所以人力资源部经理职务的创新复杂性属于“多维”级别。因此，根据表 8-71，人力资源部经理的创新分数为 80 分。

4. 确定知识点数

人力资源部经理所应具备的知识程度属于“职能方面杰出或宽泛的实际经验”级别，知识宽度属于“国内”，担任的团队角色为“团队领导”，因此，按照表 8-75，人力资源部经理的知识分数为 200 分。

5. 确定岗位等级

最后得到人力资源部经理这一职务的总分为 401(46+75+80+200)，按照表 8-76，得到人力资源部经理的等级为 55 级。

实验实践 1　要素计点法的应用

实验实践背景与目的

本实验的主要内容是对岗位评价方法中常用的要素计点法的应用技能进行培养。主要目的是帮助实验者进一步加深对要素计点法相关理论知识的理解，熟悉和掌握这一重要的岗位评价方法，以便在未来薪酬设计工作中应用此工具。

实验实践准备条件

（1）硬件条件：能提供上机条件的实验室（如果没有，多媒体教室也可操作）；打印机、复印机。

（2）软件条件：所需评价岗位的工作分析结果（工作描述、工作规范及工作说明书等）。

实验实践步骤与过程

1．操作步骤

（1）全体同学认真研究所需评价岗位的各种工作分析结果。

（2）经过讨论、论证，从各种工作分析结果中提炼出所需的报酬要素，并进行界定、分级，以及确定各要素等级的点数。

（3）按照岗位性质进行打分，对拟评价岗位进行排序等，形成评价岗位报告，并将结果打印出来。

2．难点与注意事项

（1）是否能够获得比较全面而又准确的拟评价岗位的工作分析结果。

（2）对拟评价岗位报酬要素的界定、分级、点数设定是否准确到位。

（3）学生岗位要素评价打分、排序是否合理。

课时数：实验室2课时，课后3课时。

实验实践成果及评价

1．预期成果

（1）实验报告：每人一份“要素计点法应用报告”。

（2）总结讨论会纪要。

2．评价标准（0~25分）

（1）报酬要素界定、分级、点数确定及打分标准合理程度。

（2）语言逻辑条理、用词简练准确性程度。

（3）报告提交的及时性。

（4）过程参与的积极程度。

实验实践2　海氏三要素评价法的应用

实验实践背景与目的

本实验的主要内容是对岗位评价方法中常用的海氏三要素评价法的应用技能进行培养。主要目的是帮助实验者进一步加深对海氏三要素评价法相关理论知识的理解，熟悉和掌握这一重要的岗位评价方法，以便在未来薪酬设计工作中应用此工具。

实验实践准备条件

（1）硬件条件：能提供上机条件的实验室（如果没有，多媒体教室也可操作）；打印机、复印机。

（2）软件条件：所需评价岗位的工作分析结果（工作描述、工作规范及工作说明书等）；海氏工作评价指导表。

实验实践步骤与过程

1．操作步骤

（1）全体同学认真研究所需评价岗位的各种工作分析结果。

（2）经过讨论、论证，从各种工作分析结果中提炼出所需评价岗位的各要素（海氏三要素）的具体情况。

（3）对照海氏工作评价指导表，对各要素进行打分、排序，形成评价岗位报告，将结果打印出来。

2．难点与注意事项

（1）是否能够获得比较全面而又准确的拟评价岗位的工作分析结果。

（2）拟评价岗位的海氏三要素的提取是否准确到位。

（3）学生岗位要素评价打分、排序是否合理。

课时数： 实验室 2 课时，课后 3 课时。

实验实践成果及评价

1．预期成果

（1）实验报告：每人一份“海氏三要素评价法应用报告”。

（2）总结讨论会纪要。

2．评价标准（0～25 分）

（1）海氏三要素确定及打分标准合理程度。

（2）语言逻辑条理、用词简练准确性程度。

（3）报告提交的及时性。

（4）过程参与的积极程度。

自测题

一、判断题

1．岗位排列法是一种量化的工作评价方法。（　　）

2．交替排列法相比较简单排列法而言提高了岗位之间的整体对比性。（　　）

3．因素比较法最关键的一项工作是确定等级标准。（　　）

4．因素比较法是一种量化的工作评价技术。（　　）

5．要素计点法主要适用于对管理岗位和专业技术岗位进行测评。（　　）

二、单选题

1．由评定人员凭自己的工作经验主观地进行判断，根据岗位的相对价值按高低次序进行排列的方法称为（　　）。

A．交替排列法　　B．配对比较法　　C．简单排列法　　D．岗位参照法

2．（　　）由于其直观性与量化特征，被广泛地应用于各种组织的工作评价体系。

A．因素比较法　　B．要素计点法

C．岗位分类法　　D．IPE 国际岗位评价法

3．（　　）适用于生产过程复杂，岗位类别、数目多的大中型企事业单位。

A．要素计点法　　B．海氏三要素评价法

C．配对比较法　　D．因素比较法

4．国际岗位评价方法实行四因素打分法中不包括的因素是（　　）。

A．影响　　B．沟通　　C．责任　　D．知识

5．（　　）适用于结构稳定的公司、实力单薄的小公司，以及缺乏时间和财力做规划

工作的公司。

A．岗位排列法　B．要素计点法　C．岗位分类法　D．岗位参照法

三、多选题

1．岗位分类法实施的步骤是（　　）。

A．岗位分析　B．岗位分类　C．建立等级结构和等级标准
D．岗位测评和列等　E．岗位比较

2．岗位评价中属于量化的方法有（　　）。

A．岗位分类法　B．因素比较法　C．要素计点法
D．岗位排列法　E．海氏三要素评价法

3．海氏三要素评价法包括的要素有（　　）。

A．知识技能　B．设备及物料　C．解决问题的能力
D．所负责任　E．所受监督

4．国际岗位评价方法影响因素的分级包括（　　）。

A．交付性影响　B．操作性影响　C．战术性影响
D．战略性影响　E．远见性影响

5．国际岗位评价法的操作步骤包括（　　）。

A．选择标杆岗位　B．标杆岗位说明书
C．成立测评小组　D．对标杆岗位进行测评
E．使用结果

四、简答题

1．工作岗位评价的方法有哪些？

2．简述各种工作岗位评价方法的优缺点。

3. 岗位评价法中的岗位排列法是如何进行的？请将下列岗位根据岗位重要性进行岗位排序：总经理、前台接待人员、培训师、客户主任、销售经理、财务人员、司机、市场推广人员。

第 9 章

岗位评价成果的应用

引导案例

不加薪，就跳槽

在某公司周一主管会议上，公司高经理提出一项临时动议，原因是该公司制造部章经理因不满本年度绩效考核的结果，公开提出“不加薪，就跳槽”的要求。

高经理表示，如果我们一口回绝，那么章经理便会挂冠而去，公司也会立刻出现一个严重的岗位空缺。总经理也表示，培养一个主管接班人需要几个月的时间，生产力也会受到影响。显然培养新人是一件既费时又费钱的事。最后与会的吴董事询问人力资源部刘经理的意见，刘经理说：“员工以离职相威胁是一件不忠的行为，将来也可能又为了高薪而去，除此之外，显示出管理当局屈服于威胁，也会产生一定的副作用。”

思考：如果你是总经理，你会如何处理这种问题？此类问题应如何防范？

学习目标

- 重点掌握薪酬管理的概念、构成，基本工资的类型及其确定。
- 一般掌握劳动保护和社会保障的相关知识。

学习导航

岗位评价确立了企业内部各岗位之间的重要性，虽然它不直接决定薪酬水平，但它明确了公司内所有工作岗位之间逻辑性的排列关系，并由此构成了薪酬结构的基础。同时，岗位评价也对劳动保护的内容、补偿标准和职业病防范，以及社会保障的内容、体系和政策制定具有重要作用。本章学习导航如图 9-1 所示。

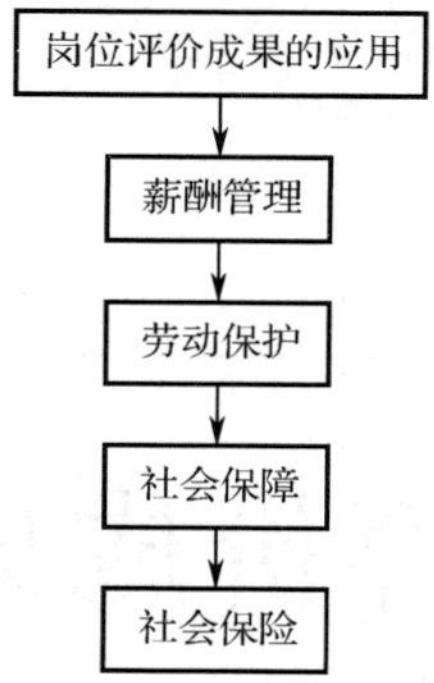

图 9-1　本章学习导航

9.1　薪酬管理

9.1.1　薪酬的概念与意义

薪酬是指员工从事企业所需要的劳动而得到的货币或非货币形式的补偿，是企业支付给员工的劳动报酬。薪酬反映的是组织对员工所付出的知识、技能、努力和时间的补偿或报酬。所以，薪酬既包括金钱货币形式的“财务回报（外在报酬）”，也包括非货币形式的薪酬（内在报酬）。

外在报酬是指员工因受到雇用而获得的各种形式的收入，可以分为直接货币报酬和间接货币报酬。直接货币报酬主要包括工资、奖金、津贴、补贴、利润分享和股票期权等；间接货币报酬主要包括福利及福利措施、教育培训、劳动保护、医疗保障、社会保险、离退休保障、带薪休假、旅游休假和职业指导等。

内在报酬则是在工作本身（如较多的学习机会、挑战性工作、晋升、表扬或受到认可与组织的重视）、工作环境（如公正的领导、融洽的工作氛围、舒适的工作条件、职业安全）和企业形象方面给员工带来的心理上的满足。

对员工来说，薪酬是其生活来源，也是成功的标志、地位的象征和才能的体现，可以同时满足生理上和心理上的双重需要。员工通过外在报酬和内在报酬来判断自己的努力是否得到了组织的充分回报。

就企业而言，无论其管理制度如何完善、管理手段如何科学、生产技术如何先进、公共关系如何协调，如果员工没有得到公平合理的薪酬，企业工作效率必难提高，优秀人才终将流失，劳资关系也难以协调，组织无法正常运作。

9.1.2　工资及其基本类型

工资是员工薪酬的主要构成部分。工资是活劳动的报酬，也就是雇主对受雇者为其已完成或将要完成的工作，或者已提供或将要提供的服务以货币为结算工具，并由共同协议或国家法律法规或政策确定，凭雇佣合同支付的报酬或收入。

基本工资主要是以员工工作岗位的性质为依据来确定的。在企业薪酬制度中，基本工资是基本的和核心的薪酬制度，而工资等级的确定又是最为关键的。

按照确定员工工资等级的依据不同，一般可以归纳为五种基本工资制度。

1. 年功工资制

年功工资制，也称年资工资或工龄工资，根据员工的工作年限（按照连续工龄或本企业工龄）决定其工资标准，并且随工龄增加逐年增加工资。日本企业实行的是“年功序列工资制度”，其特点是，基本工资由年龄、企业工龄和学历等因素决定，与工作能力没有直接联系，普遍实行定期增薪制度，随着工龄的增长每年增加一次工资，退休金则以基本工资和企业工龄为计算基础。年功序列工资制度萌芽于 20 世纪初期，主要是为了防止工人从一个企业跳到另一个企业，有利于培养和固定忠于本企业的熟练工人。

2. 能力工资制

能力工资制根据员工本人能力（技术、业务水平及体质、智力等）所达到的标准确定其工资等级和工资标准，具体有技术等级工资制、能力资格工资制和职能工资制。强调依据员工具有的工作能力来确定报酬。在价值取向上主要倡导提升个人能力，即无论在哪个岗位上，只要能力达到了企业预先设定的要求，就能得到相应的工资。能力工资制有利于改变企业员工走仕途的价值观念。一些欧美国家的企业实施能力工资模式，其局限性在于操作上有一定的技术难度，它要求企业必须建立一个具有操作性的员工能力评价体系。

3. 岗位工资制

岗位工资制，也称岗位工资制，是以岗位（或岗位）为基准的薪酬制度模式，依据工作岗位的性质（工作条件、责任大小、复杂程度、繁重程度）确定各工作岗位的相对等级顺序，再规定相应的工资标准，其制定的依据是“对岗不对人”。员工在什么岗位就领取什么岗位的工资，不考虑其是否具有超出本岗位要求的工作能力。这是岗位工资制与能力工资制的根本区别。员工薪资的增长主要依靠岗位的调整。岗位工资具有较强的适应性，传递了岗位价值贡献大小决定工资高低的价值取向，具有操作简易的优点。

4. 结构工资制

结构工资制，也称多元工资制、分解工资制或组合工资，是把影响和决定员工工资的各种主要因素分解开来，然后根据各因素分别设置工资标准的一种工资形式。结构工资制吸收了前面三种形式的长处，有较灵活的调节作用和适应性，有利于合理安排企业内部各类员工的工资关系。但是，结构工资的设计及其各工资单元的相对比重如何合理确定，操作起来比较复杂。从国际和国内来看，比较适应市场经济条件的企业工资制度是以岗位工资为主体的结构工资制形式。一般包括三个部分。

（1）岗位工资，这是基本工资，是工资结构中的主体，即占工资结构总量比重的大部分。

（2）基础工资，较低而平均，是为了保障员工能维持最低的生活水平。

（3）年功工资。

5. 市场工资制

市场工资制利用市场直接为岗位定工资，属于协议薪资制。根据工作说明书对岗位工作的描述，同类似岗位的市场工资水平相比较，双方经过协商，签订合同。市场工资制适用于稀缺人才高薪制、过需人员低薪制和富余人员低薪制。

9.1.3 基本工资的确定

基本工资确定的关键环节就是岗位评价和薪酬调查。岗位评价的主要功能是确定每个岗位的相对价值，从而保持企业内部的一致性。薪酬调查是企业通过收集信息来判断其他企业所支付薪酬状况的一个系统过程。这种调查能够向实施调查的企业提供市场上的各种相关企业（包括自己的竞争对手）向员工支付的薪酬水平和薪酬结构等方面的信息。薪酬调查的目的是调查、了解市场工资率的水平（劳动力市场各类人员的平均薪酬水平），以确保本企业薪酬的外部竞争性和公平性。

经过岗位评价和薪酬调查，有了岗位评价的分数，参考市场工资率，并考虑本企业的支付能力和薪酬政策，采用一定的技术分析和处理，就可以确定各级岗位的工资标准，从而建立本企业的基本工资系统。

但是对于一个规模较大的企业来说，几百个或上千个岗位都可能有不同的工资率，因此需要将类似岗位（如在序列或点值上相似）归为一个工资等级。一个工资等级包括操作复杂程度或重要性大致相同的几个岗位。

同一个工资级别内的各种工作都得到相同的工资，设置工资级别的数目时主要考虑薪酬管理上的便利和各种工作之间价值差异的大小。如果划分的工资级别数目太少，在任务、责任和环境上差别很大的员工被支付相同的工资，则会损害报酬政策的内部公平性。反之，如果工资级别数目太多，在本质上没有明显差别的工作得到不同的报酬，也会损害企业薪酬政策的内部公平性。

在确定工资等级过程中，需要设计合理的工资范围与薪幅（带宽），即在一个工资级别内最低报酬和最高报酬之间差距的大小。一般而言，在工作评价中点数越低的工作，其薪幅就应该越小；而在工作评价中点数越高的工作，其薪幅就应该越大。

从理论上讲，在同一组织中，相邻的工资等级之间的薪幅可以设计成有交叉重叠的，也可以设计成无交叉重叠的。在实践中，大多数企业倾向于将薪酬结构设计成有交叉重叠的，尤其是对于中层以下的岗位。

工资体系设计出来以后，可将与该体系配套的岗位等级矩阵与工资曲线进行横向关联，从而了解每一层级具体员工的代表数据情况，为后续的调整做准备。同时可以明确每一岗位在曲线图中的位置，从而了解其在公司整体中的地位。

9.2　劳动保护

9.2.1　劳动保护的概念

劳动保护是苏联和德国等国家的称谓，我国早期也称劳动保护，现在国际上一般称为职业安全与健康（卫生）。名称虽然不同，但工作内容大致是相同的，可以认为是同一概念的两种不同命名。劳动保护的对象是一切职业劳动者，保护的是职工在职业活动过程中的安全与健康。采取的手段是在职工的工作领域，以及在法律、技术、设备、组织制度和教育等方面建立健全的措施。

9.2.2　劳动保护的内容

我国《劳动法》第五十二条规定："用人单位必须建立、健全职业安全卫生制度，严格执行国家职业安全卫生规程和标准，对劳动者进行职业安全卫生教育，防止劳动过程中的事故，减少职业危害。"根据本条款的规定，职业安全与卫生管理包括以下几项内容：用人单位必须建立、健全职业安全卫生制度；用人单位必须执行国家职业安全卫生规程和标准；用人单位必须对劳动者进行职业安全卫生教育；不断改善劳动条件；合理组织劳动和休息；实行对女职工和未成年工的特殊保护，解决他们在劳动过程中由于生理关系而引起的一些特殊问题等。

1. 职业安全与卫生监督管理

职业安全与卫生监督管理的主体是政府各级安全与卫生监督管理部门，在我国目前主要是各级安全监督机构和卫生部门。对象是企业及其生产经营活动，重点是煤矿和工矿企业。

职业安全与卫生工作要得以顺利进行，强有力的监督管理是重要的保障措施之一，也是国家有关法律法规得以落实的基本手段。否则，国家所颁布的职业安全与卫生法规将是一纸空文，职工的安全健康无法保障。改革开放以来，我国的安全监督管理制度得到了加强和完善，企业员工的劳动环境也得到了一定改善。

2. 职业安全与卫生法律法规

职业安全法律法规是劳动者职业活动过程中安全与健康的可靠保证，是国家法律体系的重要组成部分。随着国民经济和科学技术的发展，新的职业安全与卫生法律法规不断涌现，这对劳动者的安全与健康无疑起到了更有利的作用。

3. 职业安全管理

职业安全管理是企业管理的基础，员工的安全是企业长远发展的根本。在以人为本的市场经济时代，职业安全管理尤为重要。因为这关系到企业在市场中的竞争力，关系到人才的吸引和留驻。职业安全管理涉及事故的管理及预防、事故的调查与报告、事故的统计、事故的预防对策、现代安全管理方法、危险评价等。

4．职业卫生管理

职业危害及职业病是职业卫生管理的主要内容。随着新技术、新工艺的不断出现，职业病的类型和种类也在不断扩大，对人类的危害也在加大，因此职业卫生管理也是一个重要内容。职业卫生管理涉及的内容有职业危害的类型、特点及预防措施，职业病的特点、发展趋势及预防措施等。

9.2.3 全社会安全生产管理体制

国务院（1993）50 号《国务院关于加强安全生产工作的通知》规定：在发展社会主义市场经济过程中，各有关部门和单位要强化安全生产的职责，实行企业负责、行业管理、国家监察和群众监督的安全生产管理体制。实施这一体制，必然对我国的安全生产工作起到积极的推动作用。

（1）企业负责。国务院将“企业负责”加到安全生产管理体制的最前面，这是因为国家的法律、法规和政策的落脚点在企业，而企业又是职工的工作场所，是国民经济的重要基础。保护职工在生产劳动过程中的安全与健康，保证其主人翁地位与基本权益不受损害，为职工创造良好的劳动条件等，只有“企业负责”才能实现。所以，“企业负责”是安全生产管理体制的核心，也是必须履行和落实的。

（2）行业管理。在计划经济体制下，企业行政主管部门掌握着企业生产经营所必需的人力、财力、物力的调配权，其安全部门也不例外，企业受其主管部门的严格制约，安全否决权更使企业望而生畏。我国计划经济体制的逐渐消失，市场经济体制逐步确立，政府简政放权，企业转轨变型。随着政府机构改革，企业行政主管部门相继撤销。再加上三资企业、乡镇和私营企业蓬勃发展，这些企业大部分没有主管部门，企业的安全工作无人管理，而且企业活动经营改为股东大会和董事会进行决策，原来主管部门直接管理所属企业转变为归口管理。因此，要逐步完善行业协会形式，通过制定行业标准进行组织、协调、指导和监督检查，加强行业组织对归口企业的安全生产管理工作。

（3）国家监察。国家监察是指国家法律、法规授权安全生产监督管理部门以国家名义、用国家权力，对企事业单位和有关部门履行安全生产职责和执行安全生产法规、政策的情况依法进行监督、纠正和惩戒。它具有特殊的行政与法律地位、公正的第三者、法律权威性和国家强制干预等特征。

（4）群众监督。群众监督是以各级工会为主，包括社会团体、民主党派和新闻单位对安全生产起的监督作用。一定意义上讲也可以称为社会监督。

各级工会代表广大职工群众，依据《工会法》和国家有关法律、法规对安全生产工作进行监督，维护职工的合法权益，确保职工在生产中的安全与健康。社会团体、民主党派均可以通过各种方式向企业单位、政府或部门反映安全生产方面存在的问题或提出意见和建议。新闻单位可以通过向社会曝光的形式，监督有关部门和企业单位加强安全生产、改进工作。总之，通过全社会的监督，促使安全生产工作水平不断提高，这是我国安全生产工作体制的一个重要环节。

我国安全生产管理体制之间的相互关系如图 9-2 所示。从各自的职能来看，是层层作用的关系。企业自身的管理是对企业本身的负责。企业的安全管理应该是一个较完整的体系，还接受行业主管部门的行业管理和国家监察、群众监督。行业管理部门对本行业所属的企业及归口管理的各单位行使行业安全管理的职能，同时接受国家监察和群众监督；国家安全监察机构对企业单位和行业管理部门的安全工作实施国家安全监察，同时接受群众监督。群众监督的对象包括企业单位、行业管理部门及国家劳动安全监察机构，对政府及有关行政部门的安全生产工作也具有监督职能。

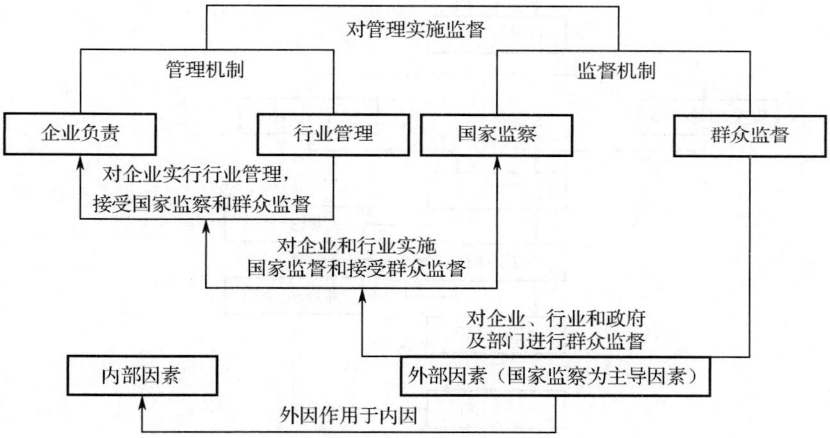

图 9-2　安全生产管理体制之间的相互关系

9.2.4　企业安全生产管理机制

安全生产是一项复杂的系统工程，涉及人、机、物、环、法等各个方面。企业要在社会主义市场经济的形势下搞好本企业的安全生产，就必须建立安全生产的综合管理机制、安全生产的激励与约束机制、安全生产的教育培训机制、安全生产的设备管理机制。

（1）安全生产的综合管理机制。企业作为安全生产工作的主体，必须实现全员动手、综合治理以落实安全生产责任制为中心的四大安全保证体系，即思想保证体系、组织保证体系、工作保证体系和监督保证体系。其中，思想保证体系是基础，组织保证体系是保证，工作保证体系是重点，监督保证体系是手段。

1）建立以“安全第一、预防为主、综合治理”为核心的安全生产思想保证体系，如图 9-3 所示。

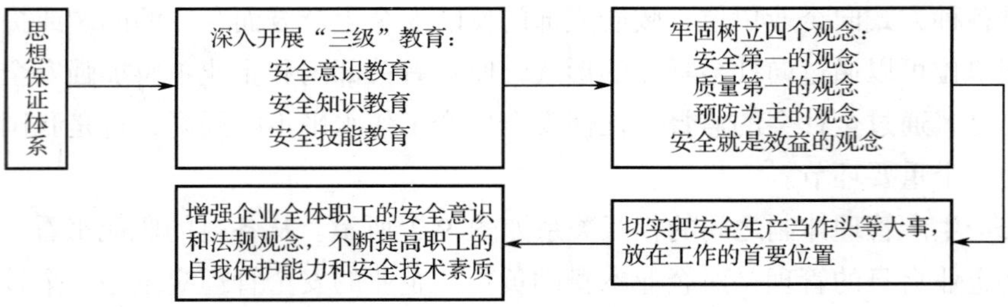

图 9-3　安全生产思想保证体系

2）建立领导挂帅、全员参与的安全生产组织保证体系，如图 9-4 所示。

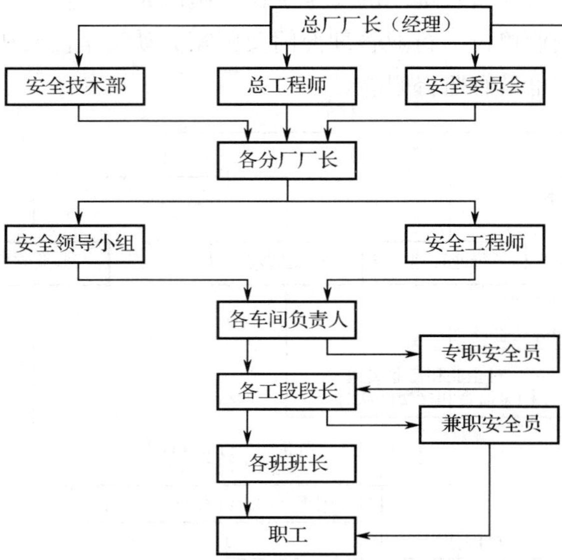

图 9-4　安全生产组织保证体系

3）建立科学管理、优质高效的安全生产工作保证体系，如图 9-5 所示。

4）建立安全专业监督与群众监督相结合的安全生产监督保证体系，如图 9-6 所示。

（2）安全生产的激励与约束机制。激励是决定企业职工安全生产的重要因素之一，每个员工的素质取决于其安全技能与工作积极性。

（3）安全生产的教育培训机制。建立安全管理人员的教育培训机制；建立全员的安全教育培训机制；安全教育培训工作必须贯穿于生产过程的始终；遵循理论联系实际的原则、分层施教的原则和科学的原则。

（4）安全生产的设备管理机制。良好的设备是安全生产的前提和基础，是生产安全运行的保证，因此必须建立以分级、承包、监控为主要内容的设备管理机制。

总之，在现代化生产中，搞好企业的安全生产，必须建立一种新型的安全管理体制，充分利用经济的、行政的乃至法律的手段，使安全生产在思想、组织、管理、教育、安全技术设备的每个环节都得到真正的落实。

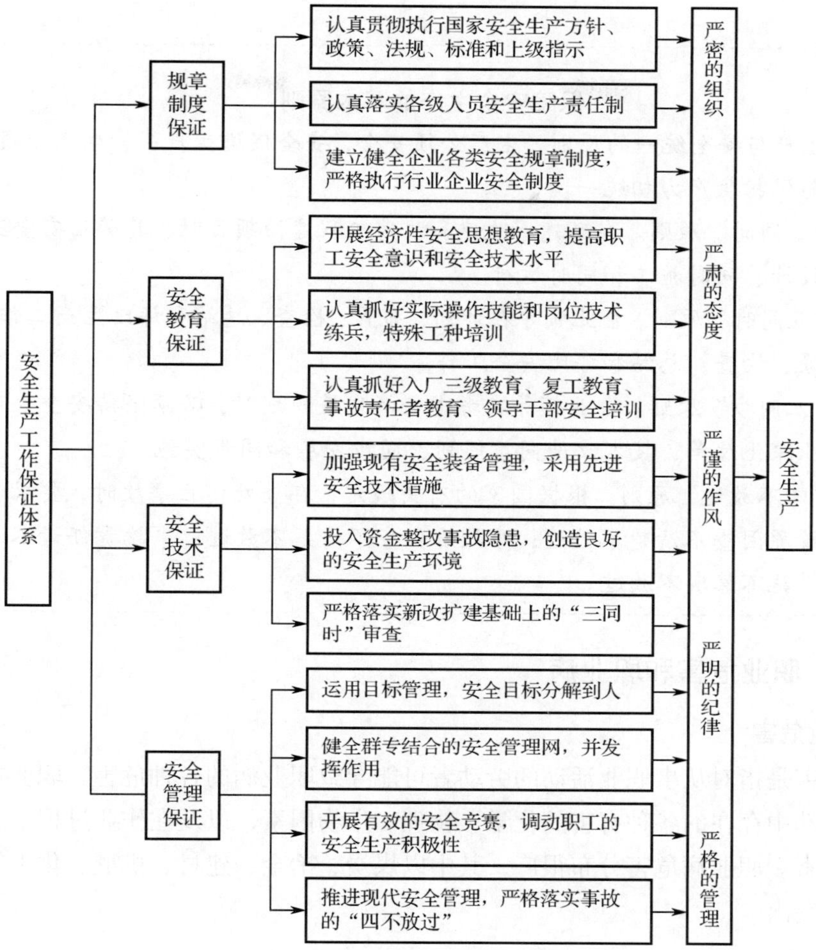

图 9-5　安全生产工作保证体系

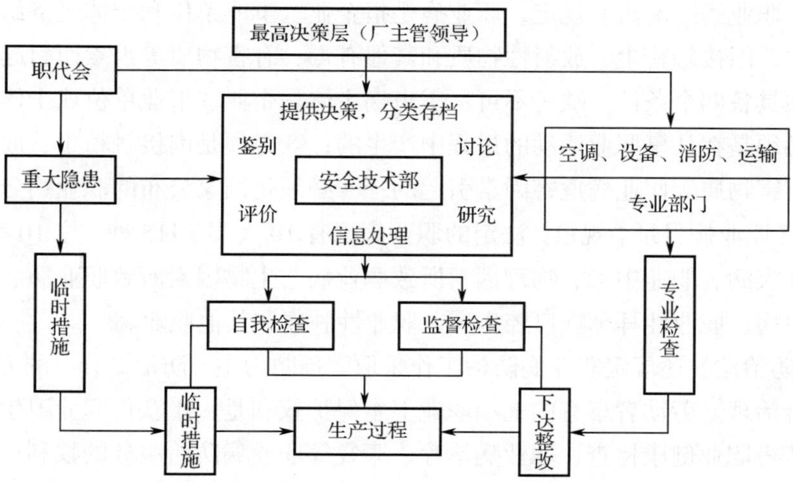

图 9-6　安全生产监督保证体系

提 示

保障安全生产的基本原则

（1）生产与安全统一的原则。生产必须安全，安全促进生产；管生产必须管安全；发展生产与保护生产力相统一。

（2）“三同时”原则。在新建、改建和扩建工程建设项目时，其劳动安全卫生项目必须同时设计、同时施工和同时运行。

（3）“五同时”原则。企业领导在计划、布置、检查、总结和评比生产工作的同时，计划、布置、检查、总结和评比安全工作。

（4）“三同步”原则。企业领导在考虑经济发展规划时，必须坚持安全生产与经济建设、企业深化改革、技术改造同步规划、同步发展和同步实施。

（5）“四不放过”原则。根据国家的有关规定，在查处伤亡事故时，要求各级领导做到：事故原因查不清楚不放过；事故责任查不清楚不放过；事故责任者不处理不放过；防范措施不落实不放过。

9.2.5 职业危害和职业病

1. 职业危害

职业危害是指对从事职业活动的劳动者可能导致职业病的各种危害。职业病危害因素包括职业活动中存在的各种有害的化学、物理、生物因素，以及在作业过程中产生的其他有害职业因素。职业病危害分布很广，其中以煤炭、冶金、建材、机械、化工等行业职业病危害最为突出。

2. 职业病

我国的《职业病防治法》规定，职业病是指企业、事业单位和个体经济组织的劳动者在职业活动中，因接触粉尘、放射性物质和其他有毒、有害物质等因素而引起的疾病。职业病构成必须具备四个条件，缺一不可：①患病主体是企业、事业单位或个体经济组织的劳动者；②必须是在从事职业活动的过程中产生的；③必须是因接触粉尘、放射性物质和其他有毒、有害物质等职业病危害因素引起的；④必须是国家公布的职业病分类和目录所列的职业病。《职业病目录》规定，法定的职业病现有10大类、115种。这10类包括尘肺、职业性放射性疾病、职业中毒、物理因素所致职业病、生物因素所致职业病、职业性皮肤病、职业性眼病、职业性耳鼻喉口腔疾病、职业性肿瘤和其他职业病。

《职业病防治法》还规定职业病防治工作采取“预防为主、防治结合”的方针，实行分类管理、综合治理。劳动者享有的七项职业卫生保护权利是：①获得职业卫生教育、培训的权利；②获得职业健康检查、职业病诊疗、康复等职业病防治服务的权利；③了解作业场所产生或者可能产生的职业病危害因素、危害后果和应当采取的职业病防护措施的权利；

④要求用人单位提供符合防治职业病要求的职业病防治设施和个人使用的职业病防护用品，改善工作条件的权利；⑤对违反职业病防治法律、法规及危及生命健康行为提出批评、检举和控告的权利；⑥拒绝完成违章指挥和强令没有职业病防护措施的作业的权利；⑦参与用人单位职业卫生工作的民主管理，对职业病防治工作提出意见和建议的权利。

劳动者如果怀疑所得的疾病为职业病，应当及时到当地卫生部门批准的职业病诊断机构进行职业病诊断。对诊断结论有异议的，可以在 30 日内到市级卫生行政部门申请职业病诊断鉴定，鉴定后仍有异议的，可以在 15 日内到省级卫生行政部门申请再鉴定。职业病诊断和鉴定按照《职业病诊断与鉴定管理办法》执行。诊断为职业病的，应到当地劳动保障部门申请伤残等级，并与所在单位联系，依法享有职业病治疗、康复及赔偿等待遇。用人单位不履行赔偿义务的，劳动者可以到当地劳动保障部门投诉，也可以向人民法院起诉。

9.3　社会保障

9.3.1　社会保障的概念

“社会保障”一词，最早出现在美国 1935 年制定的《社会保障法》中。随着国际劳工组织多次使用这一新词，社会保障逐渐为世界各国所熟悉和接受。社会保障是在政府的管理之下，按照一定的法律和规定，通过国民收入的再分配，以社会保障基金为依托，为保障人民生活而提供物质帮助和服务的社会安全制度。在当代社会，社会保障已经成为各国普遍建立的一种社会稳定制度。

社会保障制度以国家为主体，依据法律规定，通过国民收入的再分配，对公民暂时或者永久性失去劳动能力及由于各种原因生活发生困难时给予物质帮助，保障居民的最基本生活需要。它的意义并不是实现共同富裕（共同富裕是共产主义社会的特点，而西方资本主义国家也施行社会保障，不是为了共同富裕，只是为了安定社会、缓解资本主义矛盾）。

社会保障制度通过集体投保、个人投保、国家资助、强制储蓄的办法筹集资金，国家对生活水平达不到最低标准者实行救助，对暂时或永久失去劳动能力的人提供基本生活保障，逐步增进全体社会成员的物质和文化福利，保持社会安定，促进经济增长和社会进步。

由此可以看出，社会保障的基本要素包括：主导者——国家及其政府；根本目的——稳定社会经济和生活；保障对象——社会全体成员，尤其是公民中的弱势群体；保障内容——公民的生存权；负担者——用人单位、个人和国家共同负担；途径——国民收入再分配；性质——强制施行，是一种法律制度。

9.3.2　社会保障的特征

社会保障具有以下特征。

（1）社会保障是国家的基本制度之一，是国家通过立法建立起来的。国家对社会成员的社会保障待遇标准只有通过立法才能加以确定和公之于众，国家对需要保护的特殊群体给予的帮助只有通过建立法律制度才能得以强制施行。

（2）社会保障的内容是由政府和社会为社会成员提供必要的物质帮助。社会保障制度从产生以来，就是围绕如何确保社会成员的基本生活需要而设置的具体制度性措施，其内容由少到多，其待遇给付标准由低到高，逐渐覆盖社会成员的基本生活需要的各个方面。

（3）社会保障的对象是社会成员中的弱势群体。社会保障制度从维护社会稳定、实现社会公平的目的出发，针对公民在年老、疾病、伤残、失业、遭遇灾害、面临生活困难的情况下，给予必要的经济帮助。

9.3.3 社会保障的范围

社会保障是一种综合性的保障制度，从各个不同的侧面，以不同的程度保障社会成员的生存权利。根据保障程度，可以把其范围确定为社会救助、社会保险和社会福利。此外，还有比较特殊的社会优抚。

（1）社会救助。社会救助是国家为帮助陷入生存危机中的公民而建立的一种社会保障制度。它是最低层次的社会保障，也是人类最古老的一种保障制度。公民陷入生存危机的原因是多种多样的，社会救助一般分为两大类：灾害救济和贫困救济。

（2）社会保险。社会保险是国家为了帮助公民抵御种种生活危险而建立的一种社会保障制度。社会保险的项目一般包括养老保险、医疗保险、疾病保险、失业保险和工伤保险等。

（3）社会福利。社会福利是国家为改善和提高全体公民的物质、精神生活而建立的一种社会保障制度。其内容包括特殊群体权益保障、公共福利、职业福利、福利津贴、住房福利、教育福利、卫生保健福利和社区服务等。

（4）社会优抚。社会优抚是给予法定的特殊社会成员以物质优遇和精神褒扬的一种社会保障制度。我国的军人及军属优待制度、退役军人安置制度、伤残亡军人及军属抚恤制度、革命烈士褒扬制度、劳动模范制度、离休制度都属于社会优抚。

9.4 社会保险

9.4.1 社会保险的概念与特点

社会保险是指通过国家立法的形式，以劳动者为保障对象，以劳动者的年老、疾病、伤残、失业、死亡等特殊事件为保障内容，以政府强制实施为特点的一种保障制度。

社会保险的基本特点如下。

（1）国家性。国家性是社会保险具有的最鲜明的特性。国家政权作为一个实体，自始至终是社会保险运行的管理者、制度的制定和推行者及坚强可靠的后盾。保险制度的推出是国家通过其专业机构——社会保险机构实行的。

（2）强制性。社会保险制度的强制性具体表现在：首先，通过国家立法程序强制用人单位和工资劳动者参加社会保险，法律规定范围内的用人单位和劳动者必须参加，没有任何选择余地；其次，国家还通过立法强制参加者按照国家规定的标准定期、足额缴纳社会保险费，不容不缴，也不容拖欠，否则给予经济惩罚；最后，国家还通过规定法定退休年龄，强制劳动者届时解除劳动义务，退出工作岗位。

（3）公平与效率统一。这一特点的实质在于通过社会保险制度既使人们的生活差距有所缩小，又使这个制度对经济效益起到促进作用。公平性表现在：第一，强制雇主或企业按规定足额缴纳保险费用但无权享受社会保险待遇，缩小高、低收入差距，有利于社会公平；第二，实行社会保险，使暂时或永久失去劳动能力但没有工作岗位的劳动者也有权利获得物质帮助，这也是公平的表现。社会保险促进经济效益的功能有助于经济效益的提高，因为它调动了生产者的积极性。这里的关键是"合理"两字。如果不合理，即项目太少或太多、标准太高或太低，都不利于调动生产者的积极性，不能促进经济效益的提高。显然，这不是使公平与效率相结合，而是过分强调或并未充分体现公平原则。而过分强调公平化，或未能充分体现公平化，都不利于经济效益的提高，都没有充分实现社会目标从属经济目标这个既定的任务。

（4）福利性。实行社会保险，要求对劳动者失去劳动能力后的收入给予补偿，可视为给劳动者带来的一项福利。

（5）权利与义务统一。一方面，国家政权机构必须把自己执政的目的放在满足社会成员日益增长的物质和文化需要上，必须在不同阶段，根据经济发展程度，增进劳动者的生活福利，并将此作为自己的使命所在；另一方面，劳动者必须为国家、社会尽到自己应尽的义务，才有资格和条件享受增进生活福利的权利。

9.4.2　社会保险的功能

社会保险具有以下功能。

（1）经济补偿功能。现代社会中，劳动者不可避免地要遭遇疾病、工伤、失业、年老等风险，这些都可能使劳动者暂时或永久性地失去生活来源。这时国家和社会通过社会保险机构对劳动者给予必要的物质帮助，以保障劳动者的基本生活。

（2）维护社会稳定的功能。市场经济条件下，一部分人先富起来，另一部分人却因为竞争失败或经营不善而面临生存的困难。由于劳动者身体条件、知识结构和劳动技能存在差异，收入水平产生了较大的差异。生活的困境可能会使有的人铤而走险，导致社会混乱。社会保险提供的经济补偿实际上免除了人们对生活无着落的恐惧和后顾之忧，通过这种方式起到治国安民的作用。

（3）再分配功能。首先，这种再分配功能在劳动者和企业或雇主之间体现出来。国家或社会向企业或雇主强制征缴社会保险基金，但是企业或雇主得不到社会保险给付。劳动者在享受自己缴纳的社会保险费用所带来的利益的同时，还享受企业或雇主所缴纳的基金所带来的利益。其次，社会保险的再分配功能还在不同劳动者之间得以体现。劳动者智力、技能、体力、机会和分配原则的不同，导致劳动者的收入客观地存在较大差异。社会保险通过向企业或雇主和个人征缴费用的方式建立社会保险基金，然后统筹使用。在给付上通过一些特定的技术手段向低收入者倾斜，以缩小劳动收入造成的差异。

9.4.3 社会保险的内容

社会保险的目标是预防风险，从这个意义上可以说，现代社会经济生活中的风险决定了社会保险的内容。现代社会中，可能使人们收入中断、减少或丧失的经济风险有年老、疾病、残疾、工伤或职业病、生育、死亡、失业。针对上述七种风险，社会保险设置了养老保险、医疗保险、工伤保险、生育保险和失业保险等。

1. 养老保险

养老或退休保险是社会保险制度的重要内容，也是整个社会保障制度中最基本的内容。在当今世界上，离开养老问题来谈论社会保险或社会保障几乎是不可思议的。因为现代社会中人口老龄化和家庭小型化不可逆转的趋势，使传统的家庭保障在满足老年人的基本生活需求方面处于捉襟见肘的窘境。因此，社会必须担负起照料这部分曾经对社会经济发展和人类繁衍做出过贡献，而现在因为生理或社会的原因无法再以劳动为主要谋生手段的老年人的责任。这就是养老保险产生与发展的社会和经济背景。

养老保险是以保障法定范围内的老年人，在完全或基本退出社会劳动生涯后，仍有足以满足基本生活需求的稳定可靠的经济来源为目的的社会保险项目。这一概念的界定包括三层含义。

（1）养老保险是在法定范围内的老年人完全或基本退出社会劳动生涯后才自动发生作用的。这里所说的“完全”，是以其与生产资料的脱离为特征的，是为“退休”；这里所说的“基本”，指的是参加生产活动已不成为其主要社会生活内容，是为“养老”。必须强调的是，法定的年龄界限才是切实可行的实践标准。

（2）养老保险的目的是为老年人提供保障其基本生活需求的稳定可靠的生活来源。

（3）养老保险是以社会保险为手段来达到保障目的的。

2. 医疗保险

医疗保险是社会保险制度的基本内容之一，是当今世界各国普遍推行的社会保险项目。在现代社会中，疾病是劳动者时常可能遭遇的而且对他们威胁较大的风险之一。它不仅使劳动者在患病期间收入中断、减少或丧失，而且在医疗方面又必须支出费用，这就使劳动者一旦患病便在经济上处于内外交困的窘境。因此，仅从维护劳动力再生产的角度出发，社会也必须承担起对劳动者提供对付疾病风险的保障的责任。

医疗保险是向法定范围内的劳动者部分或全部提供预防和治疗疾病的费用，并保证其在病假期间的经济来源、保障其基本生活需求的社会保险项目。这一概念的界定包括三层含义。

（1）医疗保险一般被用来对付法定范围内的劳动者因疾病而导致的两个方面的经济风险：一是支付预防或治疗疾病的费用；二是保证病假期间的经济来源。

（2）医疗保险的具体做法因时间、空间和法定对象的不同而表现出极大的差异，有的是“全部”负担，具体的标准一般以保障基本生活需求为最低标准。

（3）医疗保险是以社会保险为手段来达到保障目的的。

3. 工伤保险

工伤保险是社会保险制度的内容之一，也是整个社会保障体制中又一个最基本的内容，当今世界各国的社会保障体制中忽略工伤保险的极为罕见。在工业社会中，工伤（含职业病）被从一般的伤害疾病中突出加以强调，因为这种打上“职业”烙印的伤病是与雇主或企业的责任相关的，而与劳动者本人的责任无关。因此，雇主和企业在经济上分担的份额更大，它作为对受到损害的劳动者的经济补偿被计划得更为周全。

工伤保险是向法定范围的劳动者补偿其因职业伤病而导致的全部经济损失，包括预防、治疗、护理、康复和疗养的费用，以及在收入方面保证其生活水平不会因职业伤病下降的社会保险项目。这一概念的界定包括三层含义。

（1）工伤保险是打上了“职业”烙印的，因此，作为一种经济补偿，它必须帮助劳动者对付来自两个方面的经济风险：一是必须提供预防、治疗、护理、康复和疗养的全部费用，二是必须保证受到职业伤害者的经济来源。

（2）工伤和职业病保险作为对劳动者因受到职业伤害而丧失的劳动能力的完全补偿，具体标准一般较高，它必须保障受到损害的劳动者的生活水平不致因此而下降。

（3）工伤和职业病保险除用社会保险的手段来达到目的之外，采用雇主责任制或企业责任制的方法也较为常见，采用社会保险方法的也大大增加了雇主或企业分摊的份额。

4. 生育保险

生育保险是社会保险制度的基本内容之一。生育问题是有关人类繁衍生存和劳动力再生产的大事，所以受到了普遍的关注。但是，由于国情不同，世界各国的人口政策也大相径庭。因此，生育保险必然要打上人口政策的烙印，或鼓励生育，或控制生育。

生育保险是向法定范围内的劳动者尤其妇女，部分或全部提供怀孕、生产、哺育期间的医护费用，保证产假和哺育假期间的经济来源，使其不至于因生育而基本生活需求没有保障的社会保险项目。这一概念的界定包括三层含义。

（1）生育保险一般被用来帮助法定范围内的劳动者对付因生育而导致的两个方面的经济风险：一是怀孕、生产、哺乳期间的医护费用；二是产假和哺育假期间的经济来源。

（2）生育保险因人口政策的不同而表现出极大的差异，有的鼓励生育，有的控制生育，但都以保证劳动者不致因生育而不能保障基本生活需求为限。

（3）生育保险是以社会保险为手段达到保险目的的，但大多数都将妇女作为直接受益者，主要目的在于保障妇女儿童的权益。

5. **失业保险**

失业保险是社会保险制度的基本内容之一。在商品经济社会中，有竞争就有优胜劣汰，因此，靠工资薪水度日的劳动者有失业之忧，一旦成为竞争中的失败者，这部分人就有生计断绝的风险。保障这部分最有可能成为社会不安定因素的人的基本生活需求，就成了社会为消除动乱的隐患而普遍关注的重要问题。

失业保险是在法定范围内的靠工资薪水度日的劳动者因失业而丧失经济来源时，按法定时限保障其基本生活需求的社会保险项目。这一概念的界定包括三层含义。

（1）失业保险是针对劳动者阶层而言的，失业是工薪劳动者在职业竞争中被淘汰，失业的后果都是使人生计断绝。于是失业或破产的情况一旦发生，失业或破产保险就自动发生作用。

（2）失业保险是帮助失业者或破产者在再次就业或在东山再起之前维持基本生活需求的，而且有法定时限。

（3）失业保险是以社会保险为手段达到保障目的的。

自测题

一、判断题

1. 薪酬市场调查是为了保证企业薪酬的内部水平。（　　）
2. 岗位等级以市场调查的结果为依据。（　　）
3. 岗位评价确立了企业内部各岗位相互之间的重要性，是员工薪酬体系设计和管理的基础。（　　）
4. 劳动保护的对象是生产劳动者。（　　）
5. 失业保险是以社会保险为手段达到保障目的的。（　　）

二、单选题

1. 当企业需要对大量复杂的岗位进行薪酬调查时，应考虑选择（　　）的方式。

A. 委托调查　　B. 调查问卷

C. 公开调查信息　　D. 企业之间相互调查

2. 工龄工资是为了调整（　　）的一种薪酬项目。

A. 个人公平　　B. 内部公平　　C. 外部公平　　D. 结构公平

3. 当员工指出与其能力相同、岗位相同的同事得到加薪，而自己没有获得加薪时，人力资源部在处理这个问题时应当避免（　　）。

A. 交给部门经理进行解释

B. 调查相关情况，了解是否存在不公正现象

C. 将员工与其所讲的员工进行比较，指出员工的不足

D．如果加薪行为符合规定，解释公司的加薪政策和不同情况的加薪标准

4．劳动者对职业病诊断结论有异议的，可在（　　）天内到有关部门申请诊断鉴定。

A．15　　B．30　　C．40　　D．50

5．下述不属于社会保险内容的是（　　）。

A．养老保险　　B．医疗保险　　C．平安保险　　D．失业保险

三、多选题

1．关于薪酬结构，下列说法正确的是（　　）。

A．以能力为导向的薪酬结构激励效果显著

B．以工作为导向的薪酬会随职务的变化而变化

C．以绩效为导向的薪酬结构最显著的优点是可加强同事间的合作与沟通

D．采用以绩效为导向的薪酬结构的前提之一是员工的绩效可以自我控制

E．组合薪酬的优势在于员工只要在某一因素上比较出色就能在薪酬上有所体现

2．关于浮动薪酬，说法正确的是（　　）。

A．浮动薪酬是岗位评价的直接结果

B．浮动薪酬要与企业经济效益挂钩

C．浮动薪酬的合理性取决于薪酬系统的科学性

D．员工浮动薪酬在计算时一般以对应的固定薪酬水平为基数

E．不同薪酬等级的员工，考核结果相同时浮动薪酬会存在差异

3．以下说法正确的是（　　）。

A．在确定薪酬调查的岗位时，应遵循岗位的可比性原则

B．在确定薪酬调查的岗位时，要选择岗位名称与本企业相同的岗位

C．在确定薪酬调查的岗位时，本企业一半以上的岗位都要参与调查

D．要选择工作职责、重要程度、复杂程度与本企业典型岗位相近的岗位

E．非典型岗位的薪酬水平可根据与典型岗位在企业中的相对价值的比较来确定

4．以下说法正确的是（　　）。

A．企业负责是安全生产管理体制的核心

B．行业组织对归口企业的安全生产工作进行管理

C．国家授权安全生产监督管理部门对企事业单位安全生产进行监督管理

D．各级工会对安全生产有监督义务

E．网络媒体对生产企业的安全生产事故有权举报

5．以下说法正确的是（　　）。

A．在事故处理中应坚持事故原因查不清楚不放过

B．在事故处理中应坚持事故责任查不清楚不放过

C．在事故处理中应坚持事故责任者不处理不放过

D．在事故处理中应坚持防范措施不落实不放过

E．在事故处理中应坚持宣传教育不落实不放过

四、简答题

1．简述薪酬的形式及其意义。

2．简述基本工资制度的类型。

3．试述岗位评价与薪酬的关系。

4．简述职业病构成必须具备的条件。

5．简述社会保险的功能。

参考文献

[1] 劳伦斯·S. 克雷曼. 人力资源管理——获取竞争优势的工具[M]. 吴培冠，译. 北京：机械工业出版社，2009.
[2] 加里·德斯勒. 人力资源管理（第6版）[M]. 吴雯芳，译. 北京：中国人民大学出版社，1999.
[3] 雷蒙德·A. 诺伊，等. 人力资源管理：赢得竞争优势[M]. 刘昕，译. 北京：中国人民大学出版社，2001.
[4] 赵曙明，张正堂，程德俊. 人力资源管理与开发[M]. 北京：高等教育出版社，2009.
[5] 周三多. 管理学[M]. 北京：高等教育出版社，2002.
[6] 廖全文. 人力资源管理[M]. 北京：高等教育出版社，2003.
[7] 刘桂萍. 人力资源管理[M]. 北京：经济科学出版社，2006.
[8] 周亚新. 工作分析的理论、方法及运用[M]. 上海：上海财经大学出版社，2007.
[9] 安鸿章. 工作岗位研究原理与应用[M]. 北京：中国劳动社会保障出版社，2007.
[10] 安鸿章. 工作岗位的分析技术与应用[M]. 天津：南开大学出版社，2001.
[11] 安鸿章. 工作岗位研究[M]. 北京：北京广播学院出版社，2005.
[12] 安鸿章. 工作岗位研究原理与应用[M]. 北京：中国劳动社会保障出版社，2005.
[13] 于维英. 职业安全与卫生[M]. 北京：清华大学出版社，2008.
[14] 中国就业培训技术指导中心. 企业人力资源管理师（三级）[M]. 北京：中国劳动社会保障出版社，2007.
[15] 中国就业培训技术指导中心. 企业人力资源管理师（四级）[M]. 北京：中国劳动社会保障出版社，2007.
[16] 常亚平，赵应文，池永明. 人力资源管理[M]. 武汉：武汉理工大学出版，2006.
[17] 尹隆森. 岗位评价与薪酬体系设计实务[M]. 北京：人民邮电出版社，2005.
[18] 牛雄鹰，马成功. 员工任用（一）：工作分析与员工招聘[M]. 北京：对外经济贸易大学出版社，2004.
[19] 萧鸣政. 工作分析的方法与技术（第2版）[M]. 北京：中国人民大学出版社，2006.
[20] 姚若松，苗群鹰. 工作岗位分析[M]. 北京：中国纺织出版社，2003.
[21] 郑晓明，吴志明. 工作分析实务手册[M]. 北京：机械工业出版社，2006.

[22] 王黎.人力资源管理实用手册[M]. 上海：上海世纪出版社，2009.
[23] 王宝石. 人力资源管理[M]. 北京：机械工业出版社，2008.
[24] 吴冬梅，白玉苓，马建明，等. 人力资源管理案例分析[M]. 北京：机械工业出版社，2008.
[25] 王璞，曹叠峰. 新编人力资源管理咨询实务[M]. 北京：中信出版社，2004.
[26] 陈庆. 岗位分析与岗位评价[M]. 北京：机械工业出版社，2008.
[27] 穆涛. 岗位分析评价体系[M]. 深圳：海天出版社，2006.
[28] 崔克讷，赵黎明. 工作评价与人力资源考核——劳动人力资源管理的基础[M]. 天津：天津科技翻译出版公司，1988.
[29] 芮立新，朱振国. 岗位评价[M]. 北京：中国劳动社会保障出版社，1993.
[30] 王玺. 最新岗位分析与岗位评价实务[M]. 北京：中国纺织工业出版社，2004.
[31] 于天鹏. 10 分钟用好岗位说明书[M]. 北京：中国经济出版社，2005.
[32] 彭剑峰，张望军，朱兴东，罗军. 职位分析技术与方法[M]. 北京：中国人民大学出版社，2004.
[33] 付亚和. 工作分析[M]. 上海：复旦大学出版社出版，2006.
[34] 付亚和. 工作分析（第二版）[M]. 上海：复旦大学出版社，2009.
[35] Heiner Dunckel. Job Analysis and Work Roles, Psychology[J]. International Encyclopedia of the Social & Behavioral Sciences (Second Edition),2015, 811–815.
[36] Janetta Sîrbu,Florin Radu Pintea. Analysis and Evaluation of Jobs – Important Elements in Work Organization[J]. Procedia - Social and Behavioral Sciences, 2014, 59–68.
[37] 时勘，王元元. 组织-员工价值观匹配对工作分析结果评价的影响——基于煤矿企业员工的实证研究[J]. 软科学，2015，29(02)：95–100.
[38] 范飒潇. 工作分析在当代人力资源管理中的发展趋势[J]. 人力资源管理，2017(03)：39–40.
[39] 俞蕾. 基于胜任力模型的管理层员工的工作分析[J]. 企业改革与管理，2016(02)：56.
[40] 刘凤霞. BW 公司工作分析实践中存在问题及对策[J]. 人力资源管理，2016(08)：84–85.
[41] 康廷虎，王耀，肖付平，胡琪. 工作分析的效度问题研究[J]. 商业时代，2013(19)：86–87.
[42] 付文芳，王玉梅，袁飞骏，金环，熊莉娟. 基于因素计点法构建护理岗位评价指标体系[J]. 护理学杂志，2017，32(03)：54–57.

反侵权盗版声明